CHAPTER 02 면접이란?

01 면접의 기초

1. 면접

(1) 면접이란 필기시험이 끝난 후 최종적으로 응시자의 인품, 언행, 지식의 정도 등을 알아보는 구술시험이다. 보통 필기시험 또는 서류전형으로 기초실력은 확인할 수 있으나 그것만으로는 응시자의 됨됨이를 모두 알 수 없기 때문에 면접을 통해 잠재적인 능력이나 창의력 또는 업무추진력, 사고력 등을 파악한다. 공무원 면접에서는 서류전형 및 필기시험으로 검증할 수 없는 '공무원으로서의 정신자세', '전문지식과 그 응용능력', '의사표현의 정확성과 논리성', '예의 · 창의력 및 의지력'을 중심으로 평가한다.

(2) 면접은 일반적으로 서류심사와 직무적성검사 등을 실시한 후 최종적으로 응시자를 직접 만나 인성과 지식수준, 성장 가능성 등을 평가하여 조직에서 필요로 하는 인재인지를 판단하는 시험이다. 면접시험은 응시자의 태도, 인물, 교양, 인생관 등 인성이나 발전 가능성, 의욕 등을 중점적으로 관찰하고자 하는 데 의미가 있는 것이므로 필기시험에서와 같이 정답을 제시하려고 노력하기보다는 면접관에게 진솔함을 전달할 수 있도록 노력하여야 한다.

(3) 과거의 면접은 필기시험에 의해 채용이 거의 결정되고 난 뒤, 최종합격을 위한 형식적인 대면을 하는 정도였으나 최근에는 응시자의 잠재능력이나 의욕 및 됨됨이를 보다 깊이 연구하고, 면접 기준을 점차 강화하는 추세이므로 최종합격을 위해서는 면접시험에 대한 철저한 준비가 필요하다.

2. 면접의 특성

(1) 대면성: 면접관과 응시자가 직접 대면하여 대화하고 표정을 보면서 상대의 반응을 즉각적으로 살필 수 있다.

(2) 직접성: 다른 사람이 대신 참여할 수 없으며, 응시자가 본인의 역량을 직접 평가받는다.

(3) 종합성: 응시자의 내·외적 특성을 종합적으로 평가한다.

02 면접 준비하기

1. 면접 중요사항

(1) 면접에서 면접관이 평가하고자 하는 것은 말하는 내용(알맞은 답변), 첫인상, 목소리, 태도, 자신감, 간절함 등이다.

(2) 다른 조건들이 동일하다면 결국 면접관은 '간절함'이 있는 응시자에게 기회를 주고 싶어 한다.

(3) 간절함은 진정성으로 느껴진다. 모든 것이 완벽해도 진정성(간절함)이 느껴지지 않는 사람은 선택받지 못한다.

2. 발표 - 기본기

(1) 호흡

① 간절함이 지나친 나머지 표현하려 해도 호흡이 잘 안 돼서 끝까지 표현을 못하는 불상사가 생길 수 있다.

② '복식호흡'은 배를 이용해서 호흡하는 것으로 평소에 복식호흡을 연습하는 것이 좋다.

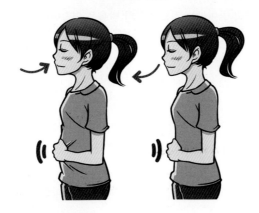

〈복식호흡 방법〉

- 배를 충분히 내밀면서 호흡한다.
- 호흡을 내뱉을 때는 일정한 속도로 일정한 양을 내보내야 한다.
- 일반적으로 처음에는 12~13초, 연습을 거듭하면 25~35초까지 늘어난다.
- 누운 상태에서도 무거운 책 등을 배 위에 올려두고 호흡 연습을 할 수 있다.

(2) 발성 – 내 목소리의 키톤 찾기

① 목소리 톤에 따라 자칫 지루하거나 가볍게 들릴 수 있다.
  - '도'는 너무 낮아서 전체적으로 발표 내용이 지루해질 수 있다.
  - '솔'은 너무 높아서 답변 내용이 자칫 가볍게 들릴 수 있다(단, 서비스직의 경우에는 '솔' 톤이 적당).
  - 남녀에 따라 원래 본인의 목소리 톤에서 도와 솔 사이에 있는 톤으로 맞추고 답변하는 연습을 한다.
② 입 모양을 크게 해서(입 모양이 잘 보이게) 연습하고 들어가자마자 하는 '안녕하세요.'를 본인만의 목소리 톤으로 연습한다.

(3) 발음

① 비슷한 단어들이 반복될 시 연음처리를 위해 다음과 같은 문장들로 연습한다.

> **연습**
> - 간장공장 공장장은 강 공장장이고 / 된장공장 공장장은 공 공장장이다.
> - 상표 붙인 큰 깡통은 깐 깡통인가 안 깐 깡통인가?
> - 중앙청 창살은 쌍창살이고 시청의 창살은 외창살이다.
> - 저기 계신 저분이 박 법학박사이시고 / 여기 계신 이분이 백 법학박사이시다.

② 본인이 발음하는 것과 면접관이 듣는 발음에 차이가 있을 수 있으므로 평소에 연습할 때 녹음을 하고 들어보는 것도 정확한 발음을 연습하는 데 도움이 된다.

3. 발표 필살기

(1) 강약으로 강조하기

① 전달하고자 하는 단어나 강력하게 설득해야 하는 부분은 강하게 강조한다.
　　예 작은 변화가 일어날 때 진정한 삶을 살게 됩니다.
② 좌절, 실패, 절망 등 부정적 요소는 약하게 강조한다.
　　예 희망을 버린다는 것은 인생을 포기하는 것과 같습니다.

(2) 속도와 길이로 강조하기

강하면서도 천천히 말하는 것을 연습한다.
① 중요한 내용, 어렵고 복잡한 내용
② 숫자, 인명, 지명, 연대 등의 정보
③ 형용사나 부사를 표현할 때 모음의 길이에 변화주기 가능

(3) 포즈(Pause)로 강조하기

포즈는 잠시 멈추고 침묵하는 것으로, 포즈 뒤의 내용이 자연스럽게 강조된다.
① 포즈 뒤에 오는 말에 대한 기대감과 긴장감을 조성한다.
② 말을 세련되고 전문적인 느낌으로 만들어 준다.
③ 포즈를 적절히 활용하여 면접관이 들은 내용을 이해하고 정리하는 시간을 준다.

1. 단독 면접

단독 면접이란 응시자와 면접관이 일 대 일로 마주하는 형식을 말한다. 면접관 한 사람과 응시자 한 사람이 마주 앉아 자유로운 화제를 가지고 질의응답을 하는 방식이다.

(1) 단독 면접의 장점
필기시험 등으로 판단할 수 없는 성품이나 능력을 알아내는 데 가장 적합하다고 평가받아 온 면접 방식으로 개별 응시자에 대해 다각도로 폭넓게 파악할 수 있다. 응시자의 입장에서는 한 사람의 면접관만을 대하는 것이므로 상대방에게 집중할 수 있으며, 긴장감도 다른 면접 방식에 비해 덜한 편이다.

(2) 단독 면접의 단점
면접관의 주관이 강하게 작용해 객관성을 저해할 소지가 있으며, 면접평가표를 활용한다 하더라도 일면적인 평가에 그칠 가능성을 배제할 수 없다.

(3) 면접 준비 포인트
단독 면접에 대비하기 위해서는 평소 일 대 일로 논리정연하게 대화를 나눌 수 있는 능력을 기르는 것이 중요하다. 그리고 면접장에서는 면접관을 선배나 선생님을 대하는 기분으로 면접에 임하는 것이 부담도 훨씬 적고 실력을 발휘할 수 있는 방식이다.

2. 다 대 일 면접

다 대 일 면접은 일반적으로 가장 많이 사용되는 면접 방식으로 보통 2~5명의 면접관이 한 명의 응시자에게 질문하는 형태의 면접 방식이다. 면접관이 여러 명이므로 다각도에서 질문을 하여 응시자에 대한 정보를 많이 알아낼 수 있다는 점 때문에 선호하는 면접 방식이다.

(1) 다 대 일 면접의 장점
집중적인 질문과 다양한 관찰을 통해 응시자가 과연 조직에 필요한 인물인지 완벽히 검증할 수 있다.

(2) 다 대 일 면접의 단점

면접관에 따라 질문이 각양각색이고 동료 응시자가 없어 지나친 긴장감을 조성하는 면접 방식이다.

(3) 면접 준비 포인트

질문을 들을 때 시선은 면접관을 향하며, 대답할 때에도 고개를 숙이거나 속삭이며 대답하는 소극적인 태도는 피한다. 면접관과 대등하다는 마음가짐으로 편안한 태도를 유지하면 대답도 자연스러운 상태에서 좀 더 충실히 할 수 있고, 이에 따라 면접관에게 좋은 인상을 남길 수 있다.

3. 집단 면접

집단 면접은 다수의 면접관이 여러 명의 응시자를 한꺼번에 평가하는 방식으로 짧은 시간에 능률적으로 면접을 진행할 수 있다. 각 응시자에 대한 질문 내용, 질문 횟수, 시간 배분이 똑같지는 않으며 모두에게 같은 질문이 주어지기도 하고, 각각 다른 질문이 주어지기도 한다. 또한 다른 응시자가 한 대답에 대한 의견을 묻는 등 현장의 분위기나 면접관의 성향에 따라 변수가 많다. 집단 면접은 응시자의 입장에서 개별 면접에 비해 긴장감이 다소 덜한 반면에 다른 응시자들과의 비교가 확실하게 나타나므로 면접자는 몸가짐이나 표현력ㆍ논리성 등이 결여되지 않도록 자신의 생각이나 의견을 솔직하게 발표하여 집단 속에 묻히지 않도록 주의해야 한다.

(1) 집단 면접의 장점

면접관은 응시자에 대한 비교 평가가 가능하기 때문에 결과적으로 평가의 객관성과 신뢰성을 높일 수 있다. 또한 응시자는 다른 응시자와 함께 면접을 받기 때문에 긴장감을 다소 덜 수 있으며, 다른 응시자가 답변하는 것을 들으면서 자신의 답변 방식이나 자세를 조정할 수 있다는 것도 큰 이점이다.

(2) 집단 면접의 단점

응답하는 순서에 따라 응시자마다 유불리한 점이 있고, 면접관의 입장에서는 개별 응시자에 대한 심화 질문이 제약적이라는 단점이 있다.

(3) 면접 준비 포인트

집단 면접 시에는 자신이 준비한 내용을 기초로 발표하되, 다른 응시자의 발표 내용에 집중하여 중복 답변을 피하도록 노력해야 한다. 다른 응시자와 차별을 내세우기 위해서는 일반적인 답변보다는 각종 통계, 구체적인 사례, 실제 경험 등을 활용하는 것이 좋다. 집단 토의가 이루어질 시에는 토의 중 적절하게 질문을 던져 토의 과정을 주도하는 것도 도움이 된다. 이때 토의는 합의와 공감을 도출하는 과정임을 염두에 두고 자기 주장을 과하게 내세우거나 다른 사람의 의견을 강하게 반박하지 않도록 유의해야 한다.

---

04 **공무원 면접**

1. 공무원 면접 절차

9급	• 전체 과정: 자기기술서 작성(경험·상황 면접 과제, 20분) → 5분 발표 과제 검토(10분) → 면접장에서 본인 여부 확인 → 대면 면접 실시(30분) • 대면 면접 순서: 5분 발표(5분 이내) + 후속 질의·응답(5분 이내) → 경험·상황 면접(20분 이내)
7급	• 전체 과정: 자기기술서 작성(경험·상황 면접 과제, 20분) → 개인 발표 과제 검토 및 작성(30분) → 면접장에서 본인 여부 확인 → 대면 면접 실시(40분) • 대면 면접 순서: 개인발표(8분 내외) + 추가 질문(7분 내외) → 경험·상황 면접(25분 내외) ※ 7급의 경우 집단토의 면접이 추가되나, 2020~2022년에는 코로나19를 이유로 집단토의 면접이 실시되지 않았다. 집단토의 면접을 진행할 경우, 토의과제 검토·작성(10분) → 집단토의 면접(50분)의 순으로 이루어진다.

※ 일반적인 면접 절차이므로 실제 면접과는 다소 차이가 있을 수 있음(2022년 기준)

2. 9급 공무원 면접 진행 절차

응시자 교육/ 각종 서식 작성	• 출석 확인 및 면접시험 응시요령 교육 • 경험 · 상황 면접 과제 작성(20분) • 면접시험 평정표(2매) 작성	응시자 대기장

↓

5분 발표 과제 검토	조별 응시순서에 따라 별도장소에서 5분 발표 과제 검토(10분)	발표문 검토장

↓

신분 확인	시험관리관에게 응시표와 신분증을 제출한 후 본인 여부 확인	면접장

↓

입실	면접시험 평정표를 본인 기준 오른쪽 면접관에게 제출한 뒤 착석	면접실

↓

면접	• 5분 발표(5분 이내) + 후속 질의 · 응답(5분 이내) • 경험 · 상황 면접(20분 이내)	면접실

(1) 면접시험 평정표 제출: 면접실에 입실하면 면접시험 평정표를 오른쪽에 있는 면접관에게 제출한 뒤, 본인 좌석에 착석한다.

(2) 5분 발표

① 5분 발표(5분 내외) 및 후속 질의 · 응답(5분 내외)을 한다.

② 5분 발표는 타 시험실에 방해(소음)가 되지 않도록 본인 좌석에 착석하여 발표하며, 5분 발표 과제는 본인이 소지하여 발표에 활용한다.

(3) 경험 · 상황 면접

① 5분 발표에 이어서 바로 경험 · 상황 면접을 실시(약 20분 내외)한다.

② 경험 · 상황 면접 과제 작성문을 바탕으로 질의 · 응답을 통하여 공무원으로서 갖추어야 할 공직가치 · 전문성 등을 평가한다(「공무원임용시험령」에서 규정한 5개 평정요소별로 평가).

③ 경험 면접은 임용 이후 근무하고 싶은 부처(기관)와 담당하고 싶은 직무(정책)에 대해 기술하고, 응시분야 관련 이해도와 교과목 수강(전문도서 자기학습 등 포함), 각종 활동 등 해당 분야의 직무수행능력 및 전문성 함양을 위해 평소 준비한 노력과 경험 등을 평가한다.

※ 경험 면접은 전 직렬 동일한 문제가 출제된다.

3. 7급 공무원 면접 진행 절차

응시자 교육/ 각종 서식 작성	• 출석 확인 및 면접시험 응시요령 교육 • 경험 · 상황 면접 과제 작성(20분) • 면접시험 평정표(3매) 작성	응시자 대기장

↓

개인발표문 작성	각 조별 응시순서에 따라 개인발표문(4매) 작성(30분)	발표문 검토장

↓

신분 확인	시험관리관에게 응시표와 신분증을 제출한 후 본인 여부 확인	면접장

↓

입실	개인발표문(3매), 면접시험 평정표(3매)를 가운데 면접위원에게 제출 후 면접위원 전면에 비치된 좌석에 착석	면접실

↓

면접	• 개인발표(약 8분 이내) + 후속 질의 · 응답(약 7분 내외) • 경험 · 상황 면접(약 25분 내외)	면접실

(1) 면접시험 평정표 제출: 면접실에 입실하면 개인발표문과 면접시험 평정표를 중앙에 있는 면접위원에게 제출한 뒤 본인 좌석에 착석한다.

※ 개인발표문 원본은 본인이 소지하고 발표 시 활용

(2) 개인 발표

① 개인 발표(약 8분 내외) 및 후속 질의 · 응답(약 7분 내외)을 한다.

② 개인 발표는 타 시험실에 방해(소음)가 되지 않도록 본인 좌석에 착석하여 발표한다.

(3) 경험 · 상황 면접

① 개인 발표에 이어서 바로 경험 · 상황 면접을 실시(약 25분 내외)한다.

② 경험 · 상황 면접과제 작성문을 바탕으로 질의 · 응답을 통하여 공무원으로서 갖추어야 할 공직가치 · 전문성 등을 평가한다(「공무원임용시험령」에서 규정한 5개 평정요소별로 평가).

③ 경험 면접은 임용 이후 근무하고 싶은 부처(기관)와 담당하고 싶은 직무(정책)에 대해 기술하고, 응시분야 관련 이해도와 교과목 수강(전문도서 자기학습 등 포함), 각종 활동 등 해당 분야의 직무수행능력 및 전문성 함양을 위해 평소 준비한 노력과 경험 등을 평가한다.

※ 경험 면접은 전 직렬 동일한 문제가 출제된다.

4. 면접 시 유의사항

(1) 경험·상황 면접 과제 및 5분 발표 과제 등 작성·검토 시 미리 준비한 자료는 참고할수 없다.

(2) 일체의 시험자료는 외부 반출이 금지되므로 면접 종료 후 시험관리관에게 반드시 반납하도록 한다.

(3) 면접 종료 후 응시자 대기장 재출입 및 대기 중인 응시자와 접촉을 금한다.

(4) 응시자 이외에는 시험장 내에 출입할 수 없으며, 입장 후부터 면접이 끝날 때까지 외부출입 및 흡연을 금한다.

(5) 응시자 전자·통신기기를 수거한 후부터 면접이 끝날 때까지 통신, 계산, 검색 기능이있는 일체의 전자기기를 소지할 수 없으며, 이를 위반할 경우에는 부정행위자로 처리된다.

5. 최근 공무원 면접 경향

(1) 공직가치에 관한 질문 강세

2021년과 마찬가지로 2022년에도 공직가치를 묻는 질문이 강세를 보였고, 다양한 직렬의 '5분 발표'에서 특정 사례나 제도를 제시하고 이와 관련된 공직가치를 묻는 내용이 출제되었다.

- 한 공무원이 초과 근무 수당을 허위로 작성한 것이 적발되어 조사를 해보니 그 외에 약 120여 명의 공무원 및 고위 공직자의 출장비 부정 수급 등이 무더기로 적발되었다. 여기서 도출할 수 있는 공직가치와 필요한 공직자의 자세는 무엇인가? 22 국가직
- 구인정보공개내용에서 찾을 수 있는 공직가치는 무엇인가? 22 국가직
- 4차 산업혁명으로 변화하는 직업 세계에서 인간이 할 수 있는 노력과 이를 공직관에 연결시켜 설명해 보시오. 22 서울시

(2) 경험과 업무를 연결하는 질문 강세

2022년 공무원 면접에서는 응시자의 성격이나 습관, 개인적인 경험에 대해 묻고, 이를 어떻게 공직과 연결할 것인지 질문하여 응시자의 인성과 가치관, 공직자로서의 역량을 평가하는 문제들이 출제되었다.

- 업무에 가장 도움이 될 것이라 생각하는 자신의 능력과 이 능력을 사용한 사례를 말해 보시오. 22 국가직
- 일을 할 때 주변에 피해를 준 적이 있는가? 이에 대한 주변 반응과 극복 방법은 무엇이었는지 말해 보시오. 22 서울시
- 공무원에게는 전문성과 창의성이 필요한데, 전문성과 창의성에 관련한 세부 방안에 대해 설명하고 전문성·창의성을 발휘해 성과를 낸 경험에 대해 설명해 보시오. 22 지방직
- 평소 원칙을 지키는 편인가, 융통성이 있는 편인가? 그렇다면 원칙을 지켜/융통성 있게 일을 처리한 경험이 있는가? 22 지방직

(3) 상황 제시형 문제 강화

2022년 공무원 면접에서도 2021년과 같이 응시자가 양자택일해야 하는 상황을 제시한 뒤 이를 통해 5가지 평정요소를 종합적으로 심사하는 상황 제시형 문제가 출제되었다. 상황형 문제는 후속 질문을 통해 압박을 넣기도 하기 때문에 후속 질문까지도 일관성 있게 논리적으로 답변할 수 있어야 한다.

- 관리하는 공익근무요원이 업무능력도 좋고 좋은 태도로 평가도 좋다. 하지만 최근 불법적인 아르바이트를 하다가 적발당해 처벌받을 예정이다. 해당 공익근무요원은 생계 곤란을 호소하며 계속해서 처벌을 내리지 말아 달라고 요청하고 있어 조사해 보니 생계 곤란까지는 아니었다. 담당자로서 어떤 조치를 해야 한다고 생각하는가? 처벌인가, 아닌가?

  22 국가직
- 모 업체에 탈루 혐의가 있어 세무조사를 진행하였는데, 탈세 사실이 확인되어 과세를 진행하려 하였으나 상급자가 반대하고 있고, 친분이 있는 관계이다. 어떻게 대처할 것인가?

  22 국가직(세무직)
- 폐기물 처리시설을 설치해야 하는데 지역 주민이 반대하고 있다. 만약 담당자라면 어떻게 지역 주민을 설득할 것인가? 22 지방직

(4) 공직 전문성 강화

2022년에 실시된 공무원 면접에서는 2021년과 마찬가지로 공직 전문성의 강화를 위해 응시생이 지원한 직렬에 대한 전문지식이나 지원한 지역의 현안 등에 대한 질문들이 출제되었다. 지엽적인 수준까지 요구하지는 않았지만 기본적인 지식과 주요 현안 정도는 미리 준비해 두어야 한다.

- 근로장려금에 대해 개선하고 싶은 점은 무엇인가? 22 국가직(세무직)
- 폐기물 관련 법 중 아는 것을 설명해 보시오. 22 국가직(환경직)
- 돌봄 종사자의 현실적인 처우 개선 방안은 무엇인가? 22 서울시
- 측량 기준점에는 어떤 것이 있고, 기준점별로 가진 문제점과 해결 방법은 무엇인가?

  22 지방직

03 면접 평가항목 분석

01 공무원 면접의 평가

1. 면접 평가기준

(1) 최종 합격자 결정 기준

면접위원 2명(7급의 경우, 3명)의 평가내용을 종합한 면접시험 평정결과(판정등급)와 필기시험 성적에 따라 최종 합격자를 결정한다. 이때 위원의 과반수가 5개 평정요소 중 2개 항목 이상을 '하'로 평정한 경우 또는 위원의 과반수가 어느 하나의 동일 평정요소에 대하여 '하'로 평정한 경우 불합격이 된다.

최종 합격자 결정: 「공무원임용시험령」 제25조 제5항
• 우수: 필기시험 성적순위에 관계없이 '합격' • 보통: "우수" 등급을 받은 응시자 수를 포함하여 선발예정인원에 달할 때까지 필기시험 성적순으로 '합격' • 미흡: 필기시험 성적순위에 관계없이 '불합격'

(2) 추가 면접 실시

「공무원임용시험령」 제25조 제4항에 따라 아래의 요건에 해당하는 경우 추가 면접시험(심층면접)을 실시한다.

• "우수" 등급을 받은 응시자의 수가 선발예정인원을 초과하는 경우 • "미흡" 등급을 받은 응시자의 수가 탈락예정인원을 초과하는 경우

2. 공무원 면접의 평정요소

(1) 공무원으로서의 정신자세

공무원은 국민 전체에 대한 봉사자로서 국민에 대해서 책임을 져야 할 지위에 있다. 따라서 공무원에게는 다른 어떤 직업보다 투철한 직업관, 즉 공직관과 그에 걸맞은 정신자세가 요구된다. 공직관, 국가관, 윤리관, 인생관, 사회관, 직업관 등에 관한 질문이 자주 제시되므로 자신이 공직자가 된다는 데 대한 투철한 사명감을 가지고 있다는 부분이 부각될 수 있도록 답변을 준비해 두는 것이 좋다.

- 국가관이 건전한가?
- 공직자로서의 사명감과 책임의식이 강한가?
- 공무원 지원동기가 분명하고 건전한가?
- 공과 사를 구분하고 봉사정신이 투철한가?
- 올바른 가치관을 가지고 있는가?

① 공직관 · 국가관 · 윤리관: 공무원이 되고자 하는 이유와 오늘날 시급히 해결해야 할 사회적 문제, 공무원에게 특히 강조되는 공직 윤리를 자주 묻는다. 이와 함께 생활 신조나 장래 포부와 같은 개인 신상에 관한 질문들이 주어지기도 한다.

② 인생관 · 사회관 · 직업관: 어떠한 인생관 · 사회관 · 직업관을 가지느냐 하는 것은 본질적으로 개인의 자유이기 때문에 면접관도 이에 대한 일반적인 평가를 내릴 수는 없다. 그러나 실제로 면접에서는 인생관이 무엇인지에 대해 질문을 많이 하는데 이는 응시자의 인생관 · 직업관 자체를 아는 것으로 성품을 어느 정도 추정할 수 있으며, 생활환경, 집단 적응능력 등을 판단하는 데 참고할 수 있기 때문이다.

(2) 전문지식과 그 응용능력

전문지식과 그 응용능력의 평가방식은 단답형 구술평가에 가깝다. 자신이 지원한 직렬과 관련성이 높은 1~2개의 질문이 주어지면 간략하게 답변하면 되는 것이다. 물론 상황에 따라서는 전문지식에 대한 개인적인 견해를 요구하기도 하는데 이런 경우에도 장황하게 설명하기보다 간단명료하게 밝히는 것이 좋다.

- 관련 업무에 관한 지식을 갖추고 있는가?
- 전문용어를 바르게 이해하고 있는가?
- 관련 업무에 대한 응용능력이 있는가?
- 최근의 정책 및 시책에 관심이 있는가?
- 국제정세 및 시사성 있는 문제에 관심이 있는가?

① 전문지식: 지망하는 직렬에 대한 지식을 구체적으로 질문하여 학식과 지성을 평가한다. 면접관이 전문가라면 그 평가기준도 매우 전문적이고 높은 수준인 경우가 많다.

② 일반상식: 면접 시 일반상식이나 시사상식에 관한 질문이 많이 출제되므로 일간지나 시사 잡지 등을 꾸준히 보는 것이 좋다.

③ 응용능력: 이론에 대한 전문지식뿐만 아니라 그 지식에 대한 응시자의 응용능력을 확인하고자 하는 것이다. 아무리 뛰어난 지식을 가지고 있더라도 실제 응용능력이 떨어진다면 업무처리가 제대로 이루어질 수 없기 때문이다.

(3) 의사표현의 정확성과 논리성

의사전달의 논리성과 정확성은 면접 시 중요한 평가요소 중의 하나이다. 공무원 면접은 짧은 시간에 진행되므로, 평소 주어진 시간 내에 자신의 생각을 객관적·논리적으로 정확하게 전달하는 훈련이 필요하다. 평소 화술이나 발표에 자신이 없는 사람은 스터디나 모의 면접에 참여하여 많은 사람들 앞에서 발표를 해보는 연습을 충분히 해야 한다. 또한 즉흥적인 상황에 당황하지 않도록 자신의 주변 상황과 시사문제에 대한 생각을 늘 정리해 두고 침착함과 유연함을 유지하도록 해야 한다.

- 바르게 이해하고 적절한 판단을 내리는가?
- 간결하고 정확하게 말하는가?
- 자기의 의견을 솔직히 표현하는가?
- 사고방식이 합리적인가?
- 음성이 명료하고 적절한 용어를 사용하는가?

① 이해력: 질문 내용을 잘 이해하는 것은 응답의 기본이다. 따라서 질문의 의도를 잘못 이해하거나 속단하여 멋대로 응답해서는 안 되고 질문의 취지를 잘 이해하지 못했을 때는 반드시 다시 물어 확인해야 한다. 이 경우 이해력이 부족하다는 것을 나타내는 것이 될 수도 있으나 엉뚱한 대답을 하는 것보다 되물어 바른 대답을 하는 것이 바람직하다.

② **표현력**: 문답을 통해 면접관은 응시자가 답변하는 데 있어서 전개가 질서정연한가, 사족을 달지 않고 요점만 간결하게 말하고 있는가, 답변이 듣는 사람에게 감명을 주는가, 사용하는 용어가 적절한가, 어휘력이 풍부한가 등을 평가하게 된다. 따라서 일관성 없는 대화의 전개나 상대방에게 혐오감을 주는 표현, 어휘력의 부족과 용어의 잘못된 사용은 감점의 대상이 된다.

③ **대화법**: 답변의 명료함이나 응답의 태도를 평가한다. 자신감이 없는 작은 목소리로 응답하거나 상대방의 말이 떨어지기가 무섭게 말을 맞받아서는 안 된다. 또한 은어나 속어 등을 써서도 안 된다. 응답에 너무 오랜 시간을 지체하는 것도 좋지 않으며, 말 한 마디 한 마디에 신중함을 담아 경솔한 느낌을 주지 않도록 한다.

(4) 예의 · 품행 및 성실성

용모, 예의, 명랑성, 협조 정도, 패기, 호감도 등 응시자의 외모에서 받는 인상을 추정하는 평가요소를 말한다.

> • 복장이 단정한가?
> • 자세가 바른가?
> • 표정 등 인상이 밝고 자신 있는가?
> • 침착하고 안정감이 있는가?
> • 태도가 분명하고 진지한가?

① **건강**: 아무리 명석한 인재라도 얼굴이 창백하거나 병약해 보이면 곤란하다. 응시자는 의학적으로는 건강하다 하더라도 의욕이 없는 행동이나 피곤한 표정 등 건강하지 않은 인상을 주어서는 안 된다.

② **복장**: 복장은 청결하고 단정해야 한다. 단정한 분위기가 풍기지 않거나 남에게 혐오감을 주는 복장을 해서는 안 된다.

③ **태도**: 전체적으로 활기와 패기가 넘치면서도 침착하며 부드럽고 편안한 느낌을 주는 것이 좋다. 응답할 때에는 시선 · 손놀림 · 자세와 기타 예의범절에 주의해야 한다.

④ **활기**: 외향적인 성격이 좋은가, 내향적인 성격이 좋은가는 경우에 따라 일장일단이 있으므로 어느 쪽이 좋다고 단정할 수 없으나 일반적으로 조직을 형성 · 유지해 나가기 위해서 외향적 성격을 선호하는 편이다. 그러므로 면접 시 어둡고 우울한 성격을 드러내는 것은 좋지 않다.

⑤ **협조성**: 어느 집단에서나 구성원의 협조성이 중요시되며, 사회에 대한 감정 · 태도가 원만하고, 좋고 싫음의 감정이 극단적이지 않고 중용적인 사람을 선호한다. 따라서 자신감의 과잉이나 편집적인 성격 또는 독단적인 고집 등을 나타내서는 안 된다.

⑥ **호감**: 첫인상이 대인관계에 미치는 영향은 무척 크다. 특히 면접시험에서는 상대방에게 호감을 주어야 하는데, 호감을 얻으려면 본인 스스로 밝은 생각을 갖도록 해야 한다.

⑦ **성실성**: 아무리 뛰어난 재능을 가지고 있다고 해도 무책임하고 성실하지 못한 사람은 남의 협력이나 도움을 받을 수가 없다. 면접관들은 장단점이나 인생관에 관한 질문을 통해 얼마나 성실한 사고방식을 소유하고 있는가, 또 얼만큼 자신에게 충실한가 등을 평가한다.

(5) 창의력 · 의지력 및 발전 가능성

기존과 다른 관점에서 생각하여 기존지식을 응용하거나 새로운 지식을 만들어내며 문제에 봉착하더라도 책임감 있게 해결할 수 있는지를 평가하는 항목이다.

- 문제분석 및 해결능력이 있는가?
- 위기상황에 대처능력이 있는가?
- 젊은이다운 기백이 있는가?
- 근면 · 성실하고 발전적인 성격의 소유자인가?

① **판단력**: 면접시험 질문 내용은 각양각색이므로 순간적으로 판단을 망설이거나 긴장을 하여 면접관이 어떤 대답을 기대하고 질문했는지 판단이 서지 않을 때가 있다. 이때는 신중히 생각하여 경솔한 대답을 하지 않도록 해야 한다.

② **창의력 및 의지력**: 면접관은 의욕적 활동, 왕성한 탐구심, 일에 대한 창조적 노력, 강렬한 패기 및 열정 등을 질의응답 과정에서 평가하게 된다. 따라서 힘든 일은 피하려는 것 같은 태도, 무기력하고 소극적인 태도를 보여서는 안 된다.

③ **계획성**: '앞으로의 목표는 무엇인가?'와 같은 질문을 통하여 계획성 있게 일을 하는 성격인가 또는 그러한 노력이 있는가 등을 평가할 수 있다.

④ **안정성**: 정서가 안정되어 있는가를 평가하는 요소이다. 대인관계가 원만하고, 건전한 사고관을 지니고 있음을 강조해야 한다.

⑤ **사회성**: 자신의 생각만을 지나치게 고집하거나 불평불만을 많이 하는 사람은 어느 조직에서든 반기지 않는다. 특히 공무원은 대민업무가 많기 때문에 면접에서는 사회 적응력이 뛰어난 성격에 높은 점수를 부여한다.

CHAPTER 04 면접위원 구성

1. 면접위원의 구성

구분	면접위원
9급 공채	2인 1조
7급 공채	3인 1조

면접위원 구성 시 외부위원을 반드시 1/2 이상 위촉해야 하며, 응시자와 제척·기피 대상에 있는 사람은 위원 위촉 시 배제된다.

2. 면접위원 선정·운영 및 면접조 편성

(1) 공정·엄정한 면접시험 집행을 위해 면접위원 선정 담당부서와 면접시험 시행부서를 독립·분리 운영하고 있다.

　① 엄선된 면접위원 명단은 면접 당일까지 외부와 일체 격리된 국가고시센터에서 대외비에 준하여 관리하다가 면접 당일에 면접시험 장소로 인계된다.

　② 면접시험 시행부서의 통제하에 면접위원을 무작위 추첨하여 각 면접조에 배정한다.

(2) 면접조가 최종 확정된 후, 면접위원과 응시자들에게 각각 제척·기피·회피 사유의 해당 여부를 확인한다.

　① 응시자의 면접조 배정은 시험 당일 응시자 대기장 앞에 부착된 표 및 본인의 원서접수 사이트 계정을 통해 확인이 가능하다.

　② 면접위원 중 1인을 응시자가 기피할 경우 다른 조의 면접위원으로 교체하거나 예비위원이 면접을 진행한다.

　※ 응시자 면접조 배정은 전산프로그램을 통해 필기시험 성적 편차가 균등하도록 편성

(3) 시험장에서 응시자와 면접위원이 상호 접촉할 수 없도록 철저히 통제하여 면접위원과 응시자들과의 사전담합 등을 원천적으로 봉쇄한다.

3. 면접위원이 제공받을 수 있는 자료

(1) 면접위원에게 응시자에 대한 정보를 필요 최소한으로 제공함으로써 편견이 개입될 요소를 배제한다. 면접위원에게 선입견을 줄 수 있는 응시자의 출신학교, 가족관계 등 불필요한 자료는 제공을 금지한다.

(2) 경력경쟁채용의 경우 경력기술서 등 직무 관련 서류를 응시자에게서 제출받아 면접위원에게 제공할 수 있으나 응시자의 배경(스펙) 관련 정보는 배제된다.

응시자에게 받을 수 있는 자료(경력경쟁채용)

- 근무경력
- 직무성과
- 학위 보유
- 자격증 보유 현황
- 연구 실적
- 특허 · 기술개발 실적
- 수상 실적
- 어학능력 실적
- 기타 실적, 능력 등
- 직무수행계획
- 자기소개서

---

4. 면접위원의 사전교육 실시

면접위원의 평가오류를 줄이고 면접역량 강화를 위해 면접위원 유의사항 등 사전교육을 실시하고 있다.

(1) 면접위원을 대상으로 면접 참석 전 사이버교육 과정("효과적인 면접을 위한 DOs & DON'Ts" 과정)을 이수하도록 권장한다.

(2) 면접관의 직무역량 및 전문성 향상을 위해 직급별 · 수준별 교육프로그램(면접평가 전문가 양성교육 등)을 운영한다.

(3) 응시자 및 면접위원의 휴대폰은 각 교육 시작 전에 모두 회수하고 면접시험 종료 후 귀가 시 반환한다.

(4) 원활한 면접진행을 위해 면접위원 중 한 명을 진행위원으로 선정한다.

> ※ 진행위원 역할: 면접 진행 및 시간 관리, 응시자 본인여부 확인(응시자관리표 사진과 대조), 면접 시작 및 종료
> 고지 등

5. 면접위원 유의사항

바람직한 행동	바람직하지 않은 행동
• 평가 요소를 사전에 명확히 이해 • 면접에 활용할 질문 사전에 준비·숙지 • 공정하고 편견 없이 평가 • 면접동안 지원자에게 주의 집중 • 감각, 느낌이 아닌 행동과 답변 내용에 초점 • 평가가 되는 것들은 즉시 메모 • 관찰, 기록(메모)에 근거하여 평가 • 평가요소, 평가기준, 평가척도에 따라 점수 부여	• 지원자를 존중하지 않거나 무시하는 태도 • 차별적인 발언(성별, 출신, 외모 등) • 지원자의 사생활 관련 질문(연령, 성별, 종교, 출신학교, 인맥, 가족관계 등) • 면접 평가요소와 관련 없는 질문 • 면접 중 합격/불합격을 오해할 수 있는 발언 • 지원자의 말을 끊거나 일방적으로 발언 • 면접관이 가정을 세우면서 하는 유도질문

05 답변만이 면접의 전부는 아니다.

01 면접 옷차림

노출이 심한 의상 또는 의자에 앉거나 걷는 데 불편한 의상은 피한다. 또한 면접장 안에서 모자, 장갑, 선글라스 등은 착용하지 않도록 한다. 2021년 국가직 면접의 경우, 코로나19 확산으로 인해 면접장에 냉방기가 미작동되어 간편복 차림을 추천하였다. 이처럼 복장이나 면접 준비 등에 특수상황이 발생할 수 있으니 항상 공지사항을 유심히 살펴봐야 한다. 또한 간편복 차림 권고는 코로나19로 인한 특수상황에 따른 것이므로, 면접 옷차림은 정장이 기본 복장임을 유념해야 한다.

1. 남성 옷차림

(1) 헤어스타일

청결하고 깔끔한 인상을 주는 헤어스타일이 바람직하다. 젤이나 헤어스프레이 등을 이용하여 단정하게 마무리한다.

(2) 양복

상하 한 벌의 정장이 바람직하고 남색 또는 무채색 계열이 무난하다. 단색의 단조로움을 피하고 싶을 경우에는 가는 줄무늬나 체크무늬도 괜찮다. 기관에 따라 나름대로의 성향이 있으므로 그에 걸맞게 입는 센스가 필요하다.

(3) 셔츠

흰색이 무난하지만 푸른색이나 베이지색 등 산뜻한 느낌을 주는 것도 좋다. 다만, 양복보다 밝은 색상을 선택하도록 한다. 그리고 와이셔츠의 칼라, 양복의 깃, 넥타이가 만나는 부분이 청결하고 단정한 느낌을 주어야 한다.

(4) 넥타이

넥타이는 양복 및 셔츠의 색상과 조화를 이뤄야 하며, 넥타이를 맬 때는 선 자세에서 벨트를 살짝 가리는 정도의 길이가 적당하다.

(5) 구두와 양말

검정색 구두가 단정하고 어떤 색의 양복과도 잘 어울린다. 그러나 양복의 색상이 갈색 계열인 경우에는 갈색 구두가 보다 잘 어울린다. 양말은 양복과 구두의 중간색이 적당하며, 흰색 양말은 피해야 한다.

2. 여성 옷차림

(1) 헤어스타일

커트나 단발 스타일이 활동적인 이미지를 준다. 긴 머리의 경우에는 뒤로 묶는 것이 깔끔한 인상을 준다. 앞머리는 눈을 가리지 않도록 주의하고 짙은 염색이나 강한 웨이브는 삼간다.

(2) 화장

자신의 분위기에 맞게 자연스럽고 밝은 이미지를 표현하는 것이 중요하다. 피부톤은 자신의 피부보다는 약간 밝은 톤으로 표현하고 번들거림이 없도록 한다. 눈썹은 자연스러운 곡선미를 살려 부드러운 느낌을 주도록 하고, 립스틱 색상은 너무 진하거나 어두운 색은 피한다. 색조 화장 시 브라운 톤은 이지적인 면을, 핑크 톤은 화사함을 표현하는 데 효과적이지만 진한 톤의 블러셔를 이용한 입체 화장은 피해야 한다.

(3) 의상

단정한 스커트 투피스 정장이 좋으며, 슬랙스 수트 정장도 활동적인 이미지에 어울린다. 색상은 차분한 무채색이 무난하다.

(4) 구두, 스타킹

구두, 스타킹은 통일감 있게 연출하는 것이 좋다. 구두는 심플한 디자인을 선택하며, 굽이 너무 높아 불편한 것은 피한다.

3. 옷차림 체크리스트

구분	남성	여성	체크
헤어	청결한 인상을 주는가?		
	흐트러진 곳 없이 깔끔하게 손질했는가?	헤어 액세서리가 화려하지 않은가?	
얼굴	• 눈은 충혈되지 않았는가? • 치아는 청결한가?		
	수염은 깔끔하게 깎았는가?	화장은 깔끔하게 마무리되었는가?	
손	손과 손톱의 상태는 청결한가?		
상의	• 셔츠 깃과 소매는 깨끗한가? • 깔끔하게 다림질되어 있는가? • 얼룩, 주름, 먼지는 없는가? • 자신의 체형에 잘 맞는가?		
하의	• 단정하게 다림질되어 있는가? • 길이는 적당한가?		
넥타이/스타킹	색상은 적당한가?		
	비뚤게 매지는 않았는가?	올은 나가지 않았는가?	
구두	• 색상과 모양은 조화로운가? • 깨끗하게 닦여 있는가?		

---

02 **답변 외 신경 써야 할 면접 TIP**

1. 첫인상이 중요하다.

상대방에게 좋은 인상을 주지 않으면 어떤 얘기를 해도 전하고자 하는 바가 충분히 전달되지 않는다. 건강하고 참신한 이미지를 주기 위해서는 청결한 복장, 바른 자세가 우선되어야 한다.

2. 웃는 표정을 짓는다.

거울 앞에 서서 웃는 연습을 해본다. 웃는 얼굴은 상대방을 편안하게 만들고, 긴장된 분위기를 풀어준다. 자기의 이야기를 강하게 전하고 싶을 때는 상대방의 눈을 바라보며 말한다.

3. 동료 응시자들과 서로 협조하라.

집단 면접의 경우 동료 응시자들과 이심전심으로 협력해야만 좋은 면접 분위기를 연출할 수 있다. 경쟁자로만 인식하지 말고 배려해 줄 수 있도록 하자. 특히 입실할 때나 퇴실할 때 순서를 잘 지키고 혼자만 먼저 앉는 등의 행동은 하지 않도록 한다.

4. 답변하지 않을 때의 자세 또한 중요하다.

대부분의 응시자들은 답변하고 있을 때는 긴장하여 바른 자세를 유지하지만 답변이 끝나고 면접관의 시선이 다른 응시자에게 향하면 자세가 흐트러지는 경우가 많다. 항상 동료 응시자의 답변 내용을 경청하면서 바른 자세를 유지하도록 한다.

5. 개성 표현은 좋지만 튀는 것은 위험하다.

집단 면접에서 평범한 답변으로 좋은 점수를 기대하기는 힘들기 때문에 자신의 구체적인 경험이나 사실을 바탕으로 내실 있게 표현하며 개성을 드러내는 것이 중요하다. 그러나 다른 사람과 잘 융화되지 못할 것 같은 튀는 인상을 남겨서는 안 된다.

최합 프리패스! 합격전략 10가지

대기실부터 면접은 시작된다.

1. 면접 당일 지각은 절대 있을 수 없다.

공무원 면접은 오전·오후조로 나눠서 진행된다. 시험 당일 응시표와 신분증, 필기구를 지참하여 오전조는 8시, 오후조는 12시 20분까지 면접장에 입실해야 한다. 어떻게 지각을 하나 싶겠지만, 생각보다 늦는 경우가 종종 있다. 지정된 시간 이후에 도착하는 응시자는 시험장에 입장이 절대 불가능하니 시험 시작 전 여유 있게 면접장에 도착할 수 있게 하자. 만약 시험장과 거리가 먼 지방에 산다면 면접시험장 근처 숙소를 예약하여 하루 전 숙박하는 것을 추천한다.

2. 응시자 교육 및 각종 서식작성

(1) 응시자 대기장에서 출석 확인 및 면접에 대한 오리엔테이션을 한 후 경험·상황 면접과제와 면접시험 평정표(2매)를 작성한다. 경험·상황 면접 과제의 작성 시간은 20분이며 한 문제당 10분 정도의 시간을 배분하여 주어진 시간 내에 모두 작성해야 한다. 경험·상황 면접 과제를 어떻게 작성했는지 잊어버릴 수 있으므로 작성한 내용을 따로 메모해 둔다.

(2) 서식작성 후 대기시간이 주어지는데, 이때 기록해 둔 메모를 바탕으로 경험·상황 면접과제의 내용을 복기하여, 면접에서 어떻게 답할지 준비한다.

3. 5분 발표 과제 검토 및 발표지 작성

(1) 면접장으로 이동하기 전 발표문 검토장에서 5분 발표 과제를 검토한 후 발표지를 작성한다. 5분 과제 발표지는 제출하지 않지만, 작성 시간 이후에 추가로 작성하는 것은 부정행위로 간주하기 때문에 반드시 10분 안에 작성해야 한다.

(2) 면접장에서 주제문을 보면서 발표할 수 있으므로 여백에 순서, 키워드 등을 메모하고 가능한 한 구조화하도록 한다.

4. 신분 확인 및 입실

(1) 면접장에 도착해서는 4개 조씩 테이블 하나에 앉아서 응시표와 신분증을 확인하고, 대기하고 있다가 벨 소리가 울리면 입장한다. 면접실에 들어서면 의자 옆에 서서 "안녕하십니까."라고 말한 후 정면을 향해 30° 정도 가볍게 허리를 굽혀 인사하고 소개한다.

(2) 면접시험 평정표를 오른쪽에 있는 면접위원에게 제출한 뒤, 본인 좌석에 착석한다. 시선은 면접관의 눈을 빤히 쳐다보거나 이리저리 굴리지 말고, 면접관의 가슴 부분이나 넥타이 매듭 부분에 고정하는 것이 적당한 시선 각도이다.

5. 질의응답

(1) 솔직하고 자신 있는 태도로 대답한다. 대답에 자신이 없더라도 머리를 긁적이거나 혀를 내밀지 않는다.

(2) 대답할 때는 "음…, 저…" 등의 불필요한 말이 나오지 않도록 하며, '−하구요'가 아닌 '−하고'라고 정확히 말한다.

(3) 음성은 면접관이 분명히 들을 수 있도록 크게, 발음은 정확하게 그리고 자신감을 가지고 면접에 임해야 한다.

(4) 만약 모르는 질문일 때는 머뭇거리거나 더듬지 말고, 5~10초 정도 지나 "잘 모르겠습니다."라고 솔직히 답변한다.

6. 퇴실

(1) 면접관이 "수고하셨습니다."로 면접이 끝났음을 알리면 "감사합니다."라고 정중히 인사한 후, 의자에서 조용히 일어나며 면접관을 향해 다시 한번 인사한다.

(2) 면접시험에서 언짢은 내용이 있었더라도 퇴실할 때는 도망치듯 급히 행동하거나 흐트러진 자세를 보이지 않도록 세심한 주의가 필요하다. 면접장에 들어간 순간부터 나오는 순간까지 모든 행동과 말은 평가의 대상이 된다는 마음으로 긴장을 늦추지 말아야 한다.

면접관의 관점에서 준비하자.

1. 면접관 질문의 의도를 파악하자.

면접관의 모든 질문에는 '의도'가 숨어 있다. 예를 들어, 학창 시절의 실패 경험을 묻는 질문을 받았다고 가정해 보자. 응시자가 자신의 실패 경험을 열거하는 것은 짧은 시간에 면접관이 알고 싶은 내용이 아니다. 실패를 통해 어떤 교훈을 얻었는지, 그 교훈을 통해 어떤 반성을 하였고 어떻게 그 사안을 수정했는지가 중요한 것이다.

이렇듯 응시자는 질문의 요지를 정확히 파악하여 답변해야 한다. 긴장해서 면접관의 질문 내용을 정확히 이해하지 못했을 때는 주저하지 말고 "지금 하신 질문은 이러한 의미입니까?"라고 물어보고 의미를 정확히 파악해 알맞은 대답을 해야 한다.

2. 결론부터 말하자.

면접관의 질문 의도를 정확히 파악했다면 그 의도에 맞는 답변을 '두괄식'으로 대답한다. 길지 않은 답변 시간 동안 면접관이 당신의 답변을 끝까지 모두 들어야 할 의무는 없다. 따라서 결론을 먼저 이야기하고 나서 그에 따르는 설명과 이유를 나중에 덧붙이면 논지가 명확해지고 이야기가 깔끔하게 정리된다. 하나의 주제를 설명하는 데는 3분이면 충분하다. 너무 긴 답변은 면접관을 지루하게 할 수 있다.

3. 면접관은 피곤하다.

면접관은 수많은 응시자를 대상으로 비슷한 질문을 반복한다. 그런데 응시자들은 비슷한 질문에 비슷한 유형의 A급 답안만을 외우듯 답변한다. 답안 자체에는 문제가 없다. 그러나 면접관이 피곤해진다. 이럴 때 반드시 기회가 온다. 피곤한 면접관에게 비타민과 같은 새콤달콤한 답변을 할 수 있다면 분명 그 응시자에게는 플러스 점수가 주어진다.

답변의 차별화는 '개인의 경험을 토대로 한 참신한 답변'을 통해 가능하다. 그래야 응시자에 대한 차별점을 면접관도 알 수 있고 거기에 가치를 부여할 수 있다.

4. 면접관에 따른 질문

(1) 내부 면접위원

앞으로 같이 일할 동료 또는 소속 조직의 구성원을 뽑는 것이다. 따라서 조직 내에서 조직에 잘 적응할 수 있을지 또는 일을 수행할 역량을 갖추었는지 등을 판단할 수 있는 실질적인 업무 관련 내용이나 적응도, 성실성, 발전 가능성에 관한 질문을 할 확률이 높다.

(2) 외부 면접위원(다른 행정기관 소속 공무원 또는 민간인)

내부 면접위원에 비해 조직의 특수성, 담당 업무와 관련해서는 자세히 모른다. 다만 직무에 관한 전문적인 지식이나 실무에 정통한 사람으로서 응시자가 전공 관련 지식에 대해 얼마나 알고 있는지에 대해 질문할 것이다. 그렇다고 그 질문들이 대답하기 어렵거나 심도 있는 지식에 대한 것은 아니므로 너무 걱정할 필요는 없다. 질문에 대해 답변을 잘못했다고 해서 탈락으로 이어지는 것도 아니다. 면접 전에 지원한 직렬의 기출문제를 한 번씩 정리해 볼 것을 추천한다.

나온 질문은 또 나온다.

1. ○○에 지원하게 된 동기는 무엇인가?

지원 동기는 어떤 직렬을 지원하든 나오는 필수적인 면접 질문이다. 이 질문을 통해 공무원으로서의 정신자세, 즉 응시자의 공직관을 파악할 수 있기 때문이다. 지원 동기에 대한 답변은 자기 경험이나 사실을 들어 말하는 것이 바람직하며, 지나치게 추상적인 표현은 피하는 것이 좋다. 또한 공무원은 일반적인 직업과 달리 국민의 세금에서 급여를 지급받으며, 국민을 위해 일하는 특수성을 가지고 있다는 자신의 견해를 밝힘으로써 공직사회 구성원으로서의 일면을 보여주는 것이 필요하다. 일반 기업체 면접과 마찬가지로 자기 경험 등을 통해 표현하는 것이 바람직하며, 민간 기업과의 비교를 통해 설명하는 것도 좋다.

2. ○○부서를 희망하였는데, 이 부서와 관련된 경험이 있습니까?

개인의 경험에 기초한 내용을 바탕으로 응시자의 공직가치 · 인성 · 직무역량에 관한 증거를 찾고 평가하고자 하는 질문 유형이다. 이 질문은 응시자가 희망하는 직렬과 업무에 대해 어떤 노력을 해 봤는지 묻는 것이고, 이것은 결국 해당 분야의 전문성에 대한 노력과 경험을 확인하려는 취지이다. 면접 시 사전 작성한 본인의 경험 · 사례 등을 토대로 하여 심층 추가 질문이 이어진다.

3. 목표의 설정과 달성 과정에서의 실패담 및 극복 사례를 말해 보시오.

목표 설정과 달성 과정에서 겪게 되는 상황을 어떻게 극복했는지를 통해 응시자의 근성과 대처 능력 등을 알고자 하는 것이다. 실패로 끝났다면, 어떤 점을 배웠고 어떻게 개선해 나갈 것인지도 제시할 수 있다. 이때 주의할 점이 있다. 수많은 응시자가 이런 경우 개선 방안으로 교육이나 노력 등을 언급하는데 이런 것들의 언급만으로는 면접관에게 점수를 얻을 수 없다. 이럴 때는 교육 자체에 대한 의미만 강조하기보다는 힘들었던 경험을 잘 극복한 사례가 직무를 파악할 기회가 되었다는 점 정도로 언급하는 것이 좋다. 왜냐하면 교육 자체가 모든 문제를 해결해 줄 수는 없기 때문이다. 사례는 개인적인 경험보다는 조직이나 단체에서의 경험이 좋으며, 지원한 부서와의 연관성이 있는 사례를 제시하는 것이 좋다.

4. 지원한 직렬에서 시행하고 있는 정책 중 관심 있는 정책과 그 정책의 개선방안을 말해 보시오.

직렬별로 시행 중인 정책, 제도 및 이슈 등에 대해 전반적으로 파악한 후에는 자신이 지원하는 부서와 관련 있는 핵심 이슈나 관심 정책 2~3개에 대해 집중적으로 정리하고 개선방안을 제시하여, 후속 질문에도 대비하여야 한다. 그 외에도 기출 문제를 참고하여 직렬별로 정리된 이슈를 숙지하도록 한다. 중요 정책에 대해서는 핵심을 간략히 이야기할 수 있도록 요약정리가 필요하다.

5. 마지막으로 하고 싶은 말이 있으면 말해 보시오.

이 질문은 반드시 포함되는 것은 아니다. 또한 이 질문으로 불합격이 합격으로 변경되는 경우의 수도 많지도 않다. 그러나 면접 과정 중 여러 가지의 사정으로 답변이 미흡했다는 생각이 든다면 한 번쯤 시도해 볼 수 있는 마지막 카드라는 생각으로 정리해 본다.

(1) 면접 중 미흡한 답변이 있는 경우

면접 전 준비된 내용이었지만 답변이 부족했다면, 이 기회를 통해 다시 말씀드리겠다 하고 짧게 정리하여 발표한다. 이때 그 전의 답변 시간보다 긴 시간이 주어지는 것이 아니므로 본인의 경험을 통한 핵심 내용만 간결하게 정리하여 발표하는 것이 좋다.

(2) 면접 중 답변이 미흡하지 않은 경우

응시자는 입장하는 순간부터 퇴장 시까지 최선을 다하는 것이 좋다. 따라서 간결하게나마 오늘 면접에 대한 겸손한 소회와 면접관들에 대한 감사를 표하는 것도 좋을 것이다. "더 이상 할 말 없습니다."라고 씩씩하게 답하는 응시자들도 종종 있는데 그런 태도보다는 간단한 인사가 더 좋다.

3가지는 면접에서 절대 하지 말자.

1. 무조건 '열심히 하겠습니다.'라는 표현

국가직 공무원을 뽑는 면접은 공무원으로서의 자세 및 공직 적합성, 수많은 민원 사례에 대한 대처 능력, 여러 정책 등에 관한 전문지식 및 추진 능력 등을 실질적으로 평가하는 자리이다. 따라서 '무조건', '뽑아만 주신다면', '열심히 하겠습니다.'와 같이 누구나 할 수 있는 모호한 표현은 피하는 게 좋다. 이는 면접관 입장에서는 진부하고 진정성이 느껴지지 않기 때문이다. 따라서 해당 직렬에 대한 본인의 열정을 좀 더 구체적으로 발언하는 것이 효율적이다. 또한 본인의 경험 사례나 성공을 위한 노력, 의지 등을 덧붙인 대답을 한다면 면접관에게 좀 더 신뢰감을 줄 수 있을 것이다.

2. 수동적 표현

보통 응시자들은 "~라고 생각하기 때문에 ~하게 되었습니다."라는 표현을 많이 사용한다. 이 문장을 본다면 어떤 행동의 근거는 면접자의 '생각'이 되는 것이다. 그러나 면접관은 보이지 않는 추상적 생각으로 결론에 이르는 답변에 만족할 수 없다. 또한 그 생각의 근거를 묻는 등의 꼬리 질문도 가능하게 된다. 이런 경우에는 행동, 결과 등을 조사나 경험을 근거로 답변하는 것이 좋다. 조사에 의한 데이터나 경험은 구체적 행동의 근거로 최상이다. "제 경험에 의하여 ~해 본 결과 ~하게 되었습니다."라고 답변한다면 응시자의 경험에 초점을 맞추어 재질문을 할 수 있기 때문에, 범위가 자신의 경험으로 한정되어 답변하기 더 쉬울 것이다.

3. 추상적 표현

개념 자체가 불분명한 답변은 지양하는 것이 좋다. 보통 답변할 때 많이 나오는 추상어들은 역량, 희망, 가치 등과 같은 구체성이 떨어지는 단어들이다. 면접 시간은 상당히 짧기 때문에 이런 답변을 구체화시키기 위해 문답을 이어간다면 내 필살기를 드러낼 시간은 줄어든다.

지원 동기에 "공무원이 되어 저의 역량을 발휘하고 싶습니다."라고 답변한다면 면접관들은 분명 '역량'에 대한 궁금증을 가지게 될 것이고, 그 근거를 재질문하게 될 것이다. 이렇게 바꿔 답변해 보자. "저는 행정학을 전공하였고, 관련 자격증을 2종 취득하였습니다. 또한 그 전공을 살려 틈틈이 대학교 행정지원실과 교육청 진학진로정보센터에서 아르바이트를 하면서 현장 실무를 경험하였습니다. 이러한 경험을 바탕으로 저는 국가의 미래에 공헌하는 교육행정직 공무원이 되고 싶습니다."가 훨씬 더 좋은 답변일 것이다.

최종 합격을 부르는
실패 경험

1. 왜 실패를 물어볼까?

면접에서는 다음과 같은 질문이 빈번하게 나온다.

> • 실수나 실패하였던 이야기를 말해 보시오.
> • 목표를 가지고 준비하던 일 가운데 실패한 경험을 말해 보시오.
> • 목표 설정 및 달성 과정에서의 실패담 및 극복 사례를 경험에 비춰 말해 보시오.

이는 응시자가 격무에 대처할 수 있는지, 온실 속의 화초처럼 너무 여린 것은 아닌지, 힘들다고 퇴직하지는 않을지, 이 직무를 잘 수행할 수 있는지 등에 대해 알고 싶은 것이다. 즉, 면접관은 응시자가 실패를 극복하는 과정에서 문제 해결 능력이나 교훈 등을 얻어 추후 힘든 업무 상황에 닥치더라도 극복해 나갈 수 있는 능력이 있는지 살펴보고 싶은 것이다.

2. 언급하면 안 되는 것

실패 경험 시 감정적으로 힘들었던 부분에 대해 회피하거나 포기해 버린 것 등을 언급하는 것은 면접 시 감점 요인이 될 수 있다. 동아리에서 어려운 선배와의 갈등으로 힘들었던 점을 언급하면서 갈등을 해결하기 위해 단순히 그 상황을 피하거나 동아리에서 탈퇴한 경험을 이야기하는 것은 최종 합격의 길에서 멀어지는 답변에 해당한다. 또한 실패 극복 및 재도약을 강조하는 대신 실패 과정에 대해서만 너무 장황하게 이야기한다면 면접관의 관심도가 떨어질 수 있으니 주의해야 한다.

3. 꼭 언급해야 하는 것

실패하게 된 원인이 무엇인가, 어떻게 대처하였는가, 그 과정에서 어떠한 교훈을 얻었는가, 그 경험을 바탕으로 성공 경험까지 갔는가 등이 면접관이 궁금해 하고 원하는 답변이다. 실패를 극복한 경험을 가진 응시자는 조직에서도 어려움을 통해 학습하고 단련하면서 어떤 과업이든 성공시켜 나갈 수 있는 인재라는 확신을 줄 수 있다. 더 나아가 이런 응시자는 높은 수준의 목표를 늘 염두에 두고 그 달성을 위해 노력하는 사람으로 인지될 수 있다. 따라서 갈등이나 실패를 원만히 극복한 경험, 타인의 의견을 존중하고 설득한 사례, 또한 이를 통해 얻은 교훈이나 배운 점 등을 언급하는 것이 최종 합격을 부르는 지름길임을 잊지 말아야 한다.

면접 전 반드시 정리해야 할 것

1. 본인의 경험

(1) 면접 시 질문의 대답에 대한 근거를 본인이 직접 경험한 사례를 중심으로 구성하는 것이 좋다. 이는 면접관에게 근거에 대한 신뢰감을 줄 수 있을 뿐만 아니라 그 경험 범위 내에서 후속 질문을 받을 가능성이 크기 때문에 어느 정도는 사전에 준비할 수 있다.

(2) 예상되는 질문리스트에 적당한 본인의 경험을 작성해 보자. 이렇게 적다 보면 경험이 너무 많거나 너무 적은 경우들이 있다. 경험 사례가 많은 경우에는 주제와 관련 있으며 강조하고 싶은 경험 위주로 내용을 정리하면 된다. 반대로 문제가 되는 것은 본인의 경험이 없다고 생각하는 경우인데, 경험은 극히 개인적이고 그 크기와 가치를 타인이 결정할 수 없는 것으로 이는 없는 것이 아니라 잘 정리하지 못한 것일 수도 있다. 이럴 때 경험 정리가 더 빛을 발하게 되는 것이다. 또한 면접관들은 성공한 경험보다는 실패 경험을 개선하려는 노력과 근성에 높은 점수를 줄 수 있다.

(3) 경험 사례 정리

① 의미 있는 경험: 내가 경험에서 어떤 결과를 얻었나?

② 실패한 경험: 왜 아무 결과도 못 얻었나? → 진짜 아무것도 못 얻은 게 맞나?(사소한 경험도 다시 보기) → 사소한 결과라도 어떻게 얻을 수 있었나?(사소한 경험에서 의미 찾기)

2. 지원한 직렬(부서)에 대한 이해

(1) 공직가치

공직가치에 관한 문제는 직렬을 가리지 않고 매년 출제되고 있다. 면접관 입장에서 공무원의 의무, 공직관, 공직가치에 관한 질문은 응시자가 합격 후 공직에 들어왔을 때 어떻게 행동할 것인지 미리 알아보기 위한 질문이기 때문에 너무 솔직하게 답변하는 것보다 본인이 얼마나 공직에 어울리는 사람인지 어필하는 것이 중요하다. 그러기 위해서는 면접을 준비할 때 공무원 헌장의 내용과 공무원의 의무를 반드시 숙지하여야 한다. 해당 내용을 직접적으로 묻지는 않지만, 특정 사례나 제도를 제시하고 이와 관련된 공직가치가 무엇이고 이 상황에서 본인은 어떻게 행동할 것인지를 묻기 때문에 이에 대해 사전에 많이 생각해 보아야 한다.

(2) 지원한 직렬에 대한 정보

지원한 직렬과 관련된 전문지식이나 시행 중인 정책·제도에 대한 질문에 준비해야 한다. 최근 공무원들에 대한 불만이 많아지면서 공직 전문성을 강화하는 추세이므로 지원한 직렬이나 부서의 홈페이지에 들어가서 정책이나 적극행정 사례, 최근 뉴스 등을 정리해 두어야 한다.

3. 최신 이슈와 상식

면접에는 최근 논란이 되고 있는 사회적 현안이나 시사상식에 관한 질문이 많이 출제되기 때문에 일간지나 뉴스 등을 꾸준히 살피며 최신 이슈와 상식을 파악해 놓는 것이 좋다. 특히 희망하는 부서와 관련된 이슈와 용어를 정리해서 반복 학습하는 것을 추천한다.

4. 긍정적인 마음가짐

응시자 간의 실력에는 큰 차이가 없다는 것을 기억해야 한다. 필기시험을 통과했다면 기본적인 능력만큼은 인정받은 것이다. 동료 응시자가 답변이 뛰어나다고 해서 위축될 필요는 없다. 자신감을 가지고 솔직하게 면접에 임하는 것이 무엇보다 중요하다.

[면접 대비 체크 리스트]

시기	영역	확인 사항	YES	NO
면접 2일 전	지원 직렬에 대한 정보 수집	국가관, 공직관, 윤리관		
		공직가치		
		정책 · 제도		
		최신 이슈 · 상식		
		홈페이지 접속		
	예상 질문 및 답변 작성	최신 기출 문제		
		공무원 헌장, 공무원 의무		
면접 1일 전	모의 면접	예상 질문에 대한 답변 연습		
	옷차림	헤어스타일		
		얼굴		
		손		
		상 · 하의		
		와이셔츠(블라우스) · 넥타이		
		구두 · 양말(스타킹)		
	소지품 준비	응시표, 신분증, 필기구		
		지갑		
		생수, 간단한 간식		
		개인용 티슈 및 위생용품		
	면접장까지의 이동	면접장 위치		
		교통편		
		소요 시간		
		면접장 입실 시간		
면접 당일	최종 점검	옷차림 점검		
		준비된 소지품 지참		
	면접 시간 준수	면접장 30분 전 도착		

CHAPTER 07

5분 발표, 개인 발표(PT), 집단토의에서 말리지 않는 법

1. 5분 발표

면접관 앞에서 자신의 의견을 발표하는 국가직 9급 '5분 발표'는 공직가치에 대한 이해, 의사 발표의 정확성 및 논리성 등을 종합적으로 평가하기 위한 것으로, 올바른 공직자상, 공정성, 봉사·헌신, 청렴 등 국가관·공직관·윤리관과 관련된 문제가 출제된다. 응시자는 10분 동안 과제를 검토한 후 면접관 앞에서 5분 이내에 자신의 의견을 과거의 경험이나 여러 실제 사례 등을 곁들여 자유롭게 발표하면 된다.

[문제 유형]

적극행정형	적극행정 사례 속에서 합당한 공직가치를 찾고 공직 자세를 묻는 문제 유형
시행 중인 제도에 관한 문제	현재 정부나 지자체에서 시행 중인 각종 제도나 정책에 대한 제시문에서 공직 가치를 찾고 공직자가 지녀야 할 자세를 묻는 문제 유형
책 인용·발췌	고전이나 책에서 발췌한 제시문에서 공직가치를 찾고 공직 자세를 묻는 문제 유형
사회 이슈형	최근 이슈화되고 있는 사회 현상이나 갈등 상황에 대처하는 공직자가 지녀야 할 자세를 묻는 문제 유형
직무사례형	공직 직무 중 발생할 수 있는 상황에 어떻게 대처해야 하는지 묻는 문제 유형

(1) 발표 시간은 가급적 5분을 채운다.

5분이라는 시간은 짧고도 긴 시간이다. 주어진 발표 시간을 잘 활용해야 한다. 특히 시간이 많이 남았음에도 발표가 짧게 마무리된다면 면접위원에게 내용이 부실하거나 성의가 없다는 인상을 줄 수 있다. 또한 남은 발표 시간 동안 후속 질문이나 개별 면접에 대한 질문으로 이어질 가능성이 있으므로 가급적 발표 시간을 채우는 것이 좋다.

(2) 제시문에서 핵심 공직가치를 유추할 수 있어야 한다.

　5분 발표 과제에서는 제시문을 읽은 다음 유추할 수 있는 공직가치를 제시하고 그 가치를 실천하는 방안을 물어보는 질문이 나온다. 대표적으로 애국심, 민주성, 다양성, 책임성, 투명성, 공정성, 청렴성, 도덕성, 공익성의 9개 핵심 공직가치가 있다. 이외에도 다양한 공직가치가 존재함을 이해하고 관련 내용을 사전에 준비해야 한다.

(3) 공직가치를 사례와 연결할 수 있어야 한다.

　공직가치의 정의뿐만 아니라 이를 뒷받침할 수 있는 사례를 준비하는 것이 좋다. 사례는 응시자가 지원한 부처와 관련된 본인의 경험 사례 또는 지원한 부처에서 시행하고 있는 정책이나 제도를 준비해 둔다. 응시자의 경험 사례는 경험이 많다고만 말하는 것이 아니라 내용을 뒷받침할 수 있는 증거를 구체적으로 제시하여야 한다. 구체적인 경험 사례를 언급하여야 그 근거에 신뢰감을 주는 증거가 될 수 있다.

(4) 질문지 하단 여백을 활용하여 키워드를 중심으로 메모한다.

　10분 이내에 제시문을 읽고 공직가치를 찾아 서술형으로 발표문을 작성하기는 어렵다. 따라서 발표 내용을 구조화하여 요약하는 연습이 필요하다. 면접장에서는 제시문 아래 여백을 활용하여 내용을 구조화하고 키워드 중심으로 메모한다. 5분 발표는 작성한 내용을 보고 발표할 수 있으므로 키워드에 살을 붙여 발표하면 된다.

2. 개인 발표(PT)

국가직 7급에서는 실제 정책 현안 관련 대응·대책 방안 주제를 가지고 개인 발표(PT) 면접을 시행한다. 개인 발표는 주제에 대한 접근 방식과 해결 방안을 제시하는 과정을 통해 응시자의 직무 적합도, 문제해결능력, 태도 등을 종합적으로 평가하기 위한 것이다. 응시자는 30분 동안 개인 발표문을 작성한 후 면접위원 앞에서 약 5분 내외의 개인 발표와 약 10분 내외의 후속 질의·응답의 시간을 갖는다.

(1) 차분하게 주제에 대한 자신의 생각을 정리한다.

　제시문이 구체적인 사례나 현황을 보여주는 자료가 함께 제시되는 경우 이를 참고하여 내용을 정리하고 요약하여야 한다. 현황 및 문제점, 사례 등 활용할 수 있는 자료를 추출하고 여백 공간에 정리한다. 자신이라면 제시된 문제를 어떻게 풀어갈 것인지 생각해 보아야 한다.

(2) 발표 내용을 일관성 있게 전략적으로 구성해야 한다.

주제에 따라 발표 내용의 구성을 다르게 구성할 수 있지만, 일반적으로 '서론-본론-결론' 3단으로 구성하는 것이 좋다. 서론에서는 현황, 추진 배경이나 문제점 등을 제시한다. 어떠한 문제점이 있으며, 어떠한 배경을 갖고 해당 계획을 수립하게 되었는지 당위성을 설명한다. 본론에서는 추진 내용과 추진 방안 등을 작성하는 것이 좋다. 해당 계획을 실행하기 위한 내용을 정리하고, 각각의 추진 내용을 실행하는 방법, 방안 등을 구체적으로 제시해야 한다. 결론에서는 지금까지 언급했던 내용들을 간략하게 정리하여 핵심 사항을 강조하고 향후 계획 등을 제시한다. 향후 계획은 단기, 장기로 나누어 자세하게 제시하며, 기대효과를 설명해 주는 것도 좋다.

(3) 핵심 내용을 중심으로 정리한다.

발표문은 정해진 양식 없이 자유롭게 작성할 수 있지만, 서술형으로 작성하면 문장을 작성하거나 다듬는 시간이 많이 소요된다. 주어진 시간 내에 작성하기 위해서는 핵심 내용을 중심으로 간결하고 요점을 정리하는 방식의 개조식으로 작성하는 것이 좋다.

(4) 발표하는 자세도 중요하다.

개인 발표문을 보되 읽는 듯한 인상을 줘서는 안 된다. 눈동자를 많이 움직이거나 곁눈질하는 것은 좋지 않으며, 말을 하지 않을 때는 입을 벌리고 있지 않도록 주의한다. 또한 핵심 내용을 말할 때는 면접관과 눈맞춤을 통해 전달하고자 하는 내용을 강조할 수 있다.

3. 집단토의

집단토의는 일반적으로 국가직 공무원 7급 전 직렬에 실시되며, 과제는 면접 당일 제시된다. 응시자는 10분 동안 과제를 검토한 후 면접위원의 지시에 따라 조별로 50분간 자율적으로 토의한다.
국가직 7급 면접은 코로나19 확산으로 인해 감염병 예방 차원에서 2020년부터 집단토의를 진행하지 않고 개인 발표와 경험·상황 면접으로 진행하였다. 2023년 집단토의의 시행 여부는 아직 고지되지 않았으니 사이버국가고시센터 시험공고에서 면접 일정이나 세부 사항을 확인해야 한다.

(1) 모든 토의는 문제에서 시작된다.

토의는 문제를 해결하기 위해 여러 사람이 해결 방안을 모색하는 과정으로 제시문에서 어떤 문제가 일어나고 있는지 그에 대한 원인과 문제점을 정확히 파악해야 한다.

(2) 문제를 해결할 수 있는 구체적인 방안을 제시한다.

토의의 목적은 문제해결이다. 문제의 원인과 문제점을 파악하였다면 그 문제를 해결할 수 있는 구체적인 방안을 합당한 근거를 들어 제시해야 한다. 이때 다양한 근거를 제시한다면 주장하는 바가 더욱 뚜렷해지고, 의견에 설득력을 얻게 된다.

(3) 상대방의 의견을 존중하고 경청해야 한다.

토의는 문제에 대해 함께 생각하고 소통하는 것이다. 상대방의 말을 잘 듣지 않고 자신의 의견을 말하다 보면 맥락에서 벗어난 말을 한다거나 이미 다른 사람이 했던 말을 반복하는 경우가 종종 있다. 상대방의 의견을 존중하고 경청하여 서로의 입장을 공감하고 이해함으로써 소통이 이루어질 수 있다.

(4) 의견은 간결하고 임팩트 있게 말해야 한다.

자신 없는 사람일수록 말이 길어지고 사족이 붙게 되어 말하고자 하는 바를 정확하게 전달하지 못하는 경우가 발생한다. 핵심을 간결하게 말하되, 부분적으로 강조하여 의사를 정확하게 표현해야 한다.

경험·상황 면접 대처법

1. 경험형 면접

일반적으로 경험형 면접은 임용 이후 근무하고 싶은 부처(기관)와 담당하고 싶은 직무(정책)에 대해 기술하고, 응시 분야 관련 이해도와 교과목 수강, 각종 활동 등 해당 분야의 직무수행능력 및 전문성 함양을 위해 평소 준비한 노력과 경험 등을 평가한다. 따라서 어느 정도 출제 문제가 정해져 있으므로 이에 대한 자신의 노력과 경험 등을 희망 직무에 맞춰 잘 정리해 두면 된다.

(1) 해당 직렬의 홈페이지, SNS 등을 분석하여 근무 희망 부서의 주요업무, 최신 정책을 자세히 파악한다.

면접관은 왜 그 부서에서 근무하고 싶은지 물어본다. 따라서 그 부서가 무엇을 하는 부서인지는 알아야 어떠한 대답이라도 할 수 있다. 또한 그 부서에서 추진하는 정책에 대한 개선점이나 활용 방안 등도 추가로 물어볼 수 있으므로 희망 부서에서 최근 진행하고 있는 정책이나 이슈 등을 잘 찾아 분석하고, 해당 정책에 대한 자신의 개인적인 생각도 잘 정리해 두어야 한다. 이때 근무 희망 부서는 경험이나 학습분야를 업무와 연결시킬 수 있는지를 고려하여 2~3개 정도로 정해두는 것이 안전하다.

(2) 해당 직무 수행과 관련한 자신의 노력과 경험을 적극 어필한다.

대학 시절에 해당 직무와 관련된 과목을 이수한 경험, 관련 단체에서 활동한 경험, 관련 자격증 취득을 위해 했던 노력 등을 적극 어필하는 것이 좋다. 이때는 경험에 대한 많은 말재료를 모으는 것이 중요하다. 따라서 어떠한 노력을 했는지 구체적이고 자세하게 정리한다.

(3) 면접관은 실패 경험을 어떻게 극복했는지에 관심이 있다.

면접관은 응시자가 어려운 상황을 극복하는 과정에서 배운 점이 실제 업무 현장에서 어떠한 도움이 될지가 궁금하다. 따라서 인과관계를 잘 완성시켜 스토리를 만드는 것이 중요하다. 이때 선배들의 면접 후기를 탐독하는 것도 도움이 된다. 면접 후기를 통해 자신의 실패 경험과 관심 직무를 어떻게 연결시켜 답변했는지 노하우를 찾아본다면 누구나 납득할 수 있는 답변을 해나가는 데 도움이 될 수 있다.

(4) 경험 부풀리기는 절대 하지 말자. 어차피 들킨다.

자신이 직접 경험하거나 배운 것은 거짓 없이 말하도록 한다. 최대한 지원 직렬과 관계 있는 것들로 대답하며, 만약 적절한 것이 떠오르지 않더라도 질문의 내용과 완전 무관한 경험을 늘어놓으며 답변 시간을 허비하지 않도록 한다. 오히려 앞으로 이런 공부를 하겠다, 자격증을 준비하겠다, 준비하고 있다 등으로 대답하는 것이 낫다.

2. 상황형 면접

직무 중 조직에서 발생하는 특정 상황을 제시한 후 응시자의 문제해결능력, 의사소통능력, 상황판단능력, 협상 및 협력능력 등을 평가한다.

[상황형 주제 유형]

주제	내용
공직형	• 공무원 행동강령 • 공무원의 의무(위법사항 및 부당지시 등)
민원형	• 고질민원(사업항의, 협박)
정책(사업) 갈등형 – 의사결정(양자택일) – 문제해결/설득형	• 정책(사업) 의사결정(업체, 사업 선정 등) • 관관갈등(부처별 부작용, 이익 관련 입장 차이)
	• 관민갈등 • 민민갈등
업무/조직 갈등형	• 업무수행(양, 질, 자원부족, 지시충돌 등) • 규정 외 의사결정이 필요한 민원상황 • 조직갈등(협조, 기피, 무책임 등)

일반적으로 새로운 정책 실시와 이해관계자들의 불만 사항을 조정하는 과정을 통해 문제 대처 능력 및 공직자로서의 자세를 평가하는 문제들이 주로 출제된다. 또한, 면접관들은 응시자가 준비한 답변 외에도 추가 질문을 통해 압박하므로 다양하게 출제될 수 있는 추가 질문까지 고려해야 한다.

(1) '상황 요약 – 대처 방안' 순서로 답안을 정리한다.

면접관 대면에 앞서 경험·상황 면접 과제지를 받았을 때, 우선 문제에서 제시한 상황의 핵심 쟁점이나 갈등의 원인이 무엇인지 정확히 파악한다. 그리고 제시된 상황을 2~3줄로 요약하여 답안의 앞부분에 쓰도록 한다. 그 다음 이에 대한 합리적인 대처 방안을 8~10줄로 정리하여 제시한다. 대처 방안 제시 순서는 '현황 조사 및 의견 수렴 – 대안 및 사후관리 방안' 정도면 무난하다. 이때 과제지 답안을 서술식으로 쓰거나 서체가 엉망이면 면접관들이 알아보기 힘들 수 있으므로 번호를 매겨 목차식으로 깔끔하게 쓰도록 한다.

(2) 갈등 상황을 다양한 입장에서 분석한다.

양자택일형 의사결정 문제에서 찬성·반대 중 한 가지 입장만을 선택하여 답변한다면, 면접관들은 다른 쪽의 의견으로 압박하며 추가 질문을 쏟아낼 수 있다. 따라서 더 합리적인 쪽의 입장에 서서 해결 방안을 제시하더라도 관련 정책 및 갈등 상황에 대해 담당자의 입장에서만 생각하지 말고 관계된 다양한 이익집단의 입장을 분석해 놓는 것이 좋다.

(3) 명확한 정답은 없다.

정책과 연관된 상황형 질문의 경우 명확한 정답은 없다. 풀어가는 논리가 중요할 뿐이다. 따라서 자신의 의견이 미흡한 것 같더라도 자신감을 가지고 말하는 것이 중요하다. 때로는 면접관이 답변 중간중간에 고객을 끄덕이거나 피드백을 주면서 응시자가 옳은 방향으로 의견을 정리해 나갈 수 있도록 격려해 주기도 하니, 너무 위축되지 말고 최대한 자신의 의견을 잘 정리해서 답변하도록 한다. 다만, 답변의 모든 기준은 공직가치가 최우선되어야 함을 잊지 말아야 한다. 공직가치에 근거한 본인의 명확한 기준과 진정성이 있는 답변을 하여야 면접관으로부터 좋은 점수를 얻을 수 있다.

(4) 면접 준비 시, 예시 답안을 많이 보고 말재료를 모은다.

스터디를 하거나 인터넷 검색 등을 통해 기출문제를 많이 접해보는 것이 좋다. 그리고 이에 대한 다른 사람의 예시 답안을 살펴보고, 비교해 보는 것이 도움이 된다. 공청회를 연다, 지원을 활성화한다, 지역과 상생하는 길을 도모해야 한다, 우선순위를 둔다 등 의외로 내 머릿속에 없던 다양한 표현과 해결 방안에 대한 아이디어를 얻을 수 있다. 다양한 말재료를 수집하고 기억해 두는 연습을 한다면 실제 면접의 중요한 순간에 정리해 둔 것을 써먹을 기회가 반드시 찾아온다.

면접 말하기의 기본
'솔직·일관·당당'

1. 솔직함과 자연스러움으로 어필하라.

(1) 면접관의 관점에서 면접의 목적을 생각한다.

면접은 면접관이 지원 부처·조직을 대신해서 응시자를 평가하는 과정으로, 응시자는 면접관에게 자신의 장점을 근거 있는 주장으로 어필함으로써 설득해야 한다. 면접관은 기본적으로 조직을 위해서 일하는 사람으로, 조직의 시각에서 응시자를 평가하는 입장이다. 따라서 면접관을 대할 때는 '객관화'가 필요하므로, 면접관의 질문에 감정을 앞세우지 말고 근거 있는 답변을 하는 것이 중요하다.

(2) 본인만의 매력을 솔직하고 자연스럽게 어필하는 것이 플러스 요인이다.

면접은 눈빛 교환, 분위기 전달, 응시자와 면접관의 의사소통이 포함된 종합적인 커뮤니케이션 과정이다. 질문에 대한 답변 내용 전달뿐만 아니라 응시자의 자세, 태도, 기(氣), 카리스마, 분위기 등이 종합적으로 평가된다고 할 수 있다. 따라서 본인이 설정한 이상적인 캐릭터를 연기하려고 하지 말고, 본인만의 매력을 솔직하고 자연스럽게 어필하는 것이 플러스 요인이다.

(3) '솔직함'이란 무엇인가?

단순히 솔직한 성격을 뜻하는 것일까? 아니다. 여기서 '솔직함'의 전제는 기본적으로 두 가지가 준비된 상태여야 한다. 첫째, 본인이 해당 직무에 적합한 성향을 갖고 있으며, 둘째, 적합한 그 성향을 말과 행동으로 자연스럽게 표현해야 한다는 것이다. 응시자의 직무 적합도가 적절하게 표현되어 면접관에게 잘 전달될 때 비로소 '솔직함'이 필살기가 된다고 할 수 있다.

2. 일관성 있는 답변으로 어필하라.

(1) 면접관은 응시자의 답변에서 합격 또는 불합격시킬 근거를 찾는다.

면접 답변의 기본 구조는 '주장-근거-답변'으로, 면접관은 응시자의 답변으로부터 합격 또는 불합격시킬 근거를 찾게 되는데, 그 과정에서 면접관은 응시자의 여러 답변을 종합적으로 판단하여 결정한다. 하나의 답변으로 당락이 결정되는 것이 아니라 여러 꼬리 질문으로 그 근거에 데이터를 쌓아가는 것이다.

(2) 자신의 장점과 경험을 직무와 연결하여 일관성 있게 답변한다.

과거의 실패 경험이나 언뜻 직무와 무관해 보이는 경험도 직무와 연결하여 일관성 있는 답변을 준비한다. 당초에 어떤 목적에 의해서 관련 없어 보이는 것을 경험했지만, 결국 그 모든 경험이 지금 지원하는 직무에 도움이 될 것이라는 점을 강조한다.

(3) STAR 기법을 사용하여 실패 경험을 현재 직무에 연관하여 어필한다.

STAR 기법은 Situation, Task, Action, Result로 자신의 과거 경험을 풀어 설명하는 방식이다. 이때 S와 T보다는 A와 R이 중요한데, '나는 이러한 행동을 했습니다.'보다는 '나는 이러한 행동을 통해 무엇을 깨달았습니다.'라고 말하는 것이 핵심이다. 결과적으로 '깨달음'이 지원한 직무와 관련된 역량을 키우는 데 도움이 되었다고 마무리 짓는 것이 중요하다.

▌더 알아보기

STAR 기법

구분	세부 내용	비중
상황	S(Situation): 자신이 처한 상황에 대한 설명	30%
일(목표)	T(Task): 그 상황에서 맡은 일 또는 목표에 대한 설명	
행동	A(Action): 맡겨진 일, 목표를 위해 취한 노력에 대한 설명	70%
결과	R(Result): 결과가 어떠했는지, 내게 어떤 영향을 끼쳤는지, 무엇을 배웠는지를 설명	

3. 당당함은 내용을 돋보이게 하는 최고의 무기이다.

(1) 입장을 바꿔 면접관의 관점에서 생각해 본다.

'내가 면접관이라면 어떤 사람을 뽑을까?'라고 면접관의 입장에서 생각해 보는 것이 필요하다. 즉, 면접관이 요구하는 인재상을 알아야 한다. 면접관에게 신뢰를 주는 당당한 태도와 자신감 있는 말투가 필요하다.

(2) 예상하지 못한 뜻밖의 질문에도 당당하게 답변한다.

상황 면접이나 압박 면접의 경우 예상하지 못한 질문이 주어질 수도 있는데, 이때 당황하지 말고 당당하게 답변하도록 한다. 뜻밖의 질문에도 '나라면 어떻게 행동했을까?'라고 재빠르게 감정 이입하여 답변을 준비하고 자신감 있게 본인의 있는 그대로의 모습을 보여준다는 마음으로 당당한 태도를 보이는 것이 중요하다. 이때 주의할 점은 자신감 있는 태도를 보이기 위해 내가 모르는 것을 마치 아는 것처럼 말하지 않아야 한다. 본인이 아는 범위보다 더 넓혀서 말하면 면접관의 질문에 대답하지 못하여 난처한 상황이 될 수도 있다.

(3) 평소 자신을 사랑하고 남을 이해하려고 노력한다.

자신을 아낄 수 없는 사람은 남도 아낄 수 없다. 나를 알고 남을 이해하려는 노력이 필요하다. 자신을 알아보는 다양한 방법을 시도해 본다. 자신이 잘하는 것 10가지를 적어보는 것도 좋은 방법이다. 면접관이 좋아하는 자세는 당당하되 거만하지 않고, 활기차고 에너지 넘치며 긍정적이고 적극적으로 임하는 자세이다.

(4) 자신감 있는 말투는 평소 습관에서 비롯된다.

말투는 습관이므로, 반복해서 연습하는 것이 필요하다. 입 모양이 정확해야 발음도 정확해지고 말하고자 하는 바를 효과적으로 전달할 수 있다. 문장을 읽을 때 마지막까지 힘을 빼지 않고 단어 하나 하나를 힘있게 끝처리하는 습관을 들인다. 종결어미의 처리 하나로 선명한 인상을 줄 수 있다. 자신의 답변을 녹음해서 들어보고 매일 연습하는 것도 좋은 방법이다. 대본을 작성할 때는 중요한 핵심 키워드를 적어 두고 작성한다.

▌ 더 알아보기

자신감 있고 설득력 있는 말투를 위한 TIP

- 평소 긴장하면 나타나는 본인만의 말버릇(음…, 어… 등)이 나오지 않도록 유의한다.
- 대본에서 벗어나면 안 된다는 강박을 떨치고, 하려는 말이 무엇인지 흐름을 유지하도록 한다.
- 입을 크게 벌리고 말한다. 입을 작게 벌리면 모음이 불분명하게 들린다. 모음이 정확하지 않으면 자신감이 없어 보인다.
- 말이 너무 빠르면 내용이 기억나지 않는다. 평소 말하는 속도보다 약간 느리게 말할 때 더 설득력 있어 보인다. 자신이 준비한 것의 10%만 쓴다는 마음으로 말이 빨라지지 않도록 주의한다.
- 긴장해서 말이 빨라진다고 느끼면 녹음해서 들어보면서 속도를 늦춰서 말하는 연습을 한다.
- 긴장했다고 느껴지면 깊게 호흡하거나 소리를 줄여서 흥분감을 가라앉힌다.
- 말할 때 자연스럽게 손을 쓰는 것은 좋지만, 두 손을 맞잡거나 손으로 자신의 몸을 만지는 것은 좋지 않으므로 하지 않도록 한다.

면접에서 가장 중요한 순발력

1. 면접관의 질문 의도를 모를 때는 다시 질문해서 확인한다.

예를 들어 면접관이 '응시자가 관심 없는 것은 무엇인가요?'라고 물었다면, 먼저 면접관의 질문 의도를 파악하려고 노력한다. 응시자의 단점을 묻는 완곡한 표현임을 알아차리자. '어떤 부분에서 관심 없는 것을 말씀하시는 걸까요? 직무적인 부분인가요? 일반 생활적인 부분인가요?'라고 질문해 보자. 의도를 파악하기 위해 질문으로 그 범위를 줄인다.

2. 면접관의 질문에 대한 답을 모를 경우에도 포기하지 않는다.

질문에 대한 답을 모르는 경우라도 포기하지 않고 끝까지 노력하는 모습을 보이는 것이 중요하다. 면접관이 질문을 많이 하면 관심이 많다는 뜻이므로, '포기하지 않고 답을 찾으려고 노력하는 자세'가 중요하다. 면접관은 응시자가 답변을 잘하면 기대감이 높아져서 계속 질문을 하게 된다. 그러다 응시자가 대답하기 어려운 질문까지 하게 될 수도 있는데, 이때 끝까지 포기하지 않는 태도를 보이는 것이 중요하다. 답을 모른다고 쉽게 포기하지 말고 능동적으로 대처하고 질문에서 힌트를 찾자. 부족한 답변이어도 노력하는 모습이 중요하다.

3. 틀린 답변을 우기지 말고 틀렸음을 솔직하게 인정한다.

면접관의 질문에 대한 답을 모를 경우 주의할 점은 답변해야 한다는 압박감에 틀린 답변을 해서는 안 된다는 것이다. 게다가 틀린 답변을 끝까지 우겨서는 절대 안 된다. 정말로 모를 때는 부족함을 솔직하게 인정하고 그것을 만회할 앞으로의 의지를 밝히는 태도가 중요하다.

▎더 알아보기

순발력 있는 답변 스킬에 대한 유의점
• 질문에 바로 답을 못할 경우 시간을 끌기 위한 애매한 행동은 독이 될 수 있다.
• 역질문을 싫어하는 면접관도 있으므로, 역질문을 싫어하는 면접관에게는 질문을 자제한다.

인생의 실패는 성공이 얼마나 가까이
있는지도 모르고 포기했을 때 생긴다.

– 토마스 에디슨 –

PART

03

공무원 면접 필살기

공무원 면접의 평정요소

1. 국가공무원 면접시험 평정표

국가공무원 공채 면접시험 평정표

필기 적 감재 정용란	(예시문): 본인은 (응시자 성명)임을 확인함		직렬(류)	
	본인필적:		응시번호	
			성 명	
			생년월일	
			자필성명	

평 정 요 소	위 원 평 정		
	상	중	하
가. 공무원으로서의 정신자세			
나. 전문지식과 그 응용능력			
다. 의사표현의 정확성과 논리성			
라. 예의, 품행 및 성실성			
마. 창의력, 의지력 및 발전 가능성			
계	① ② ③ ④ ⑤ ⓪	① ② ③ ④ ⑤ ⓪	① ② ③ ④ ⑤ ⓪
비고:			서 명 란
면접위원	성명		(서명)

□ **시험위원 유의사항**

(1) 우수: 위원의 과반수가 5개 평정요소 모두를 "상"으로 평정한 경우
(2) 미흡: 위원의 과반수가 5개 평정요소 중 2개 항목 이상을 "하"로 평정한 경우와, 위원의 과반수가
　　어느 하나의 동일 평정요소에 대하여 "하"로 평정한 경우
(3) 보통: "우수"와 "미흡" 외의 경우

2. 평정요소별 주요 기출 질문

다음에 나오는 면접 질문들은 응시자들이 실제로 들었던 질문들이므로 미리 답변을 정리해 보고 가는 것이 좋다. 평정요소별로 문항을 나누어 정리하였으며, 면접관의 의도를 파악해 왜 이런 질문을 했는가에 대해 알아보아야 한다. 면접관의 질문 의도에서 크게 벗어나지 않는 답변을 해야 좋은 점수를 받을 수 있고 핵심적인 답변을 할 수 있기 때문이다. 면접에서는 두괄식 답변을 통해 면접관의 눈길을 사로잡아야 한다. 답변의 시작에 핵심적인 내용을 담아 면접관을 집중시키고 뒤에 부연설명을 해야 한다. 초반에 주의를 사로잡지 못하면 면접관의 집중도는 떨어지고, 이로 인해 응시자 또한 자신감을 잃어 명확한 답변을 하지 못할 수도 있다.

예시로 작성해 둔 답변을 보고 어떤 방식으로 답변을 해야 하는지 확인하고, 실제로 본인의 경험을 살려 미리 작성하는 연습을 해 보자. 본인이 작성한 내용 중 꼭 빠지지 않고 들어가야 하는 내용이 있다면 키워드도 정리해 보자.

(1) 공무원으로서의 정신자세

- 본인의 역량 중 어떤 점이 공무원과 잘 맞는다고 생각하는가?
- 전공으로 갈 수 있는 다른 직업을 선택하지 않고 공무원을 선택한 이유는 무엇인가?
- 본인이 생각하는 청렴이란 무엇이고, 청렴을 지키기 위해서는 어떤 노력이 필요한가?
- 중요하다고 생각하는 공직가치가 무엇인지 말해 보시오.
- 공무원으로서 가져야 할 자세는 무엇인지 말해 보시오.
- 다니던 회사를 그만두고 공무원을 지원한 이유는 무엇인지 말해 보시오.
- 지원한 직렬에서 가장 중요하다고 생각하는 공직가치는 무엇이며 이를 위해 본인은 어떠한 노력을 해왔는지 말해 보시오.
- 공무원을 지원한 이유는 무엇인지 말해 보시오.
- 공무원의 봉사정신에 대해 말해 보시오.
- 공무원의 중요한 덕목은 무엇인지 말해 보시오.
- 공무원의 6대 의무 중 가장 중요하다고 생각하는 것을 말해 보시오.
- 개인적인 업무와 공적인 업무 중 더 중요하게 생각하는 것을 말해 보시오.
- 공직자의 가치 중 가장 중요한 것은 무엇이며, 그렇게 생각하는 이유를 말해 보시오.
- 음주운전은 공무원의 어떤 의무에 위배되는지 말해 보시오.
- 국민들이 바라는 공무원상에 대해 구체적으로 설명해 보시오.
- 평소 본인이 생각하는 공무원의 업무자세와 현재 우리나라 공무원들의 업무자세를 비교하여 설명해 보시오.
- 공무원이 갖춰야 할 국가관과 정책관에 대해 예를 들어 설명해 보시오.

- 공무원에게 정치적 중립이 필요한 이유를 설명해 보시오.
- 대기업에 비해 복지와 급여수준이 열악한 공무원을 지원한 동기는 무엇인지 말해 보시오.
- 희망하는 부처는 무엇이며 그 이유는 무엇인지 말해 보시오.
- 희망 부서와 다른 부서에 배치된 경우 본인의 역량을 어떻게 발휘할지 말해 보시오.
- 공무원의 전문성 향상 방안을 말해 보시오.
- 공무원 급여 및 복지에 대한 솔직한 생각을 말해 보시오.
- 공무원노조에 대한 본인의 생각을 말해 보시오.

(2) 전문지식과 그 응용능력

- 일상 속에서 할 수 있는 정보보안을 위한 생활수칙에는 무엇이 있는가?
- 「형집행법」의 계호프로그램에 대해 말해 보시오.
- 적극행정 사례에 대해 말해 보시오.
- 실질과세의 원칙이란 무엇인가?
- 세균과 바이러스의 차이와 그와 관련한 질병의 종류는 무엇인가?
- 부당노동행위는 무엇이며 이를 개선할 수 있는 방안은 무엇이 있는지 말해 보시오.
- 주민참여예산제도는 무엇인지 말해 보시오.
- 지원한 직렬에서 시행하고 있는 정책 중 관심있는 정책과 그 정책의 개선 방안에 대해 말해 보시오.
- 귀화자와 영주권자의 차이는 무엇인지 말해 보시오.
- 정부의 일자리 창출 노력에 대해 알고 있는 것을 말해 보시오.
- 빅데이터를 어떻게 공무에 적용할 수 있는지 말해 보시오.
- 김영란법의 정식 명칭과 김영란법에 대해 알고 있는 것을 말해 보시오.
- 베이비부머를 위한 복지정책에 대해 말해 보시오.
- 스마트시티의 문제점과 활성화 방안에 대해 말해 보시오.
- 옴부즈만 제도란 무엇인지 말해 보시오.
- 취소와 철회의 차이에 대해 말해 보시오.
- 예산편성과정에 대해 설명해 보시오.
- 4차 산업혁명에 대해 말해 보시오.
- 퍼플오션이란 무엇인지 말해 보시오.
- 「청탁금지법」과 「형법」의 뇌물죄의 차이점에 대해 말해 보시오.

- 행정행위 시 의도하지 않은 피해에 대한 배상 문제(구상권)를 설명해 보시오.
- 사회적기업에 대해 설명하고 사회적기업을 활성화 할 방안이 있으면 말해 보시오.
- 농업후견인제도와 그 의의에 대해 설명해 보시오.
- 고위공무원단 제도의 장 · 단점을 비교하여 설명해 보시오.
- 정부회계에 도입된 발생주의, 복식주의 회계제도의 의의와 장 · 단점을 설명해 보시오.
- 자치경찰제란 무엇이며 어떤 장 · 단점을 가지고 있는지 설명해 보시오.
- 지방자치제의 안정적 운영을 위한 방안을 구체적 사례를 들어 설명해 보시오.
- 민원 제기 수단이나 방안을 단일화하는 것이 좋은지 다각화하는 것이 좋은지 각각의 장 · 단점을 비교 설명해 보시오.
- 주민소환제의 의의와 도입 취지를 설명하고 이에 대한 본인의 견해를 제시해 보시오.
- NLL에 대한 본인의 견해를 설명해 보시오.
- '새터민'이란 용어가 도입된 취지와 이유에 대해 설명해 보시오.
- 정보의 양극화를 완화할 방안에 대해 구체적으로 설명해 보시오.
- 인구 감소에 대한 정부 차원의 대책과 민간 차원의 대책을 말해 보시오.
- 남성육아휴직제도에 대해 설명하고 개선책을 말해 보시오.
- 시간제 공무원에 대한 입장을 설명해 보시오.
- 임금피크제 도입에 대한 본인의 입장을 설명해 보시오.
- 국제화에 비추어 외국인 노동자의 국내 취업문제에 대한 장 · 단점을 말해 보시오.
- 환경정책과 개발정책의 대립을 최근의 사례를 비추어 설명하고 바람직한 조화 방안을 설명해 보시오.
- 초고령 사회에 대해 설명해 보시오.
- 탄소배출권거래제에 대해 설명해 보시오.
- 브릭스(BRICs) 소속의 국가는 어디인지 말해 보시오.
- 근로장려세제에 대해 설명해 보시오.
- 골드칼라에 대해 설명해 보시오.
- 통화 스와프 협정은 무엇인지 말해 보시오.
- 학교정보공시제도의 장 · 단점을 비교하여 말해 보시오.
- 유비쿼터스의 의미와 활용 예를 설명해 보시오.

(3) 의사발표의 정확성과 논리성

- 출산율이 떨어지고 있는데, 출산율을 올리기 위해서는 정책적으로 어떤 점을 보완해야 하는가?
- 코로나 사태에 대해 정부가 어떻게 대응해야 할지 그 방안에 대해 논해 보시오.
- 최저시급 인상에 대하여 찬성·반대의 어느 한 입장에서 설명해 보시오.
- 어린이집 아동 학대의 원인은 무엇이며, 그 해결 방안은 무엇인지 설명해 보시오.
- 공익 실현에 개인의 재산상 손해가 따르게 될 경우 어떻게 해야 하는지 설명해 보시오.
- 혐오라는 표현을 구체적으로 정의할 수 있는지의 여부와 혐오적 표현을 사용하였다는 것만으로 처벌하는 것이 옳은 것인지 말해 보시오.
- 국위 선양자에 대한 군 면제 혜택 부여에 대하여 찬성·반대의 어느 한 입장에서 설명해 보시오.
- 미세먼지 해결 방안에 대하여 논해 보시오.
- 재래시장의 활성화 방안에 대해 논해 보시오.
- 임산부배려석의 효용과 개선점을 본인의 입장에서 말해 보시오.
- 관공서 홈페이지의 개설 후 이용률이 저조한 원인과 대책을 설명해 보시오.
- 안락사에 대해 설명하고 찬성·반대의 어느 한 입장에서 상대방 측을 설득해 보시오.
- 사회 저명인사의 학력 위조사건 등에 대한 본인의 입장과 학벌지상주의를 타파할 방안이 있으면 간략히 말해 보시오.
- 성 범죄자에 대한 신상공개 시 야기할 수 있는 문제점을 말해보고 대안책을 말해 보시오.
- 중국의 동북공정에 대해 설명하고 우리 정부의 대책 방안을 말해 보시오.
- 종교단체의 해외선교 시 발생할 수 있는 문제점과 대응 방안을 사례를 들어 설명해 보시오.
- 사형제도에 대해 찬성·반대의 어느 한 입장에서 설명해 보시오.
- 그린벨트제도가 재산권 행사에 대한 과도한 침해라고 주장하는 민원인을 설득해 보시오.
- 「국가보안법」에 대해 설명하고 그 존치 여부에 대한 본인의 의견을 말해 보시오.
- 대학자치제 차원에서 대학정원 자율화에 대한 본인의 의견을 말해 보시오.

(4) 예의·품행 및 성실성

- 타인에게 오해를 받아서 곤란한 상황에 놓였던 경험과 이를 해결하기 위해 어떻게 하였으며 결과적으로 어떻게 되었는지를 말해 보시오.
- 모욕을 당한 경험이 있다면 말해 보시오.
- 사람에게 온정을 느낀 경험이 있다면 말해 보시오.
- 갈등을 중재했던 경험이 있다면 말해 보시오.
- 본인 혹은 타인이 자존감이 높거나 낮아서 문제가 되었던 경험을 말해 보시오.

- 자신의 장점을 두 가지만 말해 보시오.
- 본인만이 가진 개성을 말해 보시오.
- 학창 시절 중 리더십을 발휘한 경험이 있으면 말해 보시오.
- 의사소통 때문에 문제가 있었던 경험과 이를 해결한 사례를 말해 보시오.
- 본인이 싫어하는 사람들과 함께 성과를 만든 사례가 있다면 구체적으로 설명해 보시오.
- 가장 존경하는 인물과 그 이유를 말해 보시오.
- 임용이 된 후 자기 계발을 위해 어떤 노력을 할 것인지 말해 보시오.
- 본인의 성격에 대해 말해 보시오.
- 자신의 성격상 장ㆍ단점을 구체적인 예를 들어 설명해 보시오.
- 본인의 취미에 대해 말해 보시오.
- 대인관계에 대해 말해보고 친구들 사이에서 상담을 많이 받는 편인지 상담을 많이 해주는 편인지 말해 보시오.
- 함께 일하고 싶은 상사 유형과 반대로 함께 일하기 싫은 상사 유형을 말해 보시오.
- 대인관계에서 겪었던 어려움과 극복 방법을 말해 보시오.
- 혼자서 일하는 경우와 협업을 통해 일하는 경우 어느 쪽이 본인의 성격에 잘 맞는지를 말해 보시오.
- 본인이 생각하기에 고쳤으면 하는 버릇은 무엇인지 말해 보시오.
- 건강관리를 위해 무엇을 하고 있는지 말해 보시오.
- 최근에 읽은 책 중 감명 깊었던 것이 있으면 말해 보시오.
- 정기 구독하는 신문이나 매체가 있는지 말해 보시오.
- 민원인으로부터 뜻하지 않은 선물을 받은 경우 어떻게 하겠는지 말해 보시오.

(5) 창의력ㆍ의지력 및 발전 가능성

- 조직의 관행을 바꾼 경험이 있다면 말해 보시오.
- 인생에서 최고의 성과를 낸 경험을 말해 보시오.
- 조직 내에서 조직원의 실수를 본인이 해결하여 성과를 낸 경험에 대해 말해 보시오.
- 자신의 장점이 합격 후 공직에서 업무를 진행할 때 어떻게 도움이 될지 말해 보시오.
- 주변 동료들은 다 당신이 맞다고 하는데, 상사가 다른 것이 옳다고 하고 있다. 어떻게 대처할 것인가?
- '소통'을 잘하기 위해서는 무엇이 필요한가?
- 일 잘하는 상사와 친교적인 상사 중 같이 일하고 싶은 상사와 그 이유는 무엇인지 말해 보시오.

- 자신과 의견 충돌이 있는 동료를 설득할 때 가장 좋은 방법은 무엇인지 말해 보시오.
- 상사와 의견 충돌이 있는 경우 대처 방안을 말해 보시오.
- 자신의 경험이 희망하는 부서에서의 업무에 어떤 방식으로 도움이 될지 말해 보시오.
- 합격하면 앞으로 어떤 노력을 할 것인지 말해 보시오.
- 초등학교 3학년 교실에 가서 서울시 정책을 홍보해야 할 경우 어떻게 할지 말해 보시오.
- 전날 야근을 하고 9시까지 출근해야 하는데 8시 50분에 기상했다. 제일 먼저 무엇을 할지 말해 보시오.
- 화가 난 민원인이 무리한 요구를 계속하는 경우 어떻게 대처할 것인지 말해 보시오.
- 단체로 들어온 민원인이 무리한 요구를 하는 경우 어떻게 대처할 것인지 말해 보시오.
- 민원인이 전임자의 실수로 발생한 사안을 본인에게 해결하라고 요구한다면 어떻게 대처하겠는지 말해 보시오.
- 민원인이 법령에 어긋난 것을 요청할 경우 어떻게 할지 말해 보시오.
- 흥부와 놀부의 성격상 장·단점을 비교하여 설명하고 본인은 어느 쪽에 가까운지 말해 보시오.
- 출산 장려를 위해 평소 생각한 아이디어가 있으면 말해 보시오.
- 최근 1~2년 사이 혹은 학창 시절에 노력으로 이루어낸 성과를 말해 보시오.
- 본인이 가진 단점을 지속적인 노력을 통해 개선한 경험을 말해 보시오.
- 업무에 있어서 창의력을 발휘하여 해결한 사례를 말해 보시오.
- 갑자기 급한 목돈이 필요한 경우 어떻게 하겠는지 말해 보시오.
- 현재 자기 계발을 위해 따로 준비하는 것이 있는지 말해 보시오.
- 희망 부처는 어디이며, 그 부서의 가장 시급한 과제는 무엇인지 말해 보시오.
- 희망 부처에 발령받지 못할 경우 어떻게 할 예정인지 말해 보시오.
- 우리나라는 언제쯤 통일이 될 것 같은지 말해 보시오.
- 우리 사회가 안고 있는 가장 시급한 과제는 무엇인지 설명해 보시오.
- 시간 외 근무에 대한 생각을 말해 보시오.
- 야근 수당 없는 야근에 대해 말해 보시오.
- 향후 취득하고 싶은 자격증이 있다면 그 이유를 말해 보시오.
- 조직 생활에서 가장 중요한 덕목은 무엇이라고 생각하는지 말해 보시오.
- 업무 지시에 순응하지 않는 하급자를 어떻게 다룰 것인지 말해 보시오.
- 팀의 리더가 될 경우 가장 강조하고 싶은 가치는 무엇인지 말해 보시오.
- 지금까지 인생에서 가장 힘들었던 일과 그 극복 방법을 말해 보시오.
- 자신의 직속 상사가 자신보다 한참 어린 나이라면 어떻게 할 것인지 말해 보시오.

공무원으로서의 정신자세

1. 자신이 생각하는 바람직한 공무원상을 말해 보세요.

면접관의 의도

공무원으로서의 정신자세와 마음가짐에 대해 묻는 질문이다.

핵심 키워드

직무 전문성, 소통, 공감, 헌신, 열정, 창의, 혁신, 윤리, 책임, 사명감, 주인의식

도입

저는 학창 시절 편의점에서 아르바이트를 할 때에도 책임감과 열정을 가지고 주어진 일에 최선을 다하였습니다. 공무원이 된다면, 이와는 비교할 수 없는 몇십 배의 책임감과 열정, 헌신이 필요하다고 생각합니다.

직접작성

부연설명

공무원으로서 제가 맡은 일에 대한 긍지와 책임감을 가지고, 구성원 사이에서도 서로에게 발전적인 모습을 보여줄 수 있는 모범이 되어야 합니다. 또한 친절하고 공정한 대민 업무의 수행과 원칙과 소신에 따른 유연한 법규 적용도 중요합니다.

직접작성

맺음말

따라서 국민을 위해 봉사한다는 자세로 끊임없는 혁신을 통해 자신의 전문성을 제고하여 업무의 효율성과 질적 향상을 꾀하는 태도가 제가 생각하는 바람직한 공무원상입니다.

직접작성

➕ 면접 플러스

공무원은 다른 직업에 비해 요구되는 것도 많고 의무도 많다. 국가와 사회가 요구하는 공무원상과 자신의 생각을 적절히 조화시켜 얘기하는 것이 바람직하며, 아울러 자신이 바람직한 공무원이 되겠다는 의지를 표현할 수 있어야 한다. 비교적 자주 제시되는 질문이므로 반드시 답변을 생각해 두도록 한다.

공무원 인재상

인사혁신처(이하 인사처)에서 2023년 2월 '탁월한 직무 전문성으로 국민 기대에 부응하는 공무원 인재상'을 발표하였다. 행정환경이 변함에 따라 국민 전체에 대한 봉사자로서 공무원의 인식ㆍ태도ㆍ가치를 정립하는 기준의 필요성이 제기되었고 이에 인사처는 탁월한 직무 전문성을 바탕으로 한 '소통ㆍ공감', '헌신ㆍ열정', '창의ㆍ혁신', '윤리ㆍ책임' 4개의 요소로 구성된 공무원 인재상을 제시하였다.

소통 · 공감	국민 중심, 소통하고 공감하며 배려하는 공무원
헌신 · 열정	적극적이며 국가에 헌신하는 열정적인 공무원
창의 · 혁신	창의적 사고로 변화에 대응하고 혁신을 이끄는 공무원
윤리 · 책임	윤리의식을 갖추고 청렴하며 책임있게 일하는 공무원

새롭게 정립된 공무원 인재상에 맞추어 2024년부터 시행되는 공무원 면접시험 평정요소를 전면 개선하며, 이를 바탕으로 직무수행에 필요한 능력과 적격성을 평가할 예정이다.

2. 공무원을 지원하게 된 동기는 무엇입니까?

(면접관의 의도)

공무원으로서의 정신자세와 마음가짐에 대해 묻는 질문이다.

(핵심 키워드)

지원 동기, 정신자세, 공직관, 자아 실현

도입

직장생활이라는 것이 생계를 위한 수단이기도 하지만, 이를 통해 자아를 실현하고 봉사를 통해 보람을 찾을 때 의미가 있다고 생각합니다.

직접작성

부연설명

제가 대학교 때 봉사동아리 활동을 하면서 우리 주변에는 어두운 곳에서 힘겹게 사는 분들이 많다는 것을 깨달았습니다. 그리고 이러한 분들에게 실질적으로 도움을 드릴 수 있는 직업을 갖는다면 더욱 보람될 것이라고 생각하였습니다. 그래서 주변 이웃들에게 봉사하고 직접 생활 개선에 도움을 드리는 역할을 하고자 공무원을 지원하게 되었습니다.

직접작성

공무원은 이윤 추구를 목적으로 하는 일반 기업체와 달리 국가와 국민을 위해 봉사한다는 자부심을 기본으로 삼고 있습니다. 또한 각계각층에서 분출되는 다양한 의견과 요구를 수렴하고 이해관계를 조정하는 역할도 하게 됩니다. 저는 이러한 공무원의 신념 및 역할과 함께 국민의 공복이라는 자부심과 친절, 성실을 바탕으로 우리 주변 이웃들에게 도움을 드리고 신뢰받는 공무원이 되고 싶습니다.

직접작성

❗ 이런 말은 안 돼요

지나치게 추상적이거나 솔직한 내용은 피하는 편이 좋으며, 판에 박힌 내용이 되지 않도록 주의한다.

➕ 면접 플러스

공무원뿐 아니라 어떤 면접에서도 빠지지 않고 제시되는 것이 지원 동기이지만 특히 공무원 면접에서는 지원 동기가 더욱 중시된다. 이 질문을 통해 응시자의 공직관을 파악할 수 있기 때문이다. 이때 자기 경험이나 사실을 들어 말하는 것이 바람직하다. 또한 공무원은 다른 직군과 달리 국민의 세금에서 급여를 받고 국민을 위해 일하는 특수성을 가지고 있다는 자신의 견해를 밝히는 것이 좋으며, 공직사회 구성원으로서의 일면을 보여주는 것이 필요하다.

3. 희망 업무(부서)는 무엇입니까?

면접관의 의도
공무원으로서의 정신자세와 공직 적합성을 알아보기 위한 질문이다.

핵심 키워드
희망 근무 부서, 경험과 지식

도입

저는 환경부에서 가장 일하고 싶습니다. 자연을 보호하고 자연과 조화를 이루어 살면서 이익을 얻는 친환경 사회를 지지해 왔기 때문입니다.

직접작성

부연설명

대학에 다닐 때 환경단체의 회원으로서 이 분야에서 광범위한 경험과 지식을 쌓았습니다. 저의 지식을 우리 사회를 더 깨끗하고, 더 건강하게 그리고 더 살기 좋은 장소로 만드는 데 사용하고 싶습니다. 특히 공원 개발, 수자원 보존 및 폐기물 처리 등의 분야에서 일하고 싶습니다.

직접작성

하지만 지원한 부서가 아니더라도 해당 부서에서 일하는 데 필요한 실력을 쌓을 수 있도록 노력하겠습니다.

직접작성

❗ 이런 말은 안 돼요

처음부터 어느 부서에 배치되든 열심히 하겠다고 하는 것은 공무원으로서 자신이 하고 싶은 업무가 딱히 없다는 인상을 줄 수 있다.

4. 공무원이 지향해야 할 덕목에는 무엇이 있다고 생각합니까?

면접관의 의도

공무원으로서 지녀야 할 자세 및 가치관 등을 파악하기 위한 질문이다.

핵심 키워드

공무원, 덕목, 청렴, 부패, 봉사

도입

공무원은 특정한 이익단체를 대변하는 것이 아니라 전체 국민에 대해 봉사하는 직업이므로 무엇보다도 청렴한 마음가짐이 공무원이 갖춰야 할 가장 중요한 덕목이라고 생각합니다.

직접작성

부연설명

공무원에게는 사회 구성원들에게 득과 실을 가져다 줄 수 있는 크고 작은 권한이 부여되어 있으므로, 이권 청탁 등 부패의 유혹이 뒤따를 수 있습니다. 따라서 부패로부터 자신을 보호하고 철저히 부패 가능성을 점검하며 단절하는 생활 습관을 가지는 것이 무엇보다 중요합니다. 이를 위해 개인적 양심을 스스로 고취시키는 노력이 필요하며, 부패 관련 규정과 법규들을 철저히 숙지해야 합니다. 또한 자신이 하고 있는 일을 제3자가 투명하게 들여다볼 수 있도록 일하는 습관을 들이는 것이 필요하며, 자신에게 어떤 재량권이 주어져 있는지 항상 구체적으로 확인하는 자세도 필요하다고 생각합니다.

직접작성

단순히 부패행위를 저지르지 않는 선에서 끝나는 것이 아닌 저에게 주어진 업무에 대해 책임감을 가지고, 적극적으로 노력해야 비로소 청렴이라는 덕목을 실천하였다고 할 수 있을 것입니다.

직접작성

➕ 면접 플러스

공무원이 지녀야 할 덕목에 대해 추상적으로만 답변하는 것은 응시자가 공무원의 덕목에 대해 깊이 생각해 보지 않았다는 인상을 줄 수 있으므로 자신이 생각한 공적 가치관 및 덕목의 실천 방향을 구체적으로 제시하는 것이 바람직하다.

5. 공직생활과 개인생활 중 어느 것이 더 중요하다고 생각합니까?

(면접관의 의도)

공무원에 대한 열의와 공직관, 사고방식, 생활자세 등을 평가하기 위한 질문이다.

(핵심 키워드)

개인주의, 공직생활, 우선순위

도입

어느 한쪽이라고 단정적으로 말씀드리기 어렵습니다. 공직생활과 개인생활 모두 소홀히 할 수 없는 문제이기 때문입니다.

직접작성

부연설명

하지만 하나를 선택해야 한다면 공직생활에 우선순위를 두겠습니다. 직장인이라면 누구나 하루의 절반을 일터에서 보내게 되는데, 이때의 절반은 단순한 시간적인 의미라기보다 삶의 가치와 중요성을 의미합니다. 한 사람의 삶의 사회적 가치는 바로 공직생활을 통해서 이루어진다고 생각합니다.

직접작성

그렇지만 개인생활이 뒷받침되지 못한다면 성공적인 공직생활도 어렵다고 생각합니다. 정말 중요한 것은 둘 다 가치 있게 여기는 사고방식과 생활자세가 아닐까 싶습니다.

직접작성

❗ 이런 말은 안 돼요

면접관들에게 잘 보이기 위해서 무조건 공직생활이 중요하다고 말하는 것은 좋지 않다. 공직생활에 우선순위를 두겠다고 말할 때도 타당성 있는 이유를 제시할 수 있어야 한다. 개인생활을 제대로 영위하지 못하면서 공무에 충실할 수는 없는 일이기 때문이다.

6. 공무원들이 비리에 관련되는 이유가 무엇이라고 생각합니까?

공무원으로서의 윤리관을 파악하기 위한 질문이다.

윤리관, 공무원 비리, 도덕성, 투명성

도입

'돈이면 다 된다.'는 잘못된 의식과 뇌물수수의 관행 등 우리 사회에 만연해 있는 물질만능주의가 원인이라고 봅니다.

직접작성

부연설명

특히 각종 인·허가업무 등 뇌물수수의 기회가 존재하고 있는 상황에서 민원인들의 유혹은 도덕성을 최고의 덕목으로 하는 공무원의 비리를 유발시키는 가장 큰 원인이라고 생각합니다. 또한 조금씩 개선되고는 있지만 아직까지 비현실적이라고 할 수 있는 임금체계와 승진제도도 공무원 비리 유발에 한몫하고 있다고 생각합니다.

직접작성

맺음말

따라서 공무원 비리를 근절하기 위해서는 공무원 개개인의 도덕성과 투명성 고취를 위한 노력 그리고 이를 뒷받침할 수 있는 사회적·제도적 개선이 필요합니다.

직접작성

❗ 이런 말은 안 돼요

공무원 전체의 명예를 훼손하는 표현은 삼가야 한다.

➕ 면접 플러스

자신의 평소 소신대로 명확하게 답변하도록 한다. 공무원의 신분보장, 공무원의 보수와 연금의 적정화, 공무원 직업윤리 향상, 상벌제도의 개선 등을 통하여 조직 내·외부의 압력과 유혹으로부터 보호하고 상벌의 가치를 실질화하여 원칙을 바로 세워야 한다는 점을 강조하는 것이 바람직하다.

7. 민간 기업과 같이 공무원에 대해 구조조정을 실시하는 것을 어떻게 생각하십니까?

공무원으로서의 기본자세와 공직관을 파악하기 위한 질문이다.

구조조정, 고통 분담, 신뢰회복, 인식개선, 사기진작 방안

도입

민간 기업에서 구조조정을 실시한다는 것은 해당 기업이 그만큼 운영에 어려움을 겪고 있음을 의미합니다.

직접작성

부연설명

공무원은 국가에 의해 채용된 사람입니다. 따라서 우리나라의 재도약을 위해서나 고통 분담의 차원에서 볼 때 공무원 역시 구조조정에서 예외일 수 없으며, 오히려 구조조정을 통해 국민으로부터 신뢰 받는 공무원으로 거듭날 필요가 있습니다. 그렇지만 일부 공무원들의 잘못으로 인해 공무원 사회 전체가 비리의 온상이라는 지적을 받고 개혁의 대상으로 취급받아 시행하는 구조조정은 결코 온당하지 못하다고 생각합니다.

직접작성

특히 민간 기업보다 적은 급여를 받으면서도 일에 대한 열정과 사명감으로 묵묵히 헌신하고 있는 대다수 공무원들을 감안할 때 구조조정 문제만이 아닌, 공무원에 대한 잘못된 인식개선 방안, 사기진작 방안 등이 함께 마련되어야 한다고 봅니다.

직접작성

➕ 면접 플러스

구조조정에 대한 찬반에 집착하기보다는 원칙을 위주로 답하는 것이 바람직하다. 답변할 때는 자신의 소신이나 견해를 자연스럽게 밝히되 가급적 '공익 우선'을 전제로 하고, 말을 시작하는 것이 좋다.

8. 공무원의 음주운전에 대해서 어떻게 생각하십니까?

(면접관의 의도)

공무원으로서의 정신자세와 마음가짐에 대해 묻는 질문이다.

(핵심 키워드)

도덕성, 준법의식

도입

음주운전은 공무원뿐만 아니라 어느 누구도 해서는 안 되는 일입니다.

직접작성

부연설명

더군다나 공무원은 엄격한 준법의식이 요구되므로 공무원의 음주운전 행위는 지탄받아 마땅하다고 생각합니다. 이는 음주운전을 한 공무원 개인의 문제뿐 아니라 전체 공무원이 비난의 대상이 되기도 하기에 더욱 엄중히 처리해야 하는 문제입니다.

직접작성

공무원은 국민에 대한 봉사자이며 국민에 대하여 책임을 진다는 법 조항이 있습니다. 이는 국민과 공무원을 같은 눈높이에서 평가할 수 없다는 의미로 해석할 수 있다고 생각합니다. 따라서 공무원에게는 도덕적 기준을 좀 더 엄격히 적용하여 국민에게 모범이 될 수 있도록 노력해야 할 것입니다.

직접작성

❗ 이런 말은 안 돼요

공무원의 이중처벌(형사 및 행정징계) 및 무관용 원칙에 대해 부당함을 언급하는 것은 되도록 삼간다.

9. 직무상의 적성과 보수의 많음 중 어느 것을 택하겠습니까?

면접관의 의도

공무원으로서의 정신자세와 마음가짐에 대해 묻는 질문이다.

핵심 키워드

적성, 보수, 일의 만족도

도입

월급은 노력의 대가로서 주어지는 것이므로 중요합니다. 하지만 일을 한다는 것이 단지 보수를 받기 위해서만은 아니라고 생각합니다.

직접작성

부연설명

사회초년생인 제가 먼저 고려해야 할 것은 일의 내용과 만족도라고 생각합니다. 보수보다는 내가 하게 될 일이 얼마나 적성에 맞고 조직에 도움이 되느냐가 중요합니다. 그 다음 그에 합당한 대가를 받을 수 있다면 더욱 좋겠습니다.

직접작성

저는 영리 추구를 목적으로 하는 민간 기업과 달리 국가와 국민을 위해 봉사하는 공무원으로서
제 능력을 발휘하고 싶습니다.

직접작성

! 이런 말은 안 돼요

적성과 보수 중 어느 한쪽을 지나치게 강조하거나 혹은 경시한다는 태도는 좋지 않다.

전문지식과 그 응용능력

1. 최저 임금 인상으로 인해 발생한 사회적 현상에 대해 말해 보세요.

면접관의 의도

사회적 현안인 최저 임금 인상에 대한 응시자의 관심과 이해를 알아보기 위한 질문이다.

핵심 키워드

「최저임금법」, 최저 임금, 생활안정화, 고용 창출, 경제성장 선순환, 물가상승, 고용 감소, 인건비 부담

도입

최저 임금 제도는 국가가 노·사 간의 임금 결정 과정에 개입하여 임금의 최저 수준을 정하고 사용자에게 그 이상의 임금을 지급하도록 하는 근로자 보호 제도입니다.

직접작성

부연설명

최저 임금 인상의 긍정적 효과는 근로자의 소득 증가로 계층 간 소득격차가 줄어들고 최저소득층의 생활 안정화에 도움이 된다는 것입니다. 반면 물가상승과 영세 자영업자에게 인건비 부담을 가중시켜 오히려 일자리가 감소한다는 부정적 측면도 있습니다. 실제로 인건비 상승을 견디지 못한 자영업자들이 아르바이트생을 내보낸 뒤 홀로 가게를 운영하거나 점포에 무인 키오스크를 설치해 인건비를 줄이는 곳이 많아졌습니다.

직접작성

맺음말

최저 임금 인상에 따른 부작용을 최소화하는 방안은 정부만의 과제가 아니라 이해관계자 모두의 과제입니다. 대기업은 하청·도급 관계를 맺고 있는 중소기업의 원가 증가를 분담해 주어야 하며, 노조도 임금인상 요구를 자제함으로써 양극화 해소를 위한 노력에 동참해야 한다고 생각합니다. 영세 소상공인들도 최저 임금 인상을 고용조정으로 해결하려고 하기보다 임금제도, 근로시간을 합리적으로 조정하려는 노력이 필요합니다.

직접작성

❗ 이런 말은 안 돼요

최저 임금 인상의 긍정적인 측면과 부정적인 측면 중 지나치게 한쪽을 옹호하는 답변은 삼간다.

📋 더 알아보기

최저임금제

최저임금제란 국가가 노·사 간의 임금결정과정에 개입하여 임금의 최저수준을 정하고, 사용자에게 이 수준 이상의 임금을 지급하도록 법으로 강제함으로써 저임금 근로자를 보호하는 제도이다. 우리나라에서는 1953년에 「근로기준법」을 제정하면서 제34조와 제35조에 최저임금제의 실시 근거를 두었으나, 당시 우리 경제가 최저임금제를 수용하기 어렵다는 판단에 따라 이 규정을 운용하지 않았다. 이후 저임금의 제도적인 해소와 근로자에 대하여 일정한 수준 이상의 안정된 생활을 보장해 주기 위하여 최저임금제의 도입이 불가피해졌고, 우리 경제도 이 제도를 충분히 수용할 수 있는 수준에 도달하였다고 판단하여 1986.12.31. 「최저임금법」을 제정·공포하고 1988.1.1.부터 실시하였다.

2. MBO가 무엇인지 설명해 보세요.

면접관의 의도

효과적인 업무를 위해 중요한 구성원 간의 협업, 커뮤니케이션 능력에 대한 이해도를 확인하는 질문이다.

핵심 키워드

목표관리, 목표설정, 과업실행, 성과평가, 동기부여, 공정한 인사관리, 조직 내 원활한 커뮤니케이션, 신뢰, 보상

도입

MBO는 'Management By Objectives'의 약자로, '목표관리'를 의미합니다. MBO의 핵심은 구성원 스스로가 조직의 최상위 신념과 가치를 이해하고, 자신의 업무 분야에 그 신념과 가치를 녹여 뛰어난 성과를 낼 수 있는 구체적인 목표와 계획을 세우는 것입니다.

직접작성

부연설명

MBO는 목표 설정, 실행, 평가의 3단계로 이루어져 있습니다. 1단계는 계획을 세우는 시기로, 상급자와 하급자가 함께 고민하는 시간을 보내며 목표를 설정합니다. 2단계는 목표과업을 실행하는 시기로, 하급자는 설정된 과업을 실행하고 상급자는 이를 지원하는 실행 단계를 진행합니다. 3단계는 평가하는 시기로, 하급자는 자신의 성과를 스스로 평가하고 상급자는 하급자의 업적을 평가합니다.

직접작성

MBO가 잘 정착되면 동기부여를 통해 성과를 끌어올리고 공정한 인사관리, 조직 내 원활한 커뮤니케이션이 가능해집니다. 성공적인 목표관리를 위해서는 구성원 간의 신뢰가 절대적으로 필요합니다. 또한 지나치게 높게 설정된 과업 목표는 조직 구성원들의 피로도를 급격히 높일 수 있습니다. 따라서 달성 가능한 과업 목표를 통한 동기부여, 객관적 평가, 적절한 보상이 균형을 이룰 때 성공적인 MBO가 될 것입니다.

직접작성

3. 부당노동행위는 무엇이며 이를 개선할 수 있는 방안은 무엇이 있는지 말해 보세요.

면접관의 의도

부당노동행위의 문제점과 합리적인 개선방안을 제시할 수 있는지를 알아보기 위한 질문이다.

핵심 키워드

부당노동행위, 단결권, 단체교섭권, 단체행동권, 「노동조합 및 노동관계조정법」

도입

부당노동행위는 근로자가 노동 3권인 단결권, 단체교섭권, 단체행동권을 행사하는 것을 방해하는 행위를 의미하며, 「노동조합 및 노동관계조정법」에서 이에 해당하는 행위들을 구체적으로 규정하여 금지하고 이를 위반하는 사용자에 대해서는 형사처벌과 함께 노동위원회의 구제절차도 마련하고 있습니다.

직접작성

부연설명

노동위원회의 부당노동행위 구제 명령을 이행하지 않을 경우 당사자의 신청 또는 직권으로 500만 원 이하의 과태료에 처하고, 불이행 일수 1일당 50만 원 이하의 비율로 산정한 과태료에 처할 수 있지만 아직도 과태료를 지불하고 마는 경우가 있으며, 구제 명령을 이행했더라도 교묘하게 구제받은 자에게 불이익을 주는 경우도 있습니다. 이를 방지하기 위한 정기감독, 수시감독, 특별감독 등의 감독 절차가 있지만 인력 부족으로 사실상 면밀하게 이루어지지는 못한다고 생각합니다.

직접작성

따라서 부당노동행위를 감독하기 위한 인력을 충원하고 적발한 사안에 대해 무관용으로 엄중한 처벌을 하는 것이 가장 현실적인 개선방안이라고 생각합니다.

직접작성

! 이런 말은 안 돼요

사용자와 노동자의 상호 간 이해와 협력으로 부당노동행위가 해결된다는 식의 비현실적이고 이상주의적인 답변은 삼간다.

4. 빅데이터와 스몰데이터의 유용성과 그 활용 방안에 대해 말해 보세요.

데이터 활용 기술에 대한 이해와 활용능력을 파악하기 위한 질문이다.

빅데이터, 스몰데이터, 개인화된 데이터, 볼륨(Volume), 다양성(Variety), 속도(Velocity), 핀테크, 초개인화 서비스

도입

빅데이터는 대규모 데이터의 생성·수집·분석 기술로, 방대한 데이터와 이를 활용하는 기술입니다. 반면 스몰데이터는 개인의 취향이나 라이프 스타일, 건강과 같은 사소한 행동에서 나오는 개인화된 데이터입니다.

직접작성

부연설명

빅데이터는 과거의 방대한 통계 자료를 수집·분석하여 특정 집단의 공통적 특징을 구별해 내는 데 유리하지만, 스몰데이터는 이용자 개개인의 취향, 기호, 성향 등 개인의 차별화된 특성을 파악하는 데 유리합니다. 따라서 세심하게 개인의 요구를 분석하기 힘든 빅데이터의 보완재로 스몰데이터를 활용할 수 있습니다. 스몰데이터를 활용하면 앞으로 초개인화 서비스를 만들어낼 수 있을 것으로 예측되며, 공공업무 분야에서도 국민 개개인에 대한 맞춤 서비스 제공에 큰 역할을 할 수 있을 것이라 생각합니다.

직접작성

빅데이터, 스몰데이터뿐 아니라 미래에는 더 다양한 유형의 데이터가 등장할 것이며, 이 모든 유형이 함께 우리의 데이터 중심 세계를 구성할 것입니다.

직접작성

단순히 빅데이터와 스몰데이터의 개념이나 차이점만을 설명해서는 안 된다.

5. '모성보호 관련 법'에 대해 어떻게 생각합니까?

(면접관의 의도)

사회적으로 이슈가 되고 있는 '모성보호 관련 법'의 취지와 임신 · 출산으로 인한 사회적 비용부담과 노동력 공백 등 현실적 어려움을 이해하고 있는지 묻는 질문이다.

(핵심 키워드)

모성보호 관련 법, 임신과 출산, 출산휴가 확대, 유급육아휴직, 남녀평등

도입

사회적 관점에서 여성의 임신과 출산은 다음 세대 구성원을 재생산하여 사회를 유지하고 발전시키는 중요한 일입니다. 그러므로 여성의 임신과 출산은 여성 개인 혹은 개별 가족의 책임으로만 한정지어질 것이 아니라 사회 전체가 함께 짊어져야 하는 문제라고 생각합니다.

직접작성

부연설명

가장 중요한 것은 여성이 임신 · 출산을 통한 모성 역할을 수행하는 과정에서 자기 발전의 기회를 잃지 않고, 행복하게 그 기간을 누릴 수 있는 사회적 분위기를 조성하는 것이므로 출산휴가 확대와 유급 육아휴직을 도입한 모성보호 관련 법의 취지에 찬성합니다.

직접작성

다만, 이 법을 적용할 때 발생하는 추가 비용을 기업에만 떠넘기면 기업 부담이 늘어 여성 고용을 기피할 수 있으므로, 국가나 사회에서 부담하는 것이 좋다고 생각합니다.

직접작성

⊕ 면접 플러스

모성보호 관련 법은 현실과 원칙의 문제이므로, 현실적인 문제를 고려하면서 원칙을 중심으로 문제에 접근해야 한다. 여성 또는 남성 어느 한쪽에 편중된 답변이 되지 않도록 주의하고, 국가와 사회 전체를 위한 미래지향적이고 객관적인 의견을 내도록 한다.

│ 더 알아보기

모성보호 관련 법

세계 최초의 모성보호 규정은 1844년 제정된 영국의 「공장법」으로 부인의 노동시간을 일일 12시간으로 제한하여 심야 작업을 금지하였다. 제2차 세계대전 이후 각국은 모성보호 규정을 「근로기준법」으로 확립시켰다. 우리나라는 근로여성모성보호 관련 법(「근로기준법」, 「남녀고용평등법」, 「고용보험법」)이 개정되어 2001년 11월 1일부터 시행되고 있다. 이 법은 출산 전후 휴가를 60일에서 90일로 확대하는 등 모성보호를 강화하고, 출산 전후 휴가 급여 및 육아휴직급여의 신설과 이로 인한 비용의 사회화와 함께 직장과 가정이 양립할 수 있는 내용을 담고 있다. 또한 여성의 연장·야간·휴일 근로 제한 규정을 합리적으로 조정하고 「남녀고용평등법」을 전 사업장으로 확대하여 적용하도록 하였다. 2004년부터는 육아휴직급여를 인상하는 등 모성보호 강화를 위한 법 개정이 지속적으로 이루어지고 있다.

6. 내부고발자제도에 대해 말해 보세요.

면접관의 의도

조직 내 비리 및 공직자의 청렴도와 관련된 내부고발자제도에 대한 이해와 공직관을 알아보기 위한 질문이다.

핵심 키워드

부정거래, 「부패방지권익위법」, 「공익신고자 보호법」, 조직의 청렴 문화, 온정주의, 연고주의, 공익제보자, 내부고발자

도입

내부고발자제도는 기업이나 정부기관의 근무자가 조직 내 불법이나 부정거래에 관한 정보를 신고하는 것을 말합니다. 1990년대 초에는 정권과 관련된 내부고발이 주를 이루었으나 2000년대 들어서 인천 신공항 부실 시공, 적십자사 혈액 관리 부실, 자동차 리콜 지연, 불량 밀가루 유통, 사학재단 비리와 같은 안전, 건강, 교육 등 생활과 밀접한 분야로 확대되었습니다.

직접작성

부연설명

내부고발 관련 법으로는 「부패방지권익위법」과 「공익신고자 보호법」이 있고, 부패신고나 공익신고로 불이익 조치를 받았거나 받을 우려가 있을 경우 내부고발자를 포함한 신고자는 보호 등 필요한 조치를 국민권익위원회에 신청할 수 있습니다. 내부고발자제도가 뿌리내리기 위해서는 법제도에 앞서서 사회적 인식 전환이 필요합니다. 조직을 지배하는 온정주의와 연고주의 문화가 없어져야 합니다. 인간적 관계 때문에 부정행위를 보고도 모른 체하고 넘어가면 내부고발자제도가 제대로 작동하기 어렵기 때문입니다.

직접작성

내부고발자제도의 정착을 위해서는 내부고발자에 대한 비밀을 보장하고 보복행위를 금지하며, 부정거래에 대한 처벌을 강화하고, 공익제보자의 포상 및 보상 기준을 높여 경제적 불이익 때문에 실제 내부고발을 주저하는 일이 없도록 해야 합니다.

직접작성

❗ 이런 말은 안 돼요

공직자로서의 가치관과 자세를 묻는 질문이므로, 동료에 대한 의리 때문에 관행적으로 이루어지고 있는 사소한 부정행위는 신고하지 않겠다거나, 상사의 지시를 따르겠다고 답변해서는 안 된다.

7. 사회적기업에 대해 설명하고 활성화 방안에 대해 말해 보세요.

(면접관의 의도)
공익에 기여하는 사회적기업에 대한 관심과 활성화 방안에 대한 의견을 묻는 질문이다.

(핵심 키워드)
취약계층, 사회서비스, 일자리, 지역사회 공헌, 연계 기업

도입

사회적기업은 취약 계층에게 지속 가능한 일자리를 제공하거나 지역 경제에 공헌함으로써 지역 주민의 삶의 질을 높이는 사회적 목적을 추구하면서 동시에 재화 및 서비스의 생산 · 판매 등 영업활동을 수행하는 기업을 의미합니다.

직접작성

부연설명

사회적기업들 중에는 지역사회에 성공적으로 안착한 기업들도 있지만, 대부분이 수익을 창출하고 사회 공공사업에 참여하는 데 어려움을 겪고 있습니다. 난관에 봉착한 사회적기업을 활성화하기 위해서 3가지 측면에 중점을 두어야 한다고 생각합니다. 첫째, 사회적기업의 범위를 확대, 다양한 분야에서 사회적기업 모델을 발굴하여 새로운 일자리를 창출해야 합니다. 둘째, 마을기업, 협동조합 등 사회적 경제 유사사업 간 기능적 연계를 강화하고 부처 간 협업을 통해 사회적 경제의 활성화를 촉진해야 합니다. 셋째, 사회적기업의 자생력을 높이기 위해 인건비 등 직접지원보다 금융 판로 사업개발 등 간접지원에 역점을 두어야 합니다.

직접작성

마지막으로 지방자치단체와 사회적기업의 협력 또한 중요하므로, 각 도와 시에서 이루어지는 행사에 반드시 사회적기업을 참여시키도록 한다면 사회적기업과 자치구 행사 모두 활성화될 것입니다.

직접작성

❗ 이런 말은 안 돼요

면접자는 답변할 때 사회적 약자에 대한 어설픈 동정이나 실제 경험하지 못한 것을 아는 것처럼 부풀려서 답해서는 안 된다. 평소 지역사회의 다양한 구성원들에게 관심을 갖고 따뜻한 시선으로 주변을 돌아보는 자세가 필요하다.

8. 미래 사회가 출산율 감소와 의학의 발달로 고령화 사회로 전환되는 데 따르는 노인 복지문제와 그 대책에 대해 말해 보세요.

출산율 감소에 따른 초고령화 사회로의 진입이라는 국가적 문제에 대한 사회적 관심과 합리적인 대안을 제시할 수 있는지 알아보기 위한 질문이다.

핵심 키워드

노인병원, 요양시설, 노인복지시설, 노인 일자리, 고령자 인력정보센터, 평생교육, 노인에 대한 사회적 인식

도입

우리 사회는 급속히 노령화되고 있습니다. 하지만 사회복지제도가 정착되지 않아 노후생활을 위한 준비가 미흡한 노인 중에서 생활고를 겪는 사람이 늘어가고 있어 심각한 사회문제가 될 것으로 보입니다.

직접작성

부연설명

따라서 노인들의 생활에 실질적으로 도움이 될 수 있는 복지제도를 시행하기 위해 정부나 자치단체 차원에서 노인복지 대책을 마련해야 합니다. 75세 이상의 노인들을 위한 노인병원 등 복지시설을 확충하고, 고령자 인력정보센터를 운영함으로써 활동이 가능한 노인들을 위한 일자리를 꾸준히 늘려야 합니다. 평생직업교육시스템을 통해서 노인들이 언제 어디서나 기술을 배우고 다양한 사회 봉사 활동을 할 수 있는 프로그램을 마련해 노인들이 스스로 건강한 사회를 유지하는 데 큰 역할을 하고 있다는 자부심을 갖게 하는 것이 중요합니다.

직접작성

노인 문제를 사회 전반적인 복지제도의 관점에서 문제의식을 느끼는 것이 무엇보다도 중요하다고 생각합니다. 생산적이고 긍정적인 노인문화의 정착을 위해 국민 모두의 인식 변화가 선행되어야 합니다.

직접작성

더 알아보기

노인 일자리 및 사회활동 지원 사업

• 목적: 노인이 활기차고 건강한 노후생활을 영위할 수 있도록 공익활동, 일자리, 재능 나눔 등 다양한 사회활동을 지원하여 노인복지 향상에 기여
• 참여 대상
  – 공공형: 만 65세 이상 기초연금 수급자
  – 사회서비스형: 만 65세 이상 사업 참여 가능자(사회서비스형 일부 유형 만 60세 이상 사업참여 가능)
  – 시장형: 만 60세 이상 사업 참여 가능자
  – 사업유형

유형	세부 내용
공공형	노인이 자기만족과 성취감 향상 및 지역사회 공익 증진을 위해 자발적으로 참여하는 봉사활동
사회서비스형	노인의 경력과 활동 역량을 활용하여 사회적 도움이 필요한 영역(지역사회 돌봄, 안전 관련)에 서비스를 제공
사회서비스형 선도모델	지역사회가 보유한 자원과 기업 등의 외부자원을 활용하여 신규 노인일자리 아이템 개발, 창출

9. 사이버 언어폭력의 원인과 해결책은 무엇이라고 생각합니까?

면접관의 의도

최근 사회문제로 대두한 사이버 언어폭력의 원인과 해결책을 묻는 질문이다.

핵심 키워드

비대면성, 익명성, 사이버 예절교육, 사이버 명예훼손, 사이버 언어폭력, 사이버 영상 유포, 사이버 따돌림, 사이버 스토킹, 사이버 갈취

도입

사이버 폭력은 정보통신망을 이용한 폭력, 음란, 정보 등에 의하여 신체적, 정신적, 재산상의 피해를 수반하는 행위를 말합니다. 사이버 폭력에는 사이버 명예훼손, 사이버 언어폭력, 사이버 영상 유포, 사이버 따돌림, 사이버 스토킹, 사이버 갈취 등 다양한 유형들이 있습니다.

직접작성

부연설명

우리나라는 사이버 언어폭력의 정도가 외국에 비해 더 심한 편인데, 그 원인은 의식과 제도의 측면에서 살펴보아야 합니다. 의식적인 측면에서 볼 때, 비대면성과 익명성을 특징으로 하는 사이버 공간에서 사람들은 평소에 하지 못하는 말을 마음대로 하는 경향이 있습니다. 사이버 공간에서 지켜야 할 예절을 배운 적이 없어서 사이버 언어폭력이 타인의 인권을 침해하는 심각한 행위임을 인식하지 못하고 있습니다. 제도적인 측면에서 우리나라는 사이버 언어폭력에 대처하는 제도와 법률이 미흡하며 사이버 인권 침해에 대한 당국과 통신업체들의 단속도 아직 초보적인 수준입니다. 감시 인원이 매우 적어서 제대로 감시를 할 수 없고, 명백한 명예훼손이 아닌 경우에는 처벌도 어렵습니다.

> 직접작성

사이버 언어폭력은 상대방의 인격을 모독하고 인권을 침해하는 행위이므로 학교에서 체계적인 사이버 예절교육을 실시해야 합니다. 사이버 폭력 피해자에 대한 구체적인 행동 지침과 대처법을 알리고, 사이버 폭력에 대한 처벌을 강화해야 할 것입니다.

> 직접작성

❗ 이런 말은 안 돼요

사이버 언어폭력 피해자의 성격에 문제가 있다거나, 당할 만하니까 당했다는 식의 답변을 해서는 안 된다. 누구나 사이버 폭력의 대상이 될 수 있다는 것을 잊지 말고, 사이버 공간의 보이지 않는 대상에 대한 존중과 배려의 태도를 갖는 것이 중요하다.

10. 탄소배출권 거래제에 대해 설명해 보세요.

(면접관의 의도)
기후변화와 환경문제에 관한 응시자의 관심과 이해를 묻는 질문이다.

(핵심 키워드)
온실가스, 기후변화, 배출권거래제, 「탄소중립법」, 「배출권거래법」, 탄소가격제도

도입

탄소배출권 거래제란 정부가 온실가스를 배출하는 사업장을 대상으로 연단위 배출권을 할당하여 할당 범위 내에서 배출행위를 할 수 있도록 하고, 할당된 사업장의 실질적 온실가스 배출량을 평가하여 여분 또는 부족분의 배출권에 대하여는 사업장 간 거래를 허용하는 제도입니다.

직접작성

부연설명

탄소배출권 거래제는 유럽연합(EU)과 미국, 중국 등 약 38개국에서 이미 시행되고 있으며, 2015년부터 우리나라도 탄소배출권 거래제를 시행하여 한국거래소가 배출권 시장을 개설해 운영하고 있습니다. 이 제도는 온실가스 저감 수단일 뿐 아니라, 온실가스 감축 정책을 실시할 수 있는 재원 마련 수단이기도 합니다. 온실가스 저감은 에너지 절약으로 달성할 수 있는 부분이 10% 정도에 불과하며, 나머지 90%는 기술개발에 의해서 가능합니다. 따라서 정부나 민간이 상당한 비용을 투자해야 합니다.

직접작성

탄소배출권 거래제는 시장지향적인 성격을 가지며, 지속 가능한 환경을 위해서 꼭 필요한 제도이므로 기업의 국제경쟁력을 유지하기 위해 탄소가격제도, 배출권거래제도를 바람직한 방향으로 개선할 필요가 있습니다.

직접작성

❗ 이런 말은 안 돼요

에너지 절약으로 온실가스를 줄이는 것은 어려운 일이므로 정부에서 100% 지원해야 한다는 식의 답변은 피한다.

11. 정년연장으로 인해 발생할 수 있는 사회적 변화를 말해 보세요.

면접관의 의도

정년연장이라는 사회적 현안과 정년을 연장함으로써 발생하는 변화에 대해 묻는 질문이다.

핵심 키워드

고령화사회, 노인부양률, 노동력 부족, 고령자 고용연장, 임금피크제, 청년세대와의 갈등

도입

저출산과 급속한 고령화 사회로의 진입으로 인해 생산가능인구가 점점 줄어들고 있습니다. 이에 따라 노인부양률이 상승하여 사회적 지출이 증가하고 있으며, 장기적으로는 노동력 부족을 초래 할 수 있어 정년연장의 필요성이 논의되고 있습니다.

직접작성

부연설명

정년을 연장하면, 노인 빈곤 문제와 숙련된 인력 부족 사태를 해결할 수 있다는 긍정적인 측면이 있습니다. 현재 우리나라는 정년퇴직 시기와 국민연금 수령 시기의 간극, 늘어나는 의료비와 생활비로 인한 노인 빈곤 문제가 심각한 상황으로, 정년연장이 이를 해결하는 방안이 될 수 있을 것입니다. 하지만 정년을 연장해서 노년층에게 일자리를 제공하면 청년층의 일자리가 줄어들어 세대 간 일자리 갈등이 초래되고 기업 부담을 가중시킬 수 있다는 부정적 측면이 있습니다. 또한 임금피크제로 정리해고가 더 쉬워지는 상황으로 이어질 수 있습니다.

직접작성

평균수명 연장과 저출산으로 인해 우리나라는 이미 고령화 사회로 들어섰습니다. 일본과 유럽, 미국 등 전 세계적으로 정년이 연장되는 추세이므로, 장기적으로 볼 때, 우리나라도 정년연장으로 인해 발생하는 사회적 문제를 해결하기 위해 정부와 모든 사회 구성원들의 이해와 협력이 필요하다고 생각합니다.

직접작성

❶ 이런 말은 안 돼요

자기 의견만이 옳다고 주장하는 것은 편협하고 고집스러운 인상을 줄 수 있으므로 피한다. 청년세대로서 젊음이 주는 자신감과 포용력 있는 태도를 보이는 것이 중요하다.

더 알아보기

임금피크제

- 근로자가 일정 연령에 도달하는 시점(피크)부터 근로시간 조정 등을 통해 임금을 점차 줄이는 제도로, 일정 나이까지 근무 기간을 보장해 주는 대신, 일정 나이가 지나게 되면 임금을 삭감하는 제도이다.
- 임금피크제의 유형

유형	세부 내용
정년 유지형	정년을 유지하면서 일정 연령 이상 근로자의 임금을 정년 전까지 삭감하는 유형
정년 연장형	정년을 연장하는 조건으로 정년 이전 특정 시점부터 임금을 낮추는 유형
재고용형	정년 퇴직자를 촉탁직 등 계약직으로 재고용할 것을 보장하고 정년퇴직 이전부터 임금을 조정하는 방식
근로시간 단축형	정년을 연장하는 조건으로 연장된 기간의 일정 근로시간을 단축하는 식으로 운영

12. 4차 산업혁명에 대해 말해 보세요.

4차 산업혁명의 의미와 그로 인한 사회 전반적인 변화 및 그 역기능을 이해하고 있는지 묻는 질문이다.

핵심 키워드

기술융합혁명, 인공지능(AI), 사물인터넷(IoT), 빅데이터, 자율주행차, 가상현실(VR), 로봇, 드론

도입

4차 산업혁명은 정보통신기술(ICT)의 융합으로 인공지능(AI), 사물인터넷(IoT), 로봇, 드론, 자율주행차, 가상현실(VR) 등이 주도하는 차세대 산업혁명을 말합니다. 4차 산업혁명의 기술은 인공지능, 데이터, 네트워크가 결합하여 인간의 지적 능력을 구현하는 것입니다.

직접작성

부연설명

4차 산업혁명은 사회 전반적인 변화를 가져왔는데, 그것은 산업구조와 고용구조의 변화, 생활과 환경의 변화입니다. 산업구조의 변화 측면에서 볼 때, 경쟁의 원천이 되는 대규모 데이터를 확보, 생성 활용하는 글로벌 ICT 기업(애플, 구글, 아마존, 마이크로소프트 등)이 시장을 주도하게 되었습니다. 고용구조의 변화 측면에서 단순반복 업무를 자동화하고, 상담 · 보험 · 법률서비스 등이 AI 활용 서비스로 대체되고 있습니다. 자동화하기 어려운 창의 · 감성 분야의 노동 가치가 상승하고, 여성 · 시니어 등 취약계층의 경제활동 참여가 증가했습니다. 생활과 환경의 변화 측면에서 생활의 편의성이 향상되고, 안전한 생활환경이 조성되었으며, 맞춤형 교육서비스와 맞춤형 복지 서비스로 바뀌고 있습니다.

직접작성

4차 산업혁명은 여러 면에서 생활을 편리하게 바꾸었지만, 전력·교통 등 공공 네트워크에 대한 해킹, 양극화 심화, 개인정보 유출 등으로 인한 국가적·사회적·개인적인 안전이 위협받고 위험에 노출될 수 있다는 역기능도 있습니다.

직접작성

13. 스마트 시티(Smart City)에 대해서 아는 대로 말해 보세요.

면접관의 의도
다양한 도심 문제의 해결책으로서 스마트 시티를 묻는 질문이다.

핵심 키워드
빅데이터 · 인공지능(AI) 등 지능형 인프라, 자율차 · 드론, 가상현실, 신재생에너지

도입

스마트 시티는 첨단 정보통신기술(ICT)을 활용하여 도시 생활에서 유발되는 주거 문제, 비효율성, 교통문제 등을 해결하고 도로, 항만, 수도, 전기 등 도시의 인프라를 효율적으로 관리함으로써 시민들이 편리한 삶을 누릴 수 있도록 한 '똑똑한 도시'를 뜻합니다.

직접작성

부연설명

스마트 시티를 추진하게 된 배경은 도시의 경쟁력 제고 및 질적 발전입니다. 전 세계적으로 도시화에 따른 자원 및 인프라 부족, 교통 혼잡, 에너지 부족 등 각종 도시 문제가 심화되면서 이에 대한 해결책으로 도시 인프라 확충 대신 기존 인프라의 효율적 활용을 통해 저비용으로 도시 문제를 해결하는 접근방식이 주목받고 있습니다. 또한 도시 문제의 효율적 해결과 함께 4차 산업혁명에 선제적으로 대응하고 새로운 성장동력을 창출하고자 스마트 시티가 빠르게 확산하고 있습니다.

직접작성

현재 글로벌 저성장 추세, 첨단 ICT의 급격한 발전, 증가하는 도시개발 수요를 바탕으로 스마트 시티가 세계 각국에서 경쟁적으로 추진되고 있으며, 10년간 가장 빠르게 성장할 것으로 예상됩니다. 우리나라도 정부에서 추진 중인 혁신성장 선도 사업, 4차 산업혁명 관련 신기술의 성과 가시화를 위하여 스마트 시티의 조성과 확산이 필수적입니다.

직접작성

14. 근로소득과 사업소득의 차이에 대해 설명해 보세요.

근로 유형에 따른 근로소득과 사업소득의 차이를 이해하고 있는지 파악하기 위한 질문이다.

핵심 키워드

「근로기준법」, 근로자, 근로소득, 사업소득, 근로소득 간이세액표, 4대 보험

도입

근로소득은 근로자가 고용관계나 이와 유사한 계약에 의하여 노무를 제공하고 지급받는 금전이고 사업소득은 고용관계 없이 독립된 자격으로 역무를 제공하고 일의 성과에 따라 지급받는 금전 중 정기적으로 반복하여 지급받는 수당, 기타 이와 유사한 성질의 소득입니다.

직접작성

부연설명

근로소득과 사업소득의 차이는 우선, 사업주의 관리·책임 유무입니다. 근로소득자는 사업소득자와 달리 사업주의 관리·책임에 의해 출퇴근 의무가 있으며, 실질적으로 사업주의 지휘, 감독 등을 받습니다. 또 다른 차이는 원천세율과 4대 보험 의무가입 여부입니다. 근로소득자는 근로소득 간이세액표에 의해 세율이 결정되고, 사업소득자는 3.3%의 세율을 적용받습니다.

직접작성

사업소득자를 근로소득자로 전환하면, 사업주에게 재정적으로 변화가 생깁니다. 우선, 4대 보험 회사 부담분을 납부해야 합니다. 또한 고용 창출에 대한 지원금 및 고용증대 세제 혜택을 누릴 수 있습니다.

직접작성

더 알아보기

4대 보험

종류	세부 내용
국민 연금	• 나이가 들어 은퇴 후 생업에 종사하지 못할 시점을 대비하기 위해 국가가 소득이 있는 국민에게 '의무적'으로 가입하도록 만든 보험 • 보험요율: 근로자와 회사 동일하게 각각 4.5%이며, 월 기본급 최저 32만 원~최고 503만 원 내에서 산정됨
건강 보험	• 질병이나 부상으로 인해 발생하는 고액의 진료비로 가계에 과도한 부담이 되는 것을 방지하기 위해 만든 사회보장보험으로 건강보험과 장기요양보험으로 구성됨 • 보험요율 　– 건강보험은 근로자와 회사 동일하게 각각 3.43% 　– 장기요양보험은 보험요율 11.52%, 근로자 부담 50% / 회사 부담 50%
고용 보험	• 실직이나 휴직 등으로 소득이 끊겼을 때 생활을 유지할 수 있도록 도와주는 보험으로, 가입 기간이 최소 6개월 이상 근무해야 혜택을 누릴 수 있음 • 보험요율: 실업급여분은 사용자와 근로자가 절반씩 부담하는 반면, 고용안정·직업능력개발 사업분은 온전히 사용자가 부담하고 보험요율도 사업장 규모에 따라 차이가 있음
산재 보험	업무상의 사유에 의한 부상, 질병, 장애 또는 사망 발생 시 각종 치료비와 사망보험금 등을 보상해 주는 사회보장보험으로 전액 회사 부담이며, 기준은 업종별로 상이함

15. 워라밸에 대해 말해 보세요.

면접관의 의도

일과 생활의 균형(Work & Life Balance)에 대한 생각과 가치관을 묻는 질문이다.

핵심 키워드

삶의 질 향상, 일과 생활의 균형, 가족 친화 정책, 직장문화 변화, 유연근무제, 시차출퇴근제, 스트레스 감소

도입

워라밸은 일과 생활의 균형, 즉 삶의 질을 중요시하는 경향이 강해지면서 등장한 신조어입니다. 적절한 근로시간과 월급으로 자신의 삶을 누리는 것이 행복이라고 느끼게 되면서 워라밸이 직장 선택의 중요한 기준이 되고 있습니다.

직접작성

부연설명

저녁이 있는 삶이 중요시되면서 워라밸은 기업과 근로자 모두에게 중요한 가치가 되었습니다. 기업의 측면에서 워라밸은 우수 인재의 유입 증대와 이탈 방지, 업무 효율성 증대, 근로자의 직무몰입도 증가, 애사심 증대, 기업 이미지 개선 등의 긍정적인 효과가 있습니다. 근로자의 측면에서는 워라밸은 삶의 질 향상으로 인한 일과 가족생활의 만족도 향상, 육아 부담 감소, 유연근무제, 시차출퇴근제 등 근무시간 조정으로 인한 효율성 증대, 일·가정 병행 스트레스 감소 등의 효과가 있습니다.

직접작성

사회적으로도 워라밸은 일과 개인의 삶, 가정이 모두 중시된 행복한 삶 추구의 욕구 충족뿐만 아니라 함께 일하고 함께 돌보는 사회로의 전환, 저출산 문제를 해결, 사회 · 경제의 지속 가능성 확보 등의 선순환 효과를 가져옵니다. 따라서 워라벨은 사회 전반적인 생산성을 향상시키는 역할을 할 수 있습니다.

직접작성

❗ 이런 말은 안 돼요

워라밸에 대한 생각을 말할 때 개인의 삶의 행복을 우선순위에 두는 듯한 인상을 주어서는 안 된다. 조직 구성원으로서 일과 생활의 적절한 균형을 유지하는 책임감 있는 자세를 보이도록 한다.

▌ 더 알아보기

고용노동부 일家양득 캠페인

구분	세부 내용
가족 사랑의 날 실천	• 매주 수요일을 가족 사랑의 날로 지정 • 정시퇴근, 문화생활, 자기 계발을 통한 재충전의 시간 제공
엄마 · 아빠 육아 휴직 장려	• 육아 부담, 기업 · 사회가 나누기 • 육아 지원 제도를 활용하고, 제도 활용을 가능케 하는 기업문화 만들기
근로시간 줄이기	• 집중을 통한 업무 효율 높이기 • 알찬 회의, 모두가 즐거운 회식, 유연근무를 통해 일의 양은 줄이고 질은 높이기

CHAPTER 04
의사표현의 정확성과 논리성

1. 공익 실현에 제삼자의 재산상 손실이 따르게 될 경우 어떻게 할 것인지 말해 보세요.

[면접관의 의도]

일종의 딜레마 면접으로, 문제해결능력과 의견의 논리성을 평가하기 위한 질문이다.

[핵심 키워드]

공익 실현 우선시, 손실 최소화, 개인에 대한 양해, 현실적인 보상

도입

공익 실현을 우선시해야 하지만 개인에게 발생할 손실은 최소화해야 한다고 생각합니다.

직접작성

부연설명

모든 사람이 이론적으로는 공익이 우선이라는 것을 알고 있지만 현실적으로 이를 받아들이기는 어려울 것입니다. 상대가 갑작스럽게 받아들이지 않도록 미리 상황에 대해 자세히 이야기하여 양해를 구해야 합니다. 공익을 실현하면서 개인의 불만을 최소화하려면 개인이 노력한 바가 같이 고려되어야 할 것입니다.

직접작성

맺음말

공익 실현 시 개인의 재산상 손실이 따른다면 어느 정도 합당한 보상책을 마련한 다음 공익의 가
치를 최대한 이해시켜야 불만을 줄일 수 있을 것이라 생각합니다.

직접작성

🛑 **이런 말은 안 돼요**

공익 실현이기 때문에 개인이 무조건 희생해야 한다는 식의 답변은 위험하다.

2. 우리나라 여성정책에 잘못된 부분이 있다고 생각합니까?

(면접관의 의도)

최근 논란이 되고 있는 여성정책에 대한 의견을 논리적으로 피력할 수 있는지 알아보기 위한 질문이다.

(핵심 키워드)

구조적인 차별, 선언적, 일회성, 정책적인 배려, 동등함, 제반 욕구, 조건, 충족

도입

사회 진출 기회, 임금 구조, 의사결정 과정 등에서 여성들이 구조적인 차별을 받고 있는 것은 사실입니다.

직접작성

부연설명

현재 우리나라의 여성정책은 선언적인 수준이거나 일회성 이벤트에 그친 것이 많습니다. 사회의 여러 구조적인 모순을 시정하려면 여성에 대한 정책적인 배려가 무엇보다 절실합니다.

직접작성

여성정책은 여성이 인간의 존엄성을 인정받고 인간다운 생활을 할 권리를 남성과 동등하게 보장하고 여성의 소득, 건강, 정서 등 삶의 질과 관련된 욕구와 조건들을 충족시키는 방향으로 수립되어야 한다고 생각합니다.

직접작성

① 이런 말은 안 돼요

어느 한 성별이 지나치게 차별 혹은 우대를 받고 있다는 식의 성(젠더) 갈등을 유발하는 느낌의 발언은 위험하다.

3. 소극적 안락사 허용에 대한 자신의 견해를 말해 보세요.

면접관의 의도

응시자의 삶에 대한 가치관, 인생관과 함께 사회적으로 논란이 되고 있는 문제에 대한 의견을 논리적으로 피력할 수 있는지 알아보기 위한 질문이다.

핵심 키워드

존엄, 가치, 삶의 질, 의사표현, 악용, 생명의 소중함, 자기결정권, 연명의료

도입

- 사람은 인간답게 죽을 권리가 있습니다. 치료방법이나 회생 가능성이 없는 환자가 인간으로서의 존엄과 가치를 유지할 수 있도록 하기 위해 소극적 안락사를 허용해야 한다고 생각합니다.
- 소극적 안락사를 허용한다면 많은 문제가 야기될 수 있기 때문에 허용해서는 안 된다고 생각합니다.

직접작성

부연설명

- 환자 스스로의 결정으로 생명 유지 장치의 작동을 중단하는 것은 자연스럽게 죽음을 맞이하는 것과 같습니다. 회복이 불가능한 환자가 억지로 연명의료를 받는 것은 환자 본인뿐 아니라 가족들에게 고통을 안기기도 합니다.
- 환자가 무의식 상태일 경우 그 사람의 생명을 타인이 마음대로 하는 것은 범죄나 다름없습니다. 또한 소극적 안락사가 허용되면 안락사를 빙자하여 임의로 생명을 단축시키는 등 악용될 소지도 있습니다.

직접작성

- 고통 속에서 희망 없이 연명의료를 하기보다는 환자에게 자기결정권을 주는 것이 맞다고 생각합니다. 이미 암암리에 소극적 안락사가 이루어지고 있다고도 하는데 소극적 안락사가 합법화된다면 이에 대한 감독과 통제도 가능할 것입니다.
- 인간의 생명은 귀중한 것입니다. 소극적 안락사 허용을 논의하기에 앞서 환자와 가족이 경제적 문제 등을 이유로 연명의료를 중단하는 일이 없도록 보다 세심한 정책을 마련하는 것이 우선이라고 생각합니다.

직접작성

■ 더 알아보기

적극적 안락사와 소극적 안락사

- 적극적 안락사: 심한 고통을 받고 있는 말기 환자나 깨어날 가망이 없는 의식불명 환자의 사망을 능동적으로 돕는 행위로서, 전쟁 중 심한 부상을 당한 전우에게 총을 쏴 숨지게 하거나 환자에게 직접 독극물을 투여하는 방법 등이 해당한다.
- 소극적 안락사: 죽음의 과정에 들어선 것이 확실할 때 제삼자가 죽음을 일시적으로 저지 · 지연시킬 수 있는데도 치료나 조치를 하지 않고 죽음을 맞이하게 하는 것을 말한다. 의식을 잃고 인공호흡 장치로 목숨을 이어 가는 환자나 뇌사 판정을 받은 사람에게서 생명 보조 장치를 제거하는 방법 등이 해당한다.

4. 출산율 저하에 따른 노동력 감소문제 해결 방안에 대해 말해 보세요.

출산율 저하에 대한 관심과 의견의 논리성을 평가하기 위한 질문이다.

합계출산율, 양육, 보육정책, 육아휴직, 출산 장려에 대한 현실적인 대안, 경력 단절 여성 · 퇴직자 · 노인 일자리 확충

도입

우리나라의 합계출산율은 2021년 기준 0.81명, 2022년 기준 0.78명으로 매우 낮은 편입니다.

직접작성

부연설명

저출산으로 인구가 감소하면 국가의 성장률 둔화, 노동력 및 국방 인구 감소, 사회영역별 수급 불균형 등의 문제가 발생합니다. 부모수당 같은 영아기 지원제도를 확충하거나 육아휴직을 확대하고, 돌봄의 공공성을 강화하는 정책을 마련해야 합니다. 또한, 다자녀 가구에 대한 지원을 늘리는 등 보다 현실적인 출산 장려책을 마련해야 합니다. 저출산으로 인한 노동력 감소문제를 해결하려면 출산 장려와 더불어 경력 단절 여성, 퇴직자, 노인 등의 노동력을 활용할 수 있는 일자리를 마련하는 등의 추가 대책도 필요합니다.

직접작성

저출산은 개인의 노력만으로 해결할 수 없는 사회문제입니다. 보다 실효성 있는 출산 장려정책을 수립해야 하고 더불어 결혼과 육아에 대한 대대적인 의식 전환이 필요합니다.

직접작성

5. 최저 임금 인상에 대하여 찬성·반대의 어느 한 입장에서 설명해 보세요.

최저 임금 인상에 대한 의견을 논리적으로 피력할 수 있는지를 알아보는 질문이다.

경제 선순환, 소득분배, 양극화 해소, 영세자영업자 타격, 물가상승

도입

- 저는 국민의 안정적인 삶을 보장하는 것은 국가의 기본적인 의무이기 때문에 최저 임금을 인상해야 한다고 생각합니다.
- 저는 최저 임금 인상이 영세자영업자들의 이익을 대변하지 못한다고 생각하기 때문에 최저 임금을 인상해서는 안 된다고 생각합니다.

직접작성

부연설명

- 최저 임금 상승으로 가계 소득이 늘면 소비가 증가하고 경제가 순환됩니다. 또한 저소득층의 가계가 안정되어 소득격차가 줄어드는 효과를 볼 수 있습니다.
- 최저 임금이 상승하면 인건비로 나가는 돈이 늘어나기 때문에 영세 자영업자에게 타격을 줄 수 있습니다. 이는 중소기업 및 자영업자의 고용 감축이나 물가상승으로 이어질 수 있습니다.

직접작성

- 국가와 국민 모두에게 이득이 되기 위해서는 최저 임금을 인상해야 하지만 영세 자영업자에게 타격이 될 수 있으니 신중한 접근이 필요합니다.
- 최저 임금 인상은 우리 사회가 가지고 있는 문제점의 근본적인 해결책이 아니며 되려 큰 부작용을 가져올 수 있습니다. 가계를 안정시키기 위해서는 보다 근본적인 문제를 해결하는 것이 중요합니다.

직접작성

6. 흔히 우리 사회에서는 뭔가 부정적인 방법을 쓰지 않으면 많은 돈을 벌 수 없다고들 말합니다. 이에 대해서 어떻게 생각합니까?

면접관의 의도

의견을 정확하고 논리적으로 피력할 수 있는지를 알아보는 질문이다.

핵심 키워드

근대화 과정, 정경유착, 부정부패, 합리성, 공정성, 사회 시스템 안착

도입

어느 정도 공감되는 면이 있긴 하지만 전적으로 그렇다고 생각하지는 않습니다.

직접작성

부연설명

과거 우리나라에서는 수십 년간 특정 계층이 주도하는 근대화 과정을 거치며 부정부패가 돈을 버는 방법으로 여겨지기도 했습니다. 그러나 시대가 흐르면서 정경유착이나 부정부패에 대한 사회 인식이 바뀌었고, 우리 사회에 합리적이고 정상적인 시스템이 자리를 잡고 있습니다.

직접작성

아직 과도기에 있긴 하지만 합리와 공정에 기반한 인식과 시스템이 사회 전반에 안착하면 오히려 부정적인 방법으로는 돈을 벌기 어려울 것이라 생각합니다.

직접작성

! 이런 말은 안 돼요

자신의 의견을 솔직하고 설득력 있게 피력하되, 현 사회에 대하여 지나치게 부정적인 인식을 드러내서는 안 된다. 또한 가치관의 건전성을 의심받을 수 있는 답변은 피해야 한다.

7. 우리 사회에 도덕성이 필요한 이유와 도덕불감증이 왜 생기는지 우리 현실을 토대로 설명해 보세요.

도덕성에 대한 의견을 논리적으로 피력할 수 있는지를 알아보는 질문이다.

물질만능주의, 산업화, 도시화, 개인주의, 공동체 붕괴, 도덕성, 사회 통합

도입

우리 사회는 지난 수십 년 동안 빠르게 발전하며 큰 변화를 겪었습니다.

직접작성

부연설명

급격한 근대화 · 산업화 · 도시화 과정에서 '돈'이 전부라는 물질만능주의가 확산되고, 윤리의식은 사라졌습니다. 또한 도시화를 겪으며 지나친 개인화로 인해 유 · 불 · 선의 이념을 바탕으로 한 공동체 의식도 무너졌습니다.

직접작성

자유민주 사회에서는 개인이 자율적으로 생각하고 행동하며 이를 통해 사회 분위기가 형성되기 때문에 개개인의 도덕성은 매우 중요하고 꼭 필요합니다. 빠른 경제성장이 아닌, 공동체가 더불어 잘사는 것이 중요한 현대 사회에서는 도덕성이야말로 계층 간 대립을 해결하고 사회를 통합하는 최고의 수단이라 생각합니다.

직접작성

8. 개인주의는 사회적으로 바람직한 것인지 의견을 말해 보세요.

[면접관의 의도]
응시자의 가치관과 함께 의견을 논리적으로 피력할 수 있는지 알아보기 위한 질문이다.

[핵심 키워드]
이기주의, 이기적 집단주의, 이타적 개인주의, 공생

도입

개인주의를 사회적 관점에서 본다면 분명 바람직한 면이 있습니다. 문제는 개인주의의 개념을 잘 못 인식하는 경우입니다.

직접작성

부연설명

건강한 개인주의와 이기적 개인주의를 혼동하지 않는 것이 중요합니다. 타인보다 자신의 이익이 우선이라고 여기거나, 사적인 이익을 최우선으로 하여 집단행동을 하는 것은 이기적 개인주의와 이기적 집단주의에 해당합니다. 건강한 개인주의는 한 개인으로서 인정과 존중을 받고 싶은 만큼 다른 사람도 이해하고 배려하기 때문에 공동체를 더욱 이롭게 할 수 있습니다.

직접작성

누구나 자신의 이익을 우선으로 하려는 마음이 강하기 때문에 다른 사람을 배려하며 자아를 표출하는 진정한 개인주의로 가는 길은 쉽지 않을 것입니다. 하지만 개인주의의 탈을 쓴 이기주의는 사회 전반에 악영향을 끼치기 때문에 하루빨리 없어지도록 국가, 사회, 개인이 다각도로 노력해야 합니다.

직접작성

❗ 이런 말은 안 돼요

이기주의와 개인주의를 혼동하여 이기적 개인주의나 이기적 집단주의를 옹호하는 답변을 해서는 안 된다.

9. 아동 학대의 원인은 무엇이며, 그 해결 방안에는 무엇이 있는지 설명해 보세요.

[면접관의 의도]

사회적 현안에 대한 응시자의 관심과 의사 표현의 논리성을 알아보는 질문이다.

[핵심 키워드]

그릇된 자녀관, 부부 갈등, 경제적 어려움, 대응 전문성 강화, 인력 확충, 근무여건 개선, 처벌 강화, 인식 개선

도입

아동 학대는 아동을 신체적, 성적, 심리적으로 학대하거나 제대로 돌보지 않고 방치하는 것을 의미합니다.

직접작성

부연설명

아동 학대의 원인으로는 가족 공동체 약화, 이전보다 줄어든 가족에 대한 의무감, 자녀를 소유물로 생각하는 부모의 그릇된 자녀관, 경제적 어려움으로 인한 정서적 여유 부족 등이 있습니다. 아동 학대는 피해 아동에게 우울 장애, 불안 장애, 정신적 외상을 불러오고, 피해 아동이 신체적 부상을 당하거나 심할 경우 사망에 이르기까지 하는 중대범죄입니다. 아동 학대를 막기 위해서는 전담공무원, 아동보호 전문기관 등 현장 대응인력을 늘리고, 직무 교육 등으로 전문성을 강화하고, 처벌을 강화하는 정책이 필요합니다.

직접작성

무엇보다도 아동 학대는 한 가족 내의 문제가 아니라 사회 전체의 문제임을 인식하는 것이 중요합니다. 고통받는 아동이 없는 사회를 만들기 위하여 정부, 관련 기관, 일반 국민 모두의 관심이 필요합니다.

직접작성

❗ 이런 말은 안 돼요

아동 학대를 한 가정 내의 문제로 축소하여서는 안 된다. 제도와 정책 차원에서 문제의식을 갖고 접근해야 하며, 현실적인 대응책을 마련해 답변을 준비해야 한다.

더 알아보기

아동 학대 예방 정책

• 긴급전화 설치: 아동 학대를 예방하고 수시로 신고받을 수 있도록 '아동 학대 전담공무원'이 근무하는 기관에 전용회선으로 긴급전화(112)를 설치하여 매일 24시간 운영
• 아동 학대 예방의 날 지정: 아동의 건강한 성장을 도모하고, 범국민적으로 아동 학대의 예방과 방지에 관심을 높이기 위하여 매년 11월 19일을 '아동 학대 예방의 날'로 지정하여 행사와 홍보 실시
• 아동 학대 신고의무자에 대한 교육: 관계 중앙행정기관의 장은 아동 학대 신고의무자의 자격 취득 과정이나 보수교육 과정에 아동 학대 예방 및 신고의무와 관련된 교육 내용을 1시간 이상 포함
※ 아동 학대 신고의무자: 가정위탁센터의 장과 그 종사자, 응급의료기관 등에 종사하는 응급 구조사, 유치원·어린이집의 교직원 등

10. 가짜뉴스 규제에 대하여 어떻게 생각합니까?

(면접관의 의도)

민주시민으로서 건강한 가치관을 지니고 있는지, 민주사회 발전을 도모할 역량이 있는지를 파악하고 의견을 논리적으로 피력할 수 있는지를 통합적으로 알아보기 위한 질문이다.

(핵심 키워드)

조작, 거짓, 사회 혼란, 불안감, 표현의 자유, 언론 통제, 팩트 체크, 미디어 리터러시

도입

- 가짜뉴스는 사회의 혼란과 불안을 야기하므로 법적으로 규제하여 가짜뉴스 양산을 막아야 합니다.
- 가짜뉴스 규제는 표현의 자유를 침해할 수 있으므로 규제가 아닌 방법으로 가짜뉴스를 걸러야 합니다.

> 직접작성

부연설명

- SNS가 발달하고 1인 미디어가 늘면서 가짜뉴스의 유통량도 많아지고 그에 따라 사회 혼란과 개인의 피해도 늘고 있습니다.
- 어떤 소식이 '허위'인지 '진실'인지는 바로 판단하기 어려운 문제이고 가짜뉴스를 규제한다는 명목으로 언론 통제가 이루어질 수도 있습니다.

> 직접작성

- 가짜뉴스가 공공에 미치는 부정적 영향이 큰 만큼 강력하게 단속하고 처벌하여 더 큰 피해를 막아야 합니다.
- 가짜뉴스 피해를 막으려면 언론사의 팩트 체크를 강화하고, 뉴스의 내용을 비판적으로 수용하는 능력을 기르는 미디어 리터러시 교육을 확대해야 합니다.

직접작성

! 이런 말은 안 돼요

가짜뉴스를 옹호하는 답변, 즉 가짜뉴스는 자본주의 사회의 자연스러운 현상이므로 규제해서는 안 된다는 식의 답변은 피해야 한다.

11. 국민들이 공무원 사회가 부패했다고 여기는 이유에 대해 본인의 생각을 말해 보세요.

(면접관의 의도)

공무원으로서의 직업관, 가치관을 알아보는 동시에 본인의 생각을 정확하고 논리적으로 피력할 수 있는지 평가하기 위한 질문이다.

(핵심 키워드)

이권과 밀접, 박봉, 금전적 유혹, 높은 도덕 수준 기대

도입

공무원의 업무가 국민의 각종 이권과 밀접하기 때문에 국민들이 공무원 사회가 유혹에 빠지기 쉽다고 여길 수 있습니다.

직접작성

부연설명

공무원 급여가 사기업에 비해 상대적으로 박봉이다 보니 이러한 인식이 더욱 강화되는 면이 있습니다. 또한 우리나라에서는 전통적으로 공무원, 교사 등 공직자 직군에 여타 직업군보다 더 높은 도덕 수준을 기대합니다.

직접작성

그러다 보니 비슷한 부정 사건이 발생하더라도 언론에서는 공무원 관련 사건을 우선적으로 보도하고, 점점 공무원에 대한 이미지가 나빠지는 경향이 있다고 생각합니다.

직접작성

! 이런 말은 안 돼요

개인의 공무원 사회에 대한 불신과 부정적 인식을 노골적으로 드러내서는 안 된다.

12. MZ세대와 기성세대의 소통이 원활하지 않은 원인과 소통 방법에 대한 의견을 말해 보세요.

면접관의 의도

사회 이슈에 대한 인식과 세대관, 의사소통 능력 등을 알아보고 본인의 의견을 정확하고 논리적으로 피력할 수 있는지 평가하기 위한 질문이다.

핵심 키워드

디지털 기기, 온라인 공간, 개인주의 성향, 수평적 오프라인 공간, 수직적 조직문화 중시, 예절 중시, 가치관, 인정, 공감, 존중

도입

MZ세대와 기성세대의 소통이 원활하지 않은 가장 큰 원인은 자라온 환경의 차이 때문이라고 생각합니다.

직접작성

부연설명

디지털 기기를 다루는 데 능숙하고 온라인 공간에서 활동하는 것이 익숙한 MZ세대는 개인주의 성향이 강하고 수평적인 관계를 지향합니다. 반면, 아날로그 방식이 익숙하고 오프라인 공간에서 주로 활동하는 기성세대는 수직적 조직문화와 예절을 중요하게 여기기 때문에 MZ세대와 가치관이 상충하여 소통이 어려워집니다.

직접작성

환경과 가치관이 다른 두 세대가 원활하게 소통하려면 '인정'과 '공감'이 필요하다고 생각합니다. 서로의 성향과 방식이 다름을 인정하고 각자의 경험에 공감하며 존중하는 자세로 대한다면 소통이 원활해지고 갈등이 줄어들 것이라 생각합니다.

직접작성

! 이런 말은 안 돼요

공무원 사회는 다양한 세대가 함께 일하는 조직이기 때문에 지나치게 MZ세대를 옹호하고 자율성과 개인성을 강조하는 답변은 좋지 않다.

13. 3D 기피현상을 개인적·사회적 측면에서 비판하고, 해결 방법을 말해 보세요.

면접관의 의도
사회적 현상인 3D 기피현상에 대한 의견을 논리적으로 피력할 수 있는지 파악하기 위한 질문이다.

핵심 키워드
3D 기피현상, 3D 직종

도입

'3D 기피현상'이란 어렵고(Difficult), 위험하고(Dangerous), 더러운(Dirty) 일을 기피하는 현상입니다.

직접작성

부연설명

3D 기피현상은 개인적 측면에서는 직업과 노동의 본질적 가치를 깨닫지 못하게 하고, 사회적 측면에서는 직업의 사회적 의미를 퇴색하게 하며 직업의 귀천의식을 조장합니다. 또한 비정상적인 취업난 등 산업구조의 불균형을 초래하여 장기적으로는 사회의 안정적인 발전을 저해합니다.

직접작성

이를 극복하기 위한 방안으로, 개인적 차원에서는 먼저 직업에 대한 올바른 가치관을 확립해야 하고, 사회적 차원에서는 3D 직종 종사자들에 대한 물질적 보상과 복지수준 향상 및 근로환경 개선 그리고 이들을 존중하는 풍토를 조성해야 합니다.

직접작성

❗ 이런 말은 안 돼요

어렵고, 위험하고, 더러운 일을 피하는 것은 당연하다는 식의 발언과 직업의 귀천을 나누는 답변은 피해야 한다.

예의, 품행 및 성실성

1. 본인의 생활신조를 말해 보세요.

（면접관의 의도）

평소 가치관을 파악하고자 묻는 질문이다.

（핵심 키워드）

생활신조, 가치관

도입

저의 생활신조는 '약속을 잘 지키자.'입니다.

직접작성

부연설명

제가 중학교 때 반의 화분 관리를 맡게 된 적이 있는데, 그때 매주 월요일 아침 화분에 물을 주기로 제 자신과 약속하고 꾸준히 지켜나간 적이 있었습니다. 그 결과 반 친구들과 선생님께 성실하고 근면하다는 평가를 받았고 학년 말에는 봉사상도 받게 되었습니다. 그 일을 계기로 저는 사소한 약속이라도 지키기 위해 노력한다면 다른 사람들에게 신뢰를 얻을 수 있고, 스스로도 책임감과 자신감을 가지게 된다고 느꼈습니다.

직접작성

맺음말

저는 시간 약속을 비롯해 생활에 대한 모든 것이 약속을 통한 것이라고 생각합니다. 따라서 약속을 잘 지키고자 하는 것이 일과 사람들과의 관계에서 인정받을 수 있는 밑거름이 된다고 생각합니다.

직접작성

❗ 이런 말은 안 돼요

평소에 생각해 보지 않은 멋진 말로 포장해서는 안 된다. 남들이 보기에는 작은 습관이나 별것 아닌 것 같은 생활신조일지라도 자신이 평소에 생각하던 것을 솔직하게 답변해야 한다.

2. 자신의 장·단점을 말해 보세요.

면접관의 의도

자기 자신에 대해 객관적인 분석을 하고 있는지, 자기 개선의 노력을 하는지를 알아보기 위한 질문이다.

핵심 키워드

장점, 단점, 솔직, 노력

도입

저의 가장 큰 장점은 명랑한 성격입니다. 작은 일에 일희일비하지 않고 항상 긍정적인 생각으로 살아가기 위해 노력합니다. 원래는 다소 소극적인 성격이었으나 적극적인 태도로 살아가려고 노력을 하다 보니 명랑하고 낙천적인 성격으로 변한 것 같습니다.

직접작성

부연설명

그리고 저의 단점은 우유부단한 성격이라고 생각합니다. 어떤 일을 결정할 때 추후 발생할 수 있는 경우의 수들을 모두 고려하는 편이어서 쉽사리 결정을 내리지 못하는 경우가 많습니다. 이러한 성격이 때로는 일을 신중히 처리하여 실수를 줄이는 좋은 면도 있으나, 주변 사람들에게 답답하다는 인식을 주기도 합니다.

직접작성

앞으로는 충분히 고민하되 결정을 내릴 때는 조금 더 과감하게 판단할 수 있는 사람이 되려고 노력하겠습니다.

직접작성

! 이런 말은 안 돼요

자신의 단점에 대해 너무 자책하는 태도는 면접관들을 난감하게 만들 수 있으니 주의한다.

3. 친구 관계에 대해 말해 보세요.

면접관의 의도

대인관계를 통해 의사소통역량, 인성 등을 알아보기 위한 질문이다.

핵심 키워드

대인관계, 친구, 관계 유지

도입

저는 활달하고 원만한 성격의 소유자로 주위에 많은 친구가 있습니다. 또 남의 얘기를 잘 들어주는 편이기 때문에 친구들이 고민을 털어놓고 같이 상의하는 편입니다.

직접작성

부연설명

그중에서도 중학교와 고등학교를 같이 다닌 친구가 한 명 있는데, 그 친구와 제일 친합니다. 그리고 대학교 시절에 아르바이트를 통해 만난 친구와 일을 그만둔 후에도 지금까지 우정을 지켜오고 있습니다.

직접작성

저는 형제처럼 마음을 터놓을 수 있는 친구가 많다는 것이 무척 행복하고 자랑스럽습니다.

직접작성

⊘ 이런 말은 안 돼요

없는 친구를 많다고 둘러대다가 추가 질문에 들통날 수 있으니 솔직해야 한다.

4. 취미가 무엇입니까?

면접관의 의도

평소 관심사를 두루 알고자 하는 질문이다.

핵심 키워드

취미, 문화적, 정서적, 만족감

도입

저의 취미는 연극 관람입니다.

직접작성

부연설명

어머니께서 대단한 연극 팬이셨기 때문에 어릴 적부터 공연을 자주 관람하여 연극무대가 낯설지 않았습니다. 처음에는 무작정 따라다니기만 했는데, 나이가 들수록 저 또한 연극에 대한 관심이 높아졌습니다. 이제는 어머니와 제법 전문적이고 심도 있는 대화를 나누기도 합니다.

직접작성

연극 관람은 제 스스로에게 정서적 · 문화적으로 만족감을 주는 소중한 취미 생활입니다. 그리고 연극 관람을 어머니와 함께하면서 소통의 폭이 넓어진 것 역시 이 취미 생활의 좋은 점이라고 생각합니다.

직접작성

! **이런 말은 안 돼요**

특별한 취미가 없더라도 "별로 없습니다."라는 대답은 좋지 않다. 구체적인 대답 내용이 되어야 하고, 이왕이면 실무에서도 유효하게 응용되는 것이라면 더 좋다.

5. 평소 처음 만난 사람과 잘 어울리는 편입니까?

면접관의 의도

성격 및 성향을 알고자 하는 질문이다.

핵심 키워드

공통된 화제, 적극적인 자세

도입

저는 쾌활한 성격이라 그런지 처음 만난 사람과도 스스럼없이 금방 친해지는 편입니다. 사람들도 저를 편하게 생각하는 것 같습니다.

직접작성

부연설명

물론 그렇다고 제가 사람을 사로잡을 수 있는 화술이나 매력을 가지고 있다는 것은 아닙니다. 다만, 저는 어떤 사람이라도 비슷한 관심 분야를 가지고 있을 것이라 생각하고 항상 공통된 화제를 찾으려고 노력합니다. 지금까지는 그런 접근 방법이 효과적이었다고 판단합니다. 제가 스포츠나 영화, 컴퓨터 등 다양한 분야에 관심이 있는 것도 큰 도움이 되었습니다.

직접작성

사회생활에서는 학창시절보다 필연적으로 훨씬 다양한 부류의 사람들을 만나게 될 것입니다. 저는 더욱 적극적인 자세로 사람들을 만날 준비가 되어 있다는 것을 말씀드립니다.

직접작성

➕ 면접 플러스

단순히 사람들과의 첫 만남에 '자신 있다'거나 '잘 한다'가 아니라 설득력 있는 일화를 들어 이야기하는 것이 효과적이다.

6. 지금까지의 학교생활 중 가장 인상에 남았던 일이 있다면 말해 보세요.

품행 및 성장 계기 등을 두루 판단하기 위한 질문이다.

학교생활, 체험, 느낀점

도입

개인적으로 소설 「토지」의 배경이 되는 경남 하동으로 농촌활동을 갔던 일이 가장 기억에 남습니다.

직접작성

부연설명

「토지」를 무척 감명 깊게 읽었던 저로서는 드라마와 책으로만 존재하던 머릿속의 공간이 제 눈앞에 실제로 펼쳐지니 너무 감동이었고, 그 곳에 사시는 분들에 대한 애정이 저도 모르게 샘솟았습니다. 그리고 훌륭한 문학작품은 문학으로 그치지 않고 실생활 속에 살아 숨 쉰다는 것을 느낄 수 있는 귀중한 체험이었습니다.

직접작성

또한, 어느날은 낮에 들에서 일하고 저녁에는 토론을 하고 다음 날 새벽 일찍 산 정상까지 오르기도 했습니다. 모두들 들뜬 기분과 기백으로 출발했지만, 정상까지 오른 사람은 저와 교수님뿐이었습니다. 해냈다는 성취감과 더불어, 늘 문학적 조언과 인생의 선배로서 따뜻했던 교수님을 더욱 가깝게 느끼게 된 계기였습니다.

직접작성

① 이런 말은 안 돼요

다른 사람들도 다 흔하게 경험할 수 있는 일은 답변하지 않는 것이 좋다. 경험한 것이 많지 않아서 흔하게 경험한 내용으로 답변할 수밖에 없다면, 그 경험을 통해 느꼈던 점이나 교훈을 함께 설명하는 것이 좋다.

7. 살면서 좌절한 적이 있습니까?

면접관의 의도

어떤 방법으로 힘든 시기를 극복했는지 알아보기 위한 질문이다.

핵심 키워드

구체적인 극복 방안, 현실적인 노력, 교훈

도입

의류 판매 아르바이트를 한 적이 있는데, 옷이 전혀 팔리지 않아 지점장에게 야단을 맞고 좌절한 적이 있습니다. 그때 내 힘으로 돈을 번다는 것이 정말 힘든 일임을 느꼈고, 또한 스스로의 미숙함에 속이 많이 상하였습니다.

직접작성

부연설명

하지만 나중에는 업무가 익숙해지면서 손님을 대하는 노하우가 생기고, 손님의 요구에 즉각 반응하고 응대하면서 성과도 꽤 올릴 수 있었습니다. 처음에는 좌절했지만 나름 많은 경험을 하며, 여러 사람을 응대하는 방법을 익힐 수 있는 좋은 기회였다고 생각합니다.

직접작성

따라서 무슨 업무이든 처음부터 조급함을 느끼기보다는 업무를 차근히 파악하여 방향성을 찾는 다면 결국은 좋은 결과를 가져올 것이라는 믿음을 가지게 되었습니다.

직접작성

➕ 면접 플러스

좌절한 경험에서 끝나지 않고 이를 극복한 방법이나 교훈을 같이 말해야 한다.

8. 최근에 가장 기뻤던 일은 무엇입니까?

(면접관의 의도)

삶의 가치관과 태도를 알아보기 위한 질문이다.

(핵심 키워드)

진솔한 경험, 기쁨, 가치관

도입

대학 생활의 마지막 축구부 추계 리그에서 저희 축구부가 결승에서 졌을 때, 시합에 출전하지 못했던 후배가 함께 울어준 것이 가장 기뻤습니다.

직접작성

부연설명

대회 연습을 많이 했고, 경기 결과가 아까운 점수차였기 때문에 경기를 뛰었던 사람들 모두 아쉬워했지만, 평소 말을 듣지 않던 후배가 이만큼 단결심을 갖게 된 것을 보고 큰 감동과 함께 뿌듯함을 느꼈습니다.

직접작성

비록 경기에서는 졌지만, 승패 여부와 관계없이 동료들과 끈끈하고 단합된 우정을 쌓는 계기가 되었던 것 같아 매우 뜻깊고 기뻤습니다.

직접작성

9. 최근에 가장 화가 났던 일은 무엇입니까?

부정적인 감정에 어떻게 반응하는지를 알아보기 위한 질문이다.

부정적 감정, 대처 방법

도입

제 자신에게 화가 났던 일인데, 전철 막차를 타고 가다 피곤해서 조는 바람에 종점까지 가게 되었던 일입니다.

직접작성

부연설명

모르는 동네에서 집에 돌아올 교통편을 찾지 못하다가 결국 지나가는 차를 잡아타고 다행히 귀가할 수 있었지만, 처음 그런 일을 겪은 저는 제 자신에게 너무 화가 났었습니다.

직접작성

그래도 그 경험을 통해 누군가에게 부탁하는 것을 어려워하던 제가 무언가를 부탁하는 배짱이 생겼고, 더불어 누군가의 친절함과 도움에 마음이 따뜻해진 경험을 하였습니다. 그래서 저도 다음에 도움이 필요한 사람을 만나면 적극적으로 도와줘야겠다고 마음먹은 기회이기도 하였습니다.

직접작성

➕ 면접 플러스

화가 났었지만 그 안에서 극복할 수 있는 내용을 설명해야 한다. 사례에서 화가 난 이유를 다른 사람의 탓으로 돌리거나, 욱하는 성격처럼 보이는 내용이 있는지 확인하고 답변을 잘 정리해야 할 것이다.

10. 살면서 열정을 다해 노력한 경험에 대해 말해 보세요.

어떤 일에 최선을 다한 경험이 있는지 확인해 보고자 묻는 질문이다.

열정, 노력한 경험, 목표, 수험생활

도입

진부할 수 있지만, 공무원 시험을 준비하는 현재의 수험생 시절이 제가 살면서 가장 노력한 순간이라 생각합니다.

직접작성

부연설명

공무원 시험에 합격하기 위해 아침잠이 많은 편이지만 항상 7시 이전에 일어나려 노력하였고, 하루에 10시간 이상 공부에 매진하였습니다. 그리고 수험생활을 뒷받침하기 위한 체력과 맑은 정신을 유지하기 위해 틈틈이 탁구, 축구 등 운동을 하였습니다. 필기시험에 합격한 다음에도 면접시험을 준비하기 위해 스터디, 세미나 등 다양한 모임에 참여하였으며, 지원한 직렬 분야에 관한 전문지식도 쌓으려고 노력하였습니다.

직접작성

이처럼 단 하나의 목표를 바라보고 노력해온 지난 2년여간의 수험생활은 앞으로도 제게 큰 도움이 될 것입니다.

직접작성

➕ 면접 플러스

본인의 경험을 바탕으로 노력한 사례를 설명해야 한다. 특별한 사례 없이 노력한 일만 나열한다면 면접관은 어떤 부분을 노력했다고 말한 것인지 파악하기 힘들 수 있다.

11. 봉사를 해 본 적이 있다면 어떤 것이 기억에 남는지, 이를 통해서 무엇을 배웠는지 말해 보세요.

면접관의 의도

타인을 배려하는 마음가짐을 갖추었는지 판단하고자 하는 질문이다.

핵심 키워드

봉사, 장애 아동, 편견, 거부감

도입

대학교 때 장애가 있는 초등학교 학생들에게 읽기와 쓰기를 가르치는 프로그램에 적극적으로 참여한 적이 있습니다.

직접작성

부연설명

처음에는 장애아동을 어떻게 대해야 할지 몰라 망설였지만, 아이들이 너무도 순수했고 저에게 관심을 가지고 잘해주려고 노력하는 게 보여 금방 친해질 수 있었습니다. 비록 학습적인 부분에서는 일반 학생들보다 부족한 게 많은 것이 사실이었지만, 밝은 모습으로 열심히 하려고 노력하는 모습이 너무도 예뻐 보였습니다. 이러한 아이들을 통해 그리고 이 아이들을 성심껏 가르치시는 선생님을 통해 장애아동을 편견과 거부감 없이 바라봐야겠구나 느꼈습니다. 전에는 장애라는 게 굉장히 커 보이고 나와는 다른 존재의 사람이라는 느낌이 있었는데, 이제는 그냥 몸이 조금 불편하고 아플 뿐 나와 똑같은 사람이라는 생각을 하게 되었습니다.

직접작성

맺음말

저의 아주 작은 도움이 누군가에게는 큰 도움과 행복이 될 수 있다는 것을 알게 되었고, 앞으로도 많은 봉사에 참여하고 싶습니다.

직접작성

➕ **면접 플러스**

봉사 경험을 그냥 나열하기보다는 그로 인해 느낀 점이 무엇인지를 구체적으로 답하는 것이 좋다.

12. 과도한 업무로 스트레스를 받았을 때 어떻게 하겠습니까?

면접관의 의도

자기관리 차원에서 스트레스를 어떻게 관리하는지를 알아보는 질문이다.

핵심 키워드

적극적인 마음가짐, 건강한 스트레스 해소법

도입

조직 생활에서 스트레스는 피할 수 없습니다. 업무가 과다할 때는 제게 부족한 것이 무엇인지 살펴보고 좀 더 도전적이고 적극적인 마음가짐으로 업무를 수행하여 스트레스를 줄일 수 있도록 노력할 것입니다.

직접작성

부연설명

또한 저는 해야 할 일을 제때 하지 않고 미루어 두면 스트레스를 많이 받는 편이라서 늘 계획성 있게 시간을 보내려고 노력합니다. 그리고 스트레스를 이미 많이 받았다면 온몸이 땀에 흠뻑 젖을 정도로 운동을 하고 숙면을 취하는 것이 스트레스를 이겨내는 좋은 방법이라고 신문기사에서 읽은 적이 있습니다.

직접작성

앞으로 적당한 운동과 숙면으로 스트레스를 해소하고, 건강한 신체와 정신으로 업무에 임할 수 있도록 노력하겠습니다.

직접작성

❗ 이런 말은 안 돼요

스트레스를 풀기 위해 음주를 한다거나 음식으로 푼다는 등의 건강에 좋지 않은 스트레스 해소 방안을 제시하는 것은 피해야 한다.

13. 자기 자신과 사회적 관점에서 가장 이상적이고 바람직한 삶은 무엇이라고 생각합니까?

면접관의 의도

이상적 삶의 모습을 통해 응시자의 평소 가치관을 알아보기 위한 질문이다.

핵심 키워드

더불어 사는 삶, 배려하는 삶, 희생하는 삶, 존경받는 삶, 도와주는 삶

도입

삶을 살아가면서 자신뿐만 아니라 다른 사람도 함께 배려하는 자세를 지녀야 합니다.

직접작성

부연설명

자신에게는 보람 있고 의미 있다고 생각하는 삶이 남에게 고통을 준다면 그것은 바람직한 삶이 아닙니다. 가장 이상적인 삶은 남에게 손해를 끼치지 않고 다른 사람에게 이익을 주는 삶이라고 생각합니다.

직접작성

맺음말

우리가 삶을 살아가면서 내리는 결정과 선택은 스스로의 삶은 물론이고 다른 사람에게도 큰 영향을 끼치게 마련입니다. 따라서 매사 다른 사람을 배려하고 도우며 사는 삶이 이상적인 삶이라고 생각합니다.

직접작성

14. '좋은 게 좋은 것 아닌가?'라는 태도에 대해 어떻게 생각합니까?

삶의 가치관과 태도를 알아보기 위한 질문이다.

철학의 부재, 기회주의, 적당주의, 처세술, 사회 원칙 확립

도입

'좋은 게 좋은 것 아니냐?'는 태도는 기본 철학이 부재하고 기회주의와 적당주의가 만연한 사회 분위기를 반영하고 있습니다.

직접작성

부연설명

'좋은 게 좋은 것 아니냐?'는 태도가 일반적인 사회에서는 원리와 원칙으로 옳고 그름을 판단하는 사람들을 '꽉 막힌 사람'이나 '뭘 몰라도 한참 모르는 사람'으로 몰기 십상입니다. 이런 사회에서 사람들은 남의 눈에 띄는 행동을 하거나 시비가 될 만한 말을 되도록 삼가고 남들이 하는 대로 하는 처세술에 익숙해집니다.

직접작성

'좋은 게 좋은 거니까 넘어가자.'라는 적당주의가 만연한 사회적 풍토에 매몰되지 않기 위해서는 사람들의 생각을 지탱해 줄 원칙과 기본 철학이 바로 서야 한다고 생각합니다.

직접작성

➕ 면접 플러스

가치 판단을 묻는 문제는 판단의 정확성과 그에 따른 주장의 논리성을 평가한다. 그러므로 무조건 내 가치관이 옳다는 식으로 단정적으로 말해서는 안 되며 설득력 있게 내용을 전개해야 한다.

15. 모든 세대가 자신의 세대를 두고 '시대의 희생양'이라고 하는데, 자신의 세대를 어떻게 생각합니까?

(면접관의 의도)

사회성, 희생정신, 대인관계 및 사회적응력을 파악하고 세대 간의 차이를 극복할 능력이 있는지를 평가하는 질문이다.

(핵심 키워드)

세대 간의 이해, 배려, 협력, 발전, 책임

도입

저희 세대는 이전 세대의 희생 덕분에 물질적으로 풍요롭게 생활하며 사상의 자유를 보장받고 있습니다. 그러나 저희 세대도 특혜만 누리고 있지는 않다고 생각합니다.

직접작성

부연설명

생활은 한층 여유로워졌지만, 사람들의 정서는 메말랐고 삶의 목표도 확고하지 않으며 가치관도 제대로 정립되지 않은 경우가 많습니다. 또 인구문제, 식량문제, 자원문제, 환경문제 등과 같이 이전 세대는 깊게 생각하지 않았던 여러 가지 어려움을 겪고 있습니다.

직접작성

이전 세대의 희생으로 저희 세대가 여유를 누리고 있는 만큼 저희 세대 역시 다음 세대를 배려하는 마음으로 사회를 좀 더 나은 방향으로 발전시켜야 할 책임이 있다는 사실을 명심해야 합니다.

직접작성

❗ 이런 말은 안 돼요

자신의 세대가 가장 힘들다는 답변은 피해야 한다. 다양한 세대가 모여 업무를 하기 때문에 세대 차를 극복하는 방법을 구체적으로 답변하면 좋다.

창의력, 의지력 및 발전 가능성

1. 전혀 경험도 없고 양이 많은 어려운 업무를 내일 오전까지 처리해야 할 경우 어떻게 하겠습니까?

면접관의 의도

수행 경험이 없거나 어려운 업무를 부여받았을 때 어떻게 대처할 것인지 파악하기 위한 질문이다.

핵심 키워드

의지, 도전 정신, 열정, 책임감, 노력, 문제 해결 능력

도입

경험이 많은 상사 입장에서는 합리적인 업무 요구였을 것이므로 해내도록 노력하겠습니다.

직접작성

업무는 경험 있는 선배와 동료에게 도움을 요청하겠습니다. 만약 부서 내에 업무 경험이 있는 직원이 없다면 타 조직에 근무한 경험이 있거나 업무 관련해서 도움을 줄 수 있는 동료에게 조언을 구하고 협조를 요청하겠습니다.

직접작성

맺음말

시간이 부족하면 시간 외 근무 등을 통해서 업무를 수행하도록 하겠습니다. 또한, 앞으로 맡은 업무를 잘 수행할 수 있도록 업무 관련 전문 지식과 경험을 쌓기 위해 노력하겠습니다.

직접작성

➕ **면접 플러스**

항상 쉽고, 자신이 원하는 업무만 하면 좋겠지만 실상은 그렇지 않다. 어려운 업무를 부여받았을 때 할 수 없다거나 쉬운 업무만 하고 싶다는 답변은 삼가야 한다. 위 문제 상황에서 경험이 있는 동료나 선배에게 도움을 요청하거나, 누군가의 조언을 구하여 시간 내에 일을 해내겠다는 의지를 보이면 좋은 점수를 얻을 수 있다.

2. 업무 수행 중 실수를 하게 될 경우 어떻게 하겠습니까?

업무 처리 중 실수가 발생했을 때 어떻게 대처할 것인지 파악하기 위한 질문이다.

문제 인식, 인정, 시정, 조언, 대안 제시, 책임감

도입

실수를 인정하고 상사에게 이러한 상황을 즉시 보고하겠습니다. 그리고 제가 한 실수를 빠르게 그리고 효과적으로 시정하겠습니다.

직접작성

부연설명

먼저 저의 실수로 피해당한 민원인이 있다면 죄송하다는 사과를 전하겠습니다. 시정은 실수의 심각성 정도를 판단하여 스스로 시정하거나 제가 수습하기 어려운 심각한 실수라면 해결 방법을 찾아 상사나 동료에게 조언을 구하겠습니다. 여러 가지 해결책을 제시할 수 있도록 대안들을 마련하여 이 문제를 해결하고 향후 같은 실수를 반복하지 않도록 하겠습니다.

직접작성

잘못을 인정하고 그 잘못을 바로잡기 위해 노력하는 것이야말로 어떤 경우에 있어서든 가장 책임감 있는 행동이라고 생각하기 때문입니다.

직접작성

! 이런 말은 안 돼요

사람이라면 누구나 실수를 할 수 있다. 다만, 실수에 대처하는 태도가 중요하다. 자신의 실수를 아무도 모른다면 실수를 숨기겠다는 답변은 지양해야 한다.

3. 상사와 의견이 다를 때는 어떻게 하겠습니까?

면접관의 의도

상사와 의견 충돌 시 대처 방법을 알아보기 위한 질문이다.

핵심 키워드

의사소통, 경청, 유연한 태도, 상호이해, 존중, 배려, 융통성

도입

업무를 처리하다 보면 여러 가지 현안에 대해 서로 의견 충돌이 발생할 수 있습니다.

직접작성

부연설명

저의 의견이 유일한 해법이라는 생각을 버리고, 상사의 의견이 어떠한 근거가 있는지를 살펴본 후 저의 의견이 그에 비해 타당한지 살펴보겠습니다. 상사의 의견이 더 타당하다고 판단되면 상사의 의견에 따르겠지만, 만약 저의 의견이 더 타당하다면 구체적인 근거와 자료를 통해 상사를 설득하겠습니다. 만약 상사가 설득되지 않는다면 경험이 많은 선배, 동료에게 이러한 상황을 설명한 후 조언을 얻어 해결하도록 노력하겠습니다.

직접작성

서로의 의견이 다름을 이해하고 존중하며 더 나은 해결 방안을 찾아가는 노력이 필요하다고 생각합니다.

직접작성

➕ 면접 플러스

상사의 명령에 무조건 따르겠다거나 자신의 의견만을 내세우는 것은 현명하지 못한 답변이다. 상사의 명령이 업무상 적법하고 합리적이라면 따라야 하겠지만 그 명령이 명백히 부당하다고 판단되는 경우 자신의 의견을 제시해야 한다. 상사의 의견이 타당하지 않다고 판단되면 소신을 밝히는 것이 좋다.

4. 악성 민원인이 인신공격성 발언을 하며 소리를 지르고 행패를 부린다면 어떻게 하겠습니까?

(면접관의 의도)

악성 민원 발생 시 대처 방법을 알아보기 위한 질문이다.

(핵심 키워드)

고성 민원, 경청, 공감, 매뉴얼, 설득, 수용, 존중, 배려

도입

민원인이 언성을 높이고 행패를 부린다면 그 상황에서는 어떤 말을 드려도 받아들이기 어려우리라 생각합니다.

직접작성

부연설명

따라서 민원인의 민원 내용을 경청하고 공감해 주는 것이 선행되어야 한다고 생각합니다. 그 다음 민원인의 요구 사항은 정해진 법령과 매뉴얼에 따라 처리해야 하는 점을 민원인이 납득할 수 있도록 설명하고 설득하겠습니다.

직접작성

민원인 입장에서는 나름의 고충이 있다고 생각합니다. 악성 민원이라도 개선할 점이 있는 것은 아닌지 검토한 후, 상사에게 질의해 보고 타당성이 있다면 개선하도록 노력하겠습니다.

직접작성

⊕ 면접 플러스

역량면접에서 압박면접으로 이어질 수 있다. '그래도 안 되면 어떻게 하겠습니까?'라는 식의 추가 질문을 하여도 당황하지 않고 본인이 생각해 두었던 것을 조리 있게 말하는 것이 중요하다. 이러한 질문에 정확한 정답은 없으므로 악성 민원에 동요하지 않고 차분하게 자신의 의견을 말하는 태도가 필요하다. 이를 통해 위기 대처 능력을 보여줄 수 있다.

5. 휴일 근무나 늦은 퇴근에 대해 어떻게 생각합니까?

면접관의 의도

야근이나 휴일 근무 등의 상황을 제시해 업무에 대한 적극적인 자세, 각오 등을 알아보기 위한 질문이다.

핵심 키워드

의지, 열정, 책임감, 자세, 워라밸

도입

업무상 불가피하다면 당연히 시간 외 근무를 하여야 할 것입니다.

직접작성

부연설명

다만, 지나친 시간 외 근무는 지양해야 한다고 생각합니다. 지나친 시간 외 근무로 피로도가 쌓인다면 업무의 효율을 떨어뜨릴 수 있기 때문입니다. 퇴근 후 충분한 휴식을 취하는 것은 업무 효율성 향상에 도움이 될 수 있다고 생각합니다.

직접작성

가급적 근무 시간 내에 일을 처리하여 시간 외 근무나 휴일 근무가 없도록 하겠습니다.

직접작성

❗ 이런 말은 안 돼요

업무 외 시간은 사생활이므로 절대 근무할 수 없다는 입장을 고수해서는 안 된다. 국민의 공복으로서 근무할 수 있다는 자신감과 적극적인 자세가 요구된다. 다만, 가급적 근무 시간 내에 일을 마무리하여 시간 외 근무가 없도록 하겠다는 의지 표명이 중요하다.

6. 데이트 약속이 있을 때 잔업을 시키면 어떻게 하겠습니까?

면접관의 의도

사생활과 공적 업무가 상충하는 상황을 제시하여, 공직에 임하는 자세를 알아보기 위한 질문이다.

핵심 키워드

사생활, 공익, 균형, 조직 생활, 워라밸

도입

데이트 약속도 중요하지만, 공무원으로서의 업무는 공익을 위한 것으로 우선순위가 더 높다고 생각합니다.

직접작성

부연설명

공적 업무는 바로 처리하지 않으면 국민의 피해가 발생할 우려가 있으니 데이트 상대방에게 양해를 구하여 약속을 주말로 미루고 공적 업무를 먼저 수행하겠습니다.

직접작성

국민에 대한 봉사자로서 부득이한 경우를 제외한다면 당연히 공적 업무가 우선시 되어야 한다고 생각합니다.

직접작성

➕ 면접 플러스

보통 공적 업무를 사생활보다 우선순위를 두겠다고 답변하지만, 이때도 타당한 이유를 제시할 수 있어야 한다. 개인적인 업무를 무조건 미룬 채 공무를 충실하게 수행할 수 없기 때문이다.

7. 동료가 업무를 소홀히 하여 나에게 과중한 업무가 주어지는 경우 어떻게 대처하겠습니까?

面접관의 의도

업무로 인한 갈등 상황을 제시하면서 문제해결역량이 있는지 알아보기 위한 질문이다.

핵심 키워드

의사소통, 협의, 대화, 협력, 상호이해, 팀워크

도입

업무를 수행하는 데 조직 내 조화와 협력이 중요하므로 팀워크를 해치지 않는 것이 매우 중요하다고 생각합니다.

직접작성

부연설명

동료와 진솔한 대화를 통해 업무에서 어려움을 밝히고 협조를 요청하겠습니다. 또한 상관에게 팀원들의 업무분장 기준을 명확하게 해달라고 요청하겠습니다. 만약 업무분장 후에도 계속 업무를 소홀히 한다면 경험이 많은 선배, 동료에게 현명한 대처방안을 여쭤보고 잘 숙지한 후에 서로 기분이 상하지 않게 대화로 해결하도록 하겠습니다.

직접작성

대화를 통해 상호 간 어려움을 파악하고 이를 해결하기 위해서 노력하겠습니다.

직접작성

❗ 이런 말은 안 돼요

상관에게 고자질하는 방식으로 팀워크를 해치는 답변은 하지 않는 것이 좋다.

8. 조직 생활에서 필요한 것은 무엇이라고 생각합니까?

(면접관의 의도)

조직의 구성원으로서 조직 생활을 잘할 수 있는지를 파악하기 위한 질문이다.

(핵심 키워드)

의사소통, 화합, 조화, 성실, 신뢰, 배려

도입

조직 생활 중 가장 중요한 것은 소통이라고 생각합니다.

직접작성

부연설명

조직은 다양한 직책의 구성원으로 이루어져 있으므로, 공통의 목표를 달성하기 위해서는 의사소통을 통한 화합이 필요하다고 생각합니다. 만약 업무 수행 중 갈등이 발생한다면 자신에게만 유리한 방향으로 의견을 주장하기보다는 소통을 통해 차근차근 문제를 해결하고 협업하여 업무를 수행하다 보면 더 나은 방안이 나올 수 있기 때문입니다.

직접작성

소통을 통해 조직원이 유기적으로 잘 결합할 때 최고의 조직이 유지될 수 있다고 생각합니다.

직접작성

! **이런 말은 안 돼요**

이러한 질문에 정확한 정답은 없으므로 조직 생활에 필요하다고 생각하는 요소를 타당한 근거를 가지고 답변하되, 지나치게 개인주의적인 답변은 피하는 것이 좋다.

9. 업무 지시에 순응하지 않는 하급자를 어떻게 다룰 것인지 말해 보세요.

하급자와 갈등 상황에서 조직을 조화롭게 이끌어 나아갈 수 있는지를 통해 문제해결능력을 평가하기 위한 질문이다.

핵심 키워드

갈등, 상황 파악, 면담, 동기부여, 교육, 리더십

도입

우선 업무 지시에 문제가 있는지 살펴본 후, 만약 업무 지시에 문제가 없다면 하급자가 업무 지시를 따르지 않는 원인을 파악하도록 하겠습니다.

직접작성

부연설명

개인 면담을 통해서 업무 지시의 문제점을 함께 찾아가고 합의점을 도출하겠습니다. 또한 하급자의 성향을 파악하고 업무 수행에 어려움이 있는지 살펴본 후 어떤 방법으로 일을 지시해야 하는지 생각해 볼 것입니다.

직접작성

모든 문제가 부하에게만 있다고 생각하지 않고, 제 모습도 함께 돌아보며 팀을 잘 끌어나가야 할 것입니다.

직접작성

! 이런 말은 안 돼요

강압적인 태도로 부하직원을 압박해 지시를 따르도록 하겠다는 답변은 좋지 않다. 리더십 있는 모습으로 통솔해야 하지만, 강하게 나가는 것보다 부드러운 리더의 모습을 보여주는 것 또한 중요하다.

10. 공무원에 대해 무사안일주의나 소극적 자세와 같은 부정적 인식이 있는데, 이런 인식이 있는 이유와 이를 개선할 방안을 말해 보세요.

[면접관의 의도]

조직의 발전을 도모할 의지가 있는지 알아보기 위한 질문이다.

[핵심 키워드]

직업의 안정성, 정년보장, 무사안일주의, 소극행정, 적극행정

도입

공무원은 신분과 정년이 보장되는 공무원 조직의 특수성이 있어 일반 국민들에게 무사안일주의, 철밥통, 소극적 자세 등과 같은 부정적 인식이 있는 것이 사실입니다.

직접작성

부연설명

부정적 인식을 개선하기 위해서는 성과관리 제도의 개선 및 적극행정의 활성화가 되어야 한다고 생각합니다. 또한 상벌제도를 활용함으로써 공직윤리를 강화하고 공무원에 대해 공정한 평가를 하는 것도 하나의 방법일 수 있다고 생각합니다.

직접작성

특히 공직자가 책임을 갖고 적극적으로 부여된 업무를 처리한다면 국민이 가지고 있는 공무원에 대한 부정적인 인식이 점차 개선되리라 생각합니다.

직접작성

11. 여성이라고 남성 직원이 업무에 협조하지 않는다면 어떻게 하겠습니까?

면접관의 의도

조직 내에서의 대인관계와 문제해결능력을 평가하기 위한 질문이다.

핵심 키워드

대화, 원만한 대응, 항의, 시정 요구, 공론화

도입

협조 요청을 낮은 강도에서 점점 수위를 높이는 방식으로 대응하겠습니다.

직접작성

부연설명

먼저 남자 직원과 부드러운 분위기 속에서 대화를 통해 서로 입장을 밝히고 긍정적인 방향으로 해결할 수 있도록 노력하겠습니다. 이후에도 업무 협조가 제대로 이루어지지 않는다면 공식 창구를 통해 합리적으로 시정을 요구하겠습니다.

직접작성

성별과 상관없이 업무는 협조하며 진행해야 한다고 생각합니다. 따라서 저는 사적인 감정을 배제하고, 남성 직원과도 협력하여 업무를 잘 처리하고자 노력하겠습니다.

직접작성

① 이런 말은 안 돼요

업무 협조가 이루어지지 않는다고 바로 항의하거나 공식 창구에 말하겠다고 하는 것은 좋지 않다. 우선 대화를 나누어 본 후 다시 정중하게 항의하도록 한다. 만약 높은 강도의 항의도 받아들여지지 않는다면 공식 창구를 이용하는 것이 좋다. 따라서 비협조적인 남성 직원과 직접 대화를 나눠 서로의 입장을 밝히고, 다시는 그런 일이 생기지 않도록 서로의 접점을 찾기 위해 노력하겠다는 대답이 가장 무난하다.

12. 중앙부처에서 근무하다가 지방으로 발령이 난 경우 어떻게 하겠습니까?

면접관의 의도

원하는 근무지가 아닌 곳으로 발령이 나면 어떻게 대처할 것인지를 물어봄으로써 공무원에 대한 의지와 자세를 파악하려는 질문이다.

핵심 키워드

인사발령, 변화된 환경, 필요한 인재

도입

인력수급 계획에 따라 정해진 인사발령에 대해 개인적 불만을 표시하지는 않을 것입니다.

직접작성

부연설명

사전에 합리적이고 타당한 이유로 인사발령이 났을 것이므로 제가 필요로 하는 조직에 충실할 것입니다. 변화를 두려워하면 발전은 요원하다고 생각합니다. 변화된 환경에 빨리 적응하여 필요한 인재로 인정받기 위해 노력할 것입니다.

직접작성

좀 더 다양한 사회 경험을 하는 것도 제 삶에 도움이 되리라 생각합니다.

직접작성

❗ 이런 말은 안 돼요

자신이 원하지 않은 곳에서는 근무하기 힘들다는 식의 발언은 부정적인 인상을 심어줄 수 있으니 삼간다.

➕ 면접 플러스

근무지가 바뀌더라도 좀 더 다양한 사회 경험을 할 수 있는 기회로 생각하고 최선을 다하겠다는 답변이 적절하다.

13. 본인의 업무가 끝났는데, 다른 동료들의 업무가 많다면 어떻게 하겠습니까?

공동체 의식, 팀워크, 협력에 대한 태도를 알아보기 위한 질문이다.

협동, 팀워크, 협력, 도움, 상부상조

도입

다른 동료들에게 도움을 줄 부분이 있다면 기꺼이 도와주겠습니다.

직접작성

부연설명

직렬 또는 업무 분야가 다르더라도 작은 일부터 돕는다면 서로에게 힘이 되어 줄 수 있다고 생각합니다. 서로 돕는 방식으로 상대의 부담이나 업무 과중을 덜어줌으로써 공동체의 유대감을 강화하고 업무 마무리도 앞당길 수 있습니다.

직접작성

업무가 지연될 경우 조직 전체의 직무 수행에 문제가 될 수도 있기 때문에 서로 협동하여 최대한 빠르고 완벽하게 수행하는 것이 좋다고 생각합니다. 따라서 일손이 빌 때 마땅히 동료를 도와주겠습니다.

직접작성

❗ 이런 말은 안 돼요

본인의 업무만 처리하면 된다는 식의 발언은 주의해야 한다. 협동심을 가지고 동료를 도와 업무를 처리하겠다는 공동체 의식을 보여주는 것이 중요하다.

14. 리더십이란 무엇이라고 생각하십니까?

면접관의 의도

직장생활을 하면서 리더의 역할이 주어질 수도 있고, 상관의 리더십을 경험할 수도 있다. 이때 응시자의 리더관을 알아보는 질문이다.

핵심 키워드

리더십, 논리력, 추진력, 협업

도입

평소 제가 존경하는 선배가 있는데, 그 선배는 뛰어난 논리력과 추진력을 가지고 계십니다. 그 선배를 보면 리더십이란 저렇게 뛰어난 논리력과 추진력으로 업무를 적극적으로 추진해 나가는 것이 아닐까 생각합니다.

직접작성

부연설명

그렇다고 독단적으로 자신의 주장을 밀어붙이는 것은 결코 올바른 리더십이 아니라고 생각합니다. 진정한 리더십이란 능력과 경험을 바탕으로 공동체 내의 구성원들을 아우르고 협업하여 시너지를 낼 수 있는 방향으로 이끄는 것이라 봅니다.

직접작성

따라서 많은 업무 경험과 능력 쌓기에 소홀하지 않으면서 동료들과 긍정적인 마인드로 협업한다면 결국 리더십이 발휘되고 동료들도 믿고 따라올 것입니다.

직접작성

미래는 현재 우리가
무엇을 하는가에 달려 있다.

– 마하트마 간디 –

PART

04

꼭 알고 가야 하는
국가직 공무원
전문지식과 상식

01 공무원 선서

나는 대한민국 공무원으로서 헌법과 법령을 준수하고, 국가를 수호하며, 국민에 대한 봉사자로서의 임무를 성실히 수행할 것을 엄숙히 선서합니다.

02 공무원 헌장

1. 공무원 헌장

우리는 자랑스러운 대한민국의 공무원이다.
우리는 헌법이 지향하는 가치를 실현하며 국가에 헌신하고 국민에게 봉사한다.
우리는 국민의 안녕과 행복을 추구하고 조국의 평화 통일과 지속 가능한 발전에 기여한다.
이에 굳은 각오와 다짐으로 다음을 실천한다.
하나. 공익을 우선시하며 투명하고 공정하게 맡은 바 책임을 다한다.
하나. 창의성과 전문성을 바탕으로 업무를 적극적으로 수행한다.
하나. 우리 사회의 다양성을 존중하고 국민과 함께하는 민주 행정을 구현한다.
하나. 청렴을 생활화하고 규범과 건전한 상식에 따라 행동한다.

2. 공무원 헌장 실천강령

(1) 공익을 우선시하며 투명하고 공정하게 맡은 바 책임을 다한다.

① 부당한 압력을 거부하고 사사로운 이익에 얽매이지 않는다.

② 정보를 개방하고 공유하며 업무를 투명하게 처리한다.

③ 절차를 성실하게 준수하고 공명정대하게 업무에 임한다.

(2) 창의성과 전문성을 바탕으로 업무를 적극적으로 수행한다.

① 창의적 사고와 도전 정신으로 변화와 혁신을 선도한다.

② 주인 의식을 가지고 능동적인 자세로 업무에 전념한다.

③ 끊임없는 자기 계발을 통해 능력과 자질을 높인다.

(3) 우리 사회의 다양성을 존중하고 국민과 함께 하는 민주 행정을 구현한다.

① 서로 다른 입장과 의견이 있음을 인정하고 배려한다.

② 특혜와 차별을 철폐하고 균등한 기회를 보장한다.

③ 자유로운 참여를 통해 국민과 소통하고 협력한다.

(4) 청렴을 생활화하고 규범과 건전한 상식에 따라 행동한다.

① 직무의 내외를 불문하고 금품이나 향응을 받지 않는다.

② 나눔과 봉사를 실천하고 타인의 모범이 되도록 한다.

③ 공무원으로서의 명예와 품위를 소중히 여기고 지킨다.

3. 공무원 헌장 전문 해석

(1) 우리는 자랑스러운 대한민국의 공무원이다.

우리는 반만년의 유구한 역사를 간직해 온 대한민국의 공무원이다. 우리나라는 근대화 이후 짧은 기간 동안 괄목할 만한 경제적, 문화적 성장을 이루었다. 오늘날 우리가 이루어낸 성장의 근간에는 맡은 바 소임을 다하기 위해 묵묵히 일한 공무원들이 있다. 이제 우리는 새로운 도전과 위기에 직면해 있다. 대한민국이 처한 어려운 상황을 극복하고 선진국으로서의 국제적 위상을 다져가기 위해서는 공무원의 역할이 더욱 중요해졌다. 공무원 스스로 국가의 안정과 발전, 국민의 행복을 위해 공무원 헌장이 지향하는 가치를 실현하는 데 힘써야 한다.

(2) 우리는 헌법이 지향하는 가치를 실현하며

헌법(憲法)은 국민적 합의에 의해 제정된 최고의 법규범으로서, 국가가 나아가야 할 기본원리와 국민의 기본권을 보장하는 근본 규범이다. 또한 대한민국 헌법에는 헌법가치의 수호자로서 공무원의 역할을 명시하고 있다. 따라서 공무원은 헌법에서 보장하고 있는 국민주권의 원리, 자유민주주의, 법치주의 등 국가 운영의 기본원리를 지켜나가고, 인간으로서의 존엄과 가치에 대한 국민의 기본권을 보장하기 위해 노력해야 한다.

(3) 국가에 헌신하고 국민에게 봉사한다.

공무원의 국가에 대한 헌신은 청렴한 생활을 바탕으로 역량을 키워 맡은 바 책임을 다하고 궁극적으로는 공익을 증대하는 것이다. 그리고 공무원의 국민에 대한 봉사는 섬기는 자세로 국민의 다양한 의견과 요구를 청취하면서, 이를 실현하기 위해 노력하는 것이다. 이 두 가지 개념은 시대 상황이나 환경에 따라 그 배경이 달라져 왔다. 예를 들어, 과거 산업화 시대에는 경제 발전, 국토 개발 등에 초점이 맞춰져 있었다. 급변하는 현대를 살고 다가오는 미래를 대비해야 하는 오늘날 공무원의 헌신과 봉사는 또 다른 모습이어야 한다. 미래지향적이고 생산적인 가치를 창출하여 세계와 경쟁하는 공무원, 공직의 무거움을 알고 국민을 진정으로 섬기는 공무원이 대표적인 예라고 할 수 있다.

(4) 우리는 국민의 안녕과 행복을 추구하고

안녕(安寧)은 아무 탈 없이 편안함을 의미하며, 행복(幸福)은 생활에서 충분한 만족과 기쁨을 느끼는 상태를 의미한다. 국민에 대한 보호 의무와 국민의 행복추구권은 대한민국 헌법에서도 보장된 사항으로, 공무원은 강한 국방력과 치안 확보, 선제적 재난대응, 인권의 보장, 포괄적 사회복지 실현 등을 실천하면서 국민의 안녕과 행복을 위해 노력해야 한다.

(5) 조국의 평화 통일과 지속 가능한 발전에 기여한다.

대한민국 헌법 전문에는 평화적 통일의 방향성이 명시되어 있으며, 본문에는 평화 통일을 위한 대통령의 의무에 대해 규정하고 있다. 대한민국이 추구해야 하는 통일은 단순히 분단 이전의 상태로 복귀하는 것이 아니라 자유 · 복지 · 인간존엄성이 구현되는 선진민주국가를 향한 미래지향적이고 창조적인 과정이다. 공무원은 올바른 통일의식을 가지고 각자의 자리에서 통일을 준비하는 실천 의지와 역량을 키울 수 있도록 끊임없이 노력해야 한다.

지속 가능한 발전(Sustainable Development)은 미래 세대의 필요를 충족시킬 수 있는 범위 내에서 현재 세대의 필요를 충족시키는 개발을 의미한다. 개발을 할 때 생태계의 수용 능력을 초과하지 않고, 생활 수준만이 아닌 삶의 질에도 관심을 기울여 환경과 경제를 통합적 차원에서 다루어야 한다는 개념이다. 최근 국제사회는 지속 가능한 발전의 목표를 환경, 경제뿐만 아니라 전체 사회의 균형 있는 성장으로 설정하였다. 따라서 오늘날의 지속 가능한 발전을 위해서는 환경적 · 경제적 · 사회적 차원의 노력이 다각적으로 이루어져야 한다.

4. 공무원 헌장 본문 해석

(1) 공익을 우선시하며

공익(公益)은 사회 전체의 이익을 의미하며, 공무원은 공익을 가장 중요한 가치로 고려해야 하는 점을 공무원 헌장 첫 문장에 명시하고 있는 것이다. 공직자로서 갖추어야 할 공익 추구란 특정 개인이나 집단의 이익이 아닌 공공(公共)의 이익을 위한 의사결정과 행위를 의미한다. 우리나라 헌법에서는 공무원으로서 추구해야 할 공익의 방향성을 다음과 같이 제시하고 있다.

> **「헌법」제7조**
> ① 공무원은 국민 전체에 대한 봉사자이며, 국민에 대하여 책임을 진다.

모든 공무원은 국민 전체에 대한 봉사자로서 국민 전체의 이익 실현을 위해 직무에 충실해야 한다. 또한 헌법은 국민 전체의 이익을 실현하기 위해 공무원에게 권한과 책임을 부여한다.

(2) 투명하고 공정하게

공무원이 제고해야 할 투명성은 국민의 알권리를 존중하고, 국민의 관점에서 정부의 정책 결정과 집행 과정을 공개하는 한편, 국민이 제공된 정보를 쉽게 이해하고 예측할 수 있도록 노력하는 것이다.

공정(公正)은 공평하고 올바름을 의미하며, 공무원으로서 공정하게 업무를 처리한다는 것은 균형감각을 가지고 모든 국민을 법과 규정에 따라 동일하게 대하는 것을 의미한다. 또한 공무원은 결과는 물론 그 절차의 공정성을 확보하기 위해서도 노력해야 한다. 투명성과 공정성이 서로 밀접한 관련이 있는 이유는 공무원으로서 공정하게 처리한 모든 일들이 투명하게 공개될 때 비로소 국민이 생각하는 공정한 행정과 투명한 정부가 완성되기 때문이다.

(3) 맡은 바 책임을 다한다.

책임(責任)은 맡아서 해야 할 임무나 의무를 의미한다. 공무원 헌장에 언급된 책임을 다하는 자세는 법률과 규정을 충실히 준수하는 객관적 의미뿐만 아니라 공무원으로서 스스로의 역할을 깨닫고 그 소임을 다하는 것까지 포함된다.

공무원의 업무에 대한 책임감은 국가와 국민에 대한 기본적인 책임이라고 할 수 있다. 그러므로 일선 현장에서 공무원 스스로 책임의 범위를 한정하여 '이것만이 나의 책임'이라는 생각으로 직무를 회피하는 것은 옳지 않다.

(4) 창의성과 전문성을 바탕으로

창의성(創意性)은 새로운 것을 생각해 내는 특성을 의미하며, 독창성, 가치, 실현성을 포함하는 개념이다. 즉, 독창적인 새로운 가치를 창출하면서, 실현 가능할 때 비로소 창의성이 발현되었다고 할 수 있다. 공무원의 창의성이란 어떤 문제에 대해 기존과 다른 아이디어를 생각하고, 이를 실행하기 위해 정책화하는 과정을 의미한다.

전문성(專門性)은 지식과 경험을 바탕으로 자신이 맡은 분야의 일을 잘 수행해 나가는 것을 의미한다. 공무원의 사회적인 책임을 고려했을 때, 공무원에게 요구되는 전문성은 보다 넓은 의미로 해석될 필요가 있다. 즉, 공무원은 직무수행을 위해 필요한 지식과 기술 외에도 문제해결능력, 의사소통능력, 조정·통합 능력, 자원확보능력, 업무추진력, 홍보능력 등 정책 성과를 제고할 수 있는 역량을 키우기 위해 노력해야 한다.

(5) 업무를 적극적으로 수행한다.

적극성(積極性)이란 의욕적이고 능동적으로 활동하는 성질을 뜻한다. 즉, 업무를 적극적으로 수행한다는 것은 임무에 대한 열정을 바탕으로, 주도적으로 문제를 해결하는 자세를 의미한다. 공무원의 능동적이고 성실한 업무처리 자세는 흔히 적극행정이라는 용어로 표현되기도 한다. 이러한 공무원의 적극적인 업무처리는 보다 신속하게 국민의 불편을 해소하고 불필요한 규제를 정비할 수 있다는 점에서 정부 경쟁력에 긍정적으로 작용한다.

(6) 우리 사회의 다양성을 존중하고

다양성(多樣性)은 사전적으로 모양, 빛깔, 형태, 양식 따위가 여러 가지로 많은 특성을 의미하며, 좁게는 다른 사람의 의견을 받아들이는 태도부터, 넓게는 다른 문화를 받아들이는 자세로 이해할 수 있다. 오늘날 우리 사회는 종교, 인종, 지역 등 다양한 배경을 가진 구성원이 함께 살아가고 있으며, 공무원은 이러한 환경에서 발생하는 여러 요구들에 대응해야 한다. 다양성은 정부 운영의 관점에서도 여러 배경을 가진 사람들을 위한 정책을 개발한다는 점에서 반드시 고려해야 할 사회적 가치이다.

(7) 국민과 함께하는 민주 행정을 구현한다.

민주(民主)는 주권이 국민에게 있음을 뜻하며, 국민이 모든 결정의 중심에 있는 것이라는 의미를 포함하고 있다. 즉, 민주란 국가를 이끄는 권력이 국민으로부터 나온다는 사실을 의미한다. 한편, 행정이라는 측면에서 민주주의는 문제해결 방식의 하나로서 국민의 다양한 의견을 종합적으로 수렴하고 이러한 것에 대한 문제해결이 가능하도록 제도적으로 장려하는 것이다.

행정(行政)은 정치나 사무를 행함을 의미하며, 공익 증진 및 공공문제 해결과 같은 국가 목적을 실현하기 위한 사람과 물자의 관리 또는 공공정책을 수립하고 집행하는 활동 등 국가 전체의 총체적인 움직임을 의미한다. 법률적으로는 입법 작용과 사법 작용을 제외한 국가 작용 혹은 국가 활동을 뜻한다. 앞서 언급된 민주와 행정을 하나의 개념으로 합친 것이 바로 민주 행정이라고 할 수 있다. 민주 행정은 모든 행정행위를 민주적으로 한다는 것으로, 국민 모두의 이익과 의사가 반영되는 방향으로 행정행위가 이루어져야 한다는 것을 뜻한다.

민주 행정은 정치적 의사결정을 분권화해 부패 가능성을 낮추고, 대중 참여를 제도화하여 시민 개인의 선호와 선택을 존중하며, 경쟁을 통해 공공서비스를 공급하여 사회 전체의 능률성을 극대화하는 것을 목표로 한다.

다양성, 민주 행정의 실천

공무원 헌장 실천강령에서는 다양성과 민주 행정을 실제 공직생활에서 실천하기 위한 구체적인 행동지침을 아래와 같이 세 가지로 나누어 제시하고 있다.

- 서로 다른 입장과 의견이 있음을 인정하고 배려한다.
- 특혜와 차별을 철폐하고 균등한 기회를 보장한다.
- 자유로운 참여를 통해 국민과 소통하고 협력한다.

---

(8) 청렴을 생활화하고

청렴(淸廉)은 성품과 행실이 높고 맑으며 탐욕이 없음을 의미한다. 유교 전통의 가치관에서 청렴은 단순히 돈을 받지 않는다는 것에 그치지 않고, 어떠한 흠결도 지니지 않으며 고귀한 가치를 추구하는 강직함이라는 뜻도 동시에 지닌다.

공직사회에서 청렴이라는 개념은 포괄적으로 이해할 필요가 있다. 즉 청렴은 부패하지 않아야 한다는 소극적 의미도 있지만, 모든 공무원의 행위와 결과가 떳떳하고 완벽을 추구해야 한다는 의미까지 확장된다. 영어권에서 청렴성에 해당되는 단어 'integrity' 역시 정직하고 공정하며 완벽을 추구하는 상태를 의미한다.

(9) 규범과 건전한 상식에 따라 행동한다.

규범(規範)은 인간이 사회생활을 하는 데 있어 구성원으로서 지켜야 할 행동 규칙을 의미하며, 그 강제의 정도에 따라 관습, 도덕적 관습, 법의 3가지 단계로 나누어진다. 따라서 규범에 근거한 행동을 한다는 것은 사회적 관습과 규칙에 어긋나지 않아야 한다는 의미이다. 한편, 건전한 상식은 사회적으로 널리 사용되는 개념 정도로 해석될 수 있다. 규범과 건전한 상식은 사회의 대다수 구성원에게 공유된다는 점에서 유사한 성격을 지닌다.

청렴성, 규범 준수, 건전한 상식에 따른 행동의 실천

공무원 헌장 실천강령에서는 청렴성, 규범 준수, 건전한 상식에 따른 행동을 실제 공직생활에서 실천하기 위한 구체적인 행동지침을 아래와 같이 세 가지로 나누어 제시하고 있다.
- 직무의 내외를 불문하고 금품이나 향응을 받지 않는다.
- 나눔과 봉사를 실천하고 타인의 모범이 되도록 한다.
- 공무원으로서의 명예와 품위를 소중히 여기고 지킨다.

---

5. 핵심 공직가치

구분	의미	핵심 공직 가치
국가관	국가·사회에 대한 가치 기준	애국심, 민주성, 다양성
공직관	올바른 직무 수행 자세	책임감, 투명성, 공정성
윤리관	공직자가 갖춰야 할 개인 윤리	청렴성, 도덕성, 공익성

공무원 행동강령은 「부패방지법」에 근거하여 대통령령으로 제정하여 법적 구속력을 갖춘 공무원 윤리규범이다. 「부패방지법」 제8조에 근거하여 2003년 2월 18일 대통령령 제17906 호로 공포되었고, 2003년 5월 19일부터 모든 국가기관에서 본격적으로 시행되었다.

부패방지위원회가 각 기관에 하달한 '공무원 행동강령 운영지침'을 기준으로 중앙행정기 관·지방자치단체·교육자치단체 등 각 기관은 자체 특성을 반영한 '기관별 행동강령'을 제정하였고, 각급 기관 공무원은 소속기관의 행동강령을 준수해야 한다.

1. 공무원 행동강령 주요 내용

(1) 공정한 직무수행

공정한 직무수행을 해치는 지시에 대한 처리, 특혜의 배제, 예산의 목적 외 사용 금지, 정치인 등의 부당한 요구에 대한 처리, 인사 청탁 금지 등

(2) 부당이득의 수수 금지

이권 개입 등의 금지, 직위의 사적 이용 금지, 알선·청탁 등의 금지, 직무 관련 정보를 이용한 거래 등의 제한, 사적 노무 요구 금지, 직무권한 등을 행사한 부당 행위의 금지, 금품 등의 수수 금지, 감독기관의 부당한 요구 금지 등

(3) 건전한 공직풍토의 조성

외부강의 등의 사례금 수수 제한, 경조사의 통지 제한 등

2. 이행 관리

기관장이 4급 이상 공무원인 행정기관에서는 행동강령책임관을 지정하여 소속 공무원에 대한 교육과 직무수행에 있어 강령 위반 여부가 불분명한 사항의 상담, 위반 사례의 신고, 접수, 처리 등을 맡게 하고 있다. 행동강령을 위반할 경우 위반 공무원이 소속기관의 장, 차관급 이상의 공무원일 때에는 국민권익위원회에 신고할 수 있으며, 국민권익위원회는 사실 확인 후 적극 대처한다.

그 밖의 공무원은 소속기관의 장 또는 행동강령책임관에게 신고하고 소속기관의 장은 사실 확인 후 징계 조치 등을 진행한다. 더불어 수수가 금지된 금품은 즉시 반환을 원칙으로 하

고, 금품 등이 멸실·부패·변질 등의 우려가 있거나 그 제공자를 알 수 없거나 제공자에게 반환하기 어려운 경우 소속기관의 장이 정하는 바에 따라 처리할 수 있다.

04 공무원의 의무

1. 신분상의 의무

(1) 선서의무(「국가공무원법」 제55조)

① 최초 임용되어 임명장을 수여받을 때 소속기관의 장 앞에서 선서한다. 다만, 부득이한 사유가 있는 경우에는 임명장을 수여받은 후에 선서한다.

② 취임식을 개최하는 정무직 공무원의 경우에는 취임식에서 선서한다.

- 공직에 처음 임용되었는지 여부와 관계없이 선서한다.
- 취임식을 개최하지 않은 경우 별도의 선서식을 개최하여 선서한다.

(2) 영예제한(「국가공무원법」 제62조)

외국 정부로부터 영예 또는 증여를 받을 경우에는 대통령의 허가를 얻어야 한다.

(3) 품위유지의무(「국가공무원법」 제63조)

직무 내외를 불문하고 공무원의 품위를 손상하는 행위 등을 하여서는 아니 된다.

(4) 영리업무 및 겸직 금지(「국가공무원법」 제64조)

① 영리업무 금지

- 공무원은 기본적으로 영리를 목적으로 하는 업무에 종사하지 못한다.
- 영리업무란 계속적으로 재산상의 이득을 취하는 행위를 말한다. 계속성이 없는 일시적인 행위로 계속적인 수입이 발생하는 경우는 업무가 아니므로 금지 또는 허가의 대상이 아니다. 공무원은 겸하려는 행위가 누가 보더라도 명백하게 계속성이 없는 행위라고 볼 수 있는 경우가 아니라면, 반드시 소속기관의 장에게 겸직 허가를 신청하여야 한다.
- 금지되는 영리업무(「국가공무원 복무규정」 제25조)
  - 영리적인 업무를 스스로 경영하여 영리를 추구함이 뚜렷한 업무
  - 영리를 목적으로 하는 사기업체의 이사·감사·무한책임사원·지배인·발기인 기타 임원

- 공무원 본인의 직무와 관련 있는 타인의 기업에 대한 투자
- 그 밖에 계속적으로 재산상 이득을 목적으로 하는 업무

② 겸직 금지
- 소속기관장의 사전 허가 없이 다른 직무를 겸하지 못한다. '소속기관장'은 고위공무원 이상의 경우는 임용제청권자, 3급 이하의 경우는 임용권자를 말한다.
- 겸직 허가 범위
  - 영리업무: 「국가공무원 복무규정」 제25조에서 정한 금지되는 영리업무에 해당하지 않는 영리업무
  - 비영리업무: 영리를 목적으로 하지 않는 지속성이 있는 업무

Q1. 공무원 임용 전부터 해 오던 영리 · 비영리 업무를 계속할 수 있나?

→ 공무원으로 임용된 자가 기존 영리 · 비영리 업무에 계속 종사하기를 원하는 경우 임용된 날부터 1개월 이내에 겸직허가를 신청해야 한다.

Q2. 공무원도 인터넷 개인방송 활동이 가능한가?

→ 공무원으로서 복무상 의무(직무상 비밀엄수의무, 품위유지의무, 정치운동 금지 등)를 지키는 범위 내에서 활동하여야 하고, 플랫폼에서 정한 수익창출 요건을 충족하거나 수익창출 요건 없이 바로 수익이 발생한 이후에도 계속 개인방송 활동을 하려는 경우에는 겸직허가를 받아야 한다.

Q3. 선친으로부터 건물을 상속받아 임대하는 경우, 공무원의 영리업무금지 조항에 저촉되나?

→ 공무원이 주택 · 상가를 임대하는 행위가 지속되지 않을 경우, 영리업무에 해당되지 않으나 주택 · 상가를 수시로 매매 · 임대하는 행위는 영리업무에 해당되므로 소속기관장의 겸직허가를 받아야 한다. 또한 지나치게 과도한 부동산 임대로 직무 수행에 지장을 초래하거나 법령에 저촉되는 부당 이익을 취득할 경우에는 금지된 영리행위에 해당된다.

Q4. 겸직허가 판단기준은 무엇인가?

→ 해당 공무원이 소속기관의 장이 해당 공무원이 하고자 하는 업무의 내용과 성격, 담당직무의 내용과 성격 및 영리업무 금지와 겸직허가 제도의 취지를 종합적으로 고려하여 개별적, 구체적으로 판단한다.

Q5. 공무원이 외부강의를 할 수 있나?

→ 외부강의 출강은 반드시 강의 요청 기관의 공문에 근거해야 하고 소속 부서장에게 사전 결재를 받아야 한다. 다만 겸직허가를 받은 경우는 제외한다. 대학(교)의 시간강사 · 겸임교수 등으로 위촉되어 출강하는 경우와 대가의 유무 및 월간 강의 횟수와 관계 없이 1개월을 초과하여 지속적으로 출강하는 경우에는 소속기관의 장에게 겸직허가를 받아야 한다.

(5) 정치운동 및 집단행위의 금지(「국가공무원법」 제65조, 제66조)

① 정당, 정치단체 결성에 관여하거나 가입할 수 없다.

② 선거에 있어서 특정 정당, 특정인의 지지 또는 반대행위를 하여서는 아니 된다. 「국가공무원법」 제3조 제3항의 공무원의 범위에 관한 규정」에 정한 다음의 공무원은 예외로 한다.

- 대통령, 국무총리, 국무위원, 국회의원, 처의 장, 각 부ㆍ처의 차관 및 비서실장(비서관) 등
- 교원 중 총장ㆍ부총장ㆍ교수ㆍ부교수ㆍ조교수인 교육공무원은 정당에 가입할 수 있음(「정당법」 제22조)

③ 사실상 노무에 종사하는 공무원을 제외하고는 노동운동 등 집단행위를 하여서는 아니 된다. 「복무규정」 제28조에 의하여 과학기술정보통신부 소속의 현업기관의 작업현장에서 노무에 종사하는 우정직 공무원(일반임기제 포함)은 예외로 한다(단, 서무ㆍ인사ㆍ기밀ㆍ경리ㆍ경비ㆍ감독ㆍ운전업무 종사자 제외).

2. 직무상 의무

(1) 성실의무(「국가공무원법」 제56조)

법령을 준수하며 성실히 직무를 수행하여야 한다.

(2) 복종의무(「국가공무원법」 제57조)

소속 상관의 직무상의 명령에 복종하여야 한다.

(3) 직장이탈 금지(「국가공무원법」 제58조)

소속 상관의 허가 또는 정당한 사유 없이 직장이탈을 하지 못한다.

(4) 친절ㆍ공정의무(「국가공무원법」 제59조)

국민 전체의 봉사자로서 친절하고 공정하게 직무를 수행하여야 한다.

(5) 종교중립의무(「국가공무원법」 제59조의2)

공무원은 직무를 수행할 때 종교에 따른 차별 없이 공정하게 업무를 처리하여야 하고, 소속 상관이 종교 차별 금지에 위배되는 직무상 명령을 한 경우 이에 따르지 않을 수 있다.

(6) 비밀엄수의무(「국가공무원법」 제60조)

재직 중 또는 퇴직 후에도 직무상 알게 된 비밀을 엄수하여야 한다.

(7) 청렴의무(「국가공무원법」제61조)

① 직무와 관련 직·간접적으로 사례·증여·향응을 주거나 받을 수 없다.

② 직무상의 관계여하를 불문, 소속 상관에 증여하거나 소속 공무원으로부터 증여를 받아서는 아니 된다.

(8) 공무원의 6대 의무와 4대 금지의무

① 6대 의무: 성실의무, 복종의무, 친절·공정의무, 비밀엄수의무, 청렴의무, 품위유지의무

② 4대 금지의무: 직장이탈 금지, 영리업무 및 겸직 금지, 정치운동 금지, 집단행위 금지

01 **정부부처 조직도**

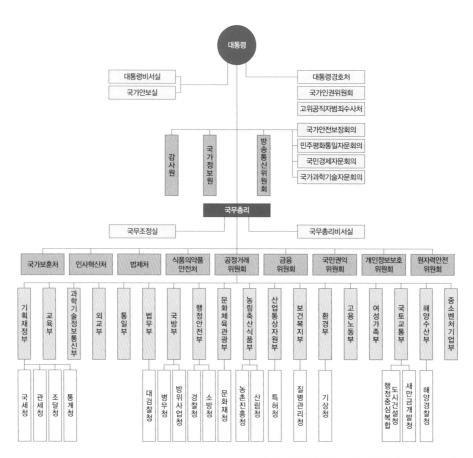

※ 출처: 대한민국 정책브리핑 홈페이지(www.korea.kr)

국가 행정기관은 중앙행정기관, 특별지방행정기관, 부속기관, 합의제행정기관 등으로 구성된다.

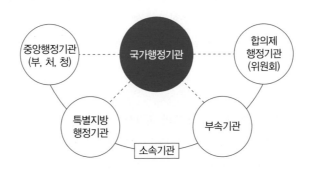

※ 출처: 사이버국가고시센터 홈페이지(www.gosi.kr)

1. 중앙행정기관(18부 4처 18청 6위원회)

「정부조직법」에 의해 설치된 부·처·청을 말하며, 국가행정 사무를 담당하기 위하여 설치된 행정기관으로서 그 관할권의 범위가 전국에 미치는 기관이다. 다만, 관할권의 범위가 전국에 미치더라도 다른 행정기관에 부속하여 이를 지원하는 기관은 제외된다. 원칙적으로 정부조직법에 의해 설치된 기관만을 의미하지만 개별 법률에 의하여 중앙행정기관을 설치할 수도 있다.

(1) 부

① 행정각부는 대통령 및 국무총리의 통할하에 고유의 국가행정사무를 수행하기 위해 기능별 또는 대상별로 설치한 기관이다.
② 행정각부의 장(장관)은 국무위원 중에서 국무총리의 제청으로 대통령이 임명하며, 각부 장관은 소관사무통할권, 소속공무원에 대한 지휘·감독권, 부령제정권, 법률안 또는 대통령령안 국무회의 제출권 등의 권한을 가진다.
③ 각부 장관은 소속청에 대하여 중요정책 수립에 관하여 그 청의 장을 직접 지휘할 수 있도록 하고 있으나 구체적인 지휘·감독 범위는 훈령 등을 통해 부처별로 구체화되어 있다.

(2) 처

① 처는 국무총리 소속으로 설치하는 중앙행정기관으로 여러 부에 관련되는 기능을 통할하는 참고 업무를 수행하는 기관이다.

② 처의 장은 소관사무 통할권과 소속공무원에 대한 지휘·감독권이 있다. 국무위원이 아니기 때문에 의안 제출권이 없으므로 국무총리에게 의안 제출을 건의할 수 있고, 국무회의 구성원은 아니지만 국무회의 출석·발언권은 있다.

③ 소관사무에 관하여 직접적인 법규명령을 제정할 수 없으므로 국무총리를 통해 총리령을 제정할 수 있다.

(3) 청

① 청은 행정각부의 소관사무 중 업무의 독자성이 높고 집행 사무를 독자적으로 관장하기 위하여 행정각부 소속으로 설치되는 중앙행정기관이다.

② 처의 장은 소관사무 통할권과 소속공무원에 대한 지휘·감독권이 있고 국무회의에 직접 의안을 제출할 수 없어 소속장관에게 의안제출을 건의하여야 하며, 국무회의 구성원은 아니지만 출석·발언권은 있다.

③ 소관사무에 관하여 직접적인 법규명령을 제청할 수 없으므로 소속장관을 통해 부령을 제청할 수 있다.

2. 특별지방행정기관

(1) 특별지방행정기관의 개요

① 특정한 중앙행정기관의 업무 중 지역 업무를 당해 관할구역 내에서 처리할 수 있도록 해당 지역에 설치한 행정기관이다.

② 특별지방행정기관은 당해 중앙행정기관의 소속 아래에 설치되며, 대통령령(각 부처 직제)으로 설치할 수 있다. 국가사무를 해당 지역에서 처리한다는 측면에서 지방자치사무를 수행하는 지방자치단체와는 구별되는 기관이다.

(2) 특별행정기관 유형

① 노동행정기관: 지방고용노동청(지청 및 출장소 포함)

② 세무행정기관: 지방 국세청(세무서 및 지서 등 포함)·세관(비즈니스센터 포함)

③ 공안행정기관: 지방해양경비안전본부, 보호관찰소, 지방교정청, 출입국관리사무소, 철도특별사법경찰대, 지방경찰청 등

④ 현업행정기관: 지방우정청(우체국 등 포함)

⑤ **기타행정기관**: 지방공정거래사무소, 보훈지청, 국립검역소, 지방국토관리청, 지방해양수산청, 지방조달청, 지방병무청, 지방중소기업청, 지방기상청 등

3. 부속기관

(1) 부속기관의 개요

(중앙)행정기관에 부속하여 그 업무를 지원하는 기관을 말하며 시험연구 · 교육훈련 · 문화 · 의료 · 제조 · 자문 등의 기능을 수행하는 기관이다.

(2) 부속기관 유형

① **시험연구기관**: 국립보건연구원, 국립과학수사연구원, 국립재난안전연구원 등

② **교육훈련기관**: 교육원, 연수원, 한국예술종합학교 등

③ **문화기관**: 국립중앙극장, 국립현대미술관, 박물관, 궁능유적본부 등

④ **의료기관**: 경찰병원, 9개 국립병원 등

⑤ **기타행정기관**: 정부청사관리본부, 국가기록원, 국립농수산물품질관리원, 중앙전파관리소, 국립호국원 등

※ 특별지방행정기관과 부속기관을 합하여 소속기관이라고 정의한다.

4. 합의제 행정기관(위원회)

행정기관에는 그 소관사무의 일부를 독립하여 수행할 필요가 있는 경우 법률이 정하는 바에 의하여 행정위원회 등 합의제 행정기관을 둘 수 있다. 합의제 행정기관은 소속에 따라 헌법상 설치기관, 대통령 · 총리소속기관, 각 부처 소속기관으로 분류된다.

5. 하부조직

(1) 하부조직의 개요

각 행정기관은 의사결정 또는 판단을 보조하거나 보좌하기 위하여 하부조직을 둔다. 하부조직은 수행기능의 성격에 따라 의사결정 등에 직접 보조하는 보조기관(실 · 국 · 과 등)과 행정기관의 기능을 원활하게 수행하도록 지원하는 보좌기관(담당관)으로 분류된다.

(2) 기본적인 하부조직 구성체계

보조기관의 경우 '실 · 국 · 과', 보좌기관의 경우 '관–담당관' 체제로 구성된다.

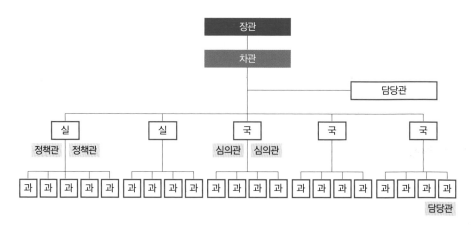

※ 출처: 사이버국가고시센터 홈페이지(www.gosi.kr)

CHAPTER

03 적극행정

적극행정과 소극행정

1. 적극행정의 정의

공무원이 불합리한 규제의 개선 등 공공의 이익을 위하여 창의성과 전문성을 바탕으로 적극적으로 업무를 처리하는 행위를 말한다.

> 「헌법」 제7조
> ① 공무원은 국민전체에 대한 봉사자이며, 국민에 대하여 책임을 진다.
>
> 「국가공무원법」 제56조(성실 의무)
> 모든 공무원은 법령을 준수하며 성실히 직무를 수행하여야 한다.

2. 적극행정 유형

(1) 행태적 측면

① 통상적으로 요구되는 정도의 노력이나 주의의무 이상을 기울여 맡은 바 임무를 최선을 다해 수행하는 행위

② 업무관행을 반복하지 않고 가능한 최선의 방법을 찾아 업무를 처리하는 행위

③ 새로운 행정수요나 행정환경 변화에 선제적으로 대응하여 새로운 정책을 발굴·추진하는 행위

④ 이해충돌이 있는 상황에서 적극적인 이해조정 등을 통해 업무를 처리하는 행위

(2) 규정의 해석·적용 측면

① 불합리한 규정과 절차, 관행을 스스로 개선하는 행위

② 신기술 발전 등 환경변화에 맞게 규정을 적극적으로 해석·적용하는 행위

③ 규정과 절차가 마련되어 있지 않지만 가능한 해결방안을 모색하여 업무를 추진하는 행위

3. 소극행정의 정의

공무원의 부작위 또는 직무태만 등으로 국민의 권익을 침해하거나 국가재정상 손실을 발생하게 하는 행위를 말한다.

> **「공무원 징계령 시행규칙」[별표1] 징계기준**
> '소극행정'이란 공무원의 부작위 또는 직무태만으로 국민의 권익침해 또는 국가 재정상의 손실이 발생하게 하는 업무행태를 말한다.

4. 소극행정 유형

(1) 적당편의: 문제해결을 위해 노력하지 않고, 적당히 형식만 갖추어 부실하게 처리하는 행위

(2) 업무해태: 합리적인 이유 없이 주어진 업무를 게을리하거나 불이행하는 행위

(3) 탁상행정: 법령이나 지침 등의 변화에도 불구하고 과거 규정에 따라 업무를 처리하거나 기존의 불합리한 업무를 그대로 답습하는 행위

(4) 관중심 행정: 직무권한을 이용하여 부당하게 업무를 처리하거나 국민 편익을 위해서가 아닌 자신의 조직이나 이익만을 중시하여 자의적으로 처리하는 행위

---

02 **적극행정 주요 제도**

1. 의사결정 지원

(1) 사전 컨설팅

인·허가 등 규제나 불명확한 법령 등으로 인해 업무를 적극적으로 추진하기 곤란한 경우, 해당 부서가 자체감사기구에 의견의 제시를 요청하고 감사기구가 이에 대해 의견을 제시한다.

(2) 적극행정위원회 의견제시

인·허가 등 규제나 불명확한 법령 등으로 인해 업무를 추진함에 있어 공무원 단독으로 적극적으로 의사결정이 어려운 경우, 공무원이 직접 업무의 처리 방향 등에 관해 적극행정위원회에 의견 제시를 요청한다.

2. 적극행정 공무원 보호

(1) 감사면책

공직자 등이 공공의 이익을 위하여 업무를 적극적으로 처리한 결과에 대해 고의 또는 중과실이 없는 이상 감사 단계에서 징계요구 또는 문책요구 등의 책임을 면제 또는 경감한다.

(2) 징계면제

공무원이 공공의 이익을 위하여 성실하고 적극적으로 업무를 처리한 결과에 대하여 고의나 중과실이 없는 이상 징계(징계의결 또는 징계 부가김 부과의결)를 면제한다.

(3) 법적 조력 지원

적극행정 공무원이 징계절차에서 면제 요건을 충족했는지 소명이 필요한 경우, 민사상 손해배상 청구를 받게 되거나 형사사건에 연루되어 고소·고발되는 경우 법적 조력을 받을 수 있도록 한다.

3. 적극행정 공무원 보상

적극행정 우수공무원을 선발하여 특별승진, 특별승급, 국외유학 교육훈련 우선 선발, 성과상여금(연봉) 최고등급 부여, 대우공무원 기간 단축, 포상 휴가 등 인사상 우대조치를 부여한다.

4. 소극행정 혁파

(1) 국민신문고 홈페이지에 '소극행정 신고센터'를 신설, 소극행정 사례를 상시 접수하고, 신고사항은 기관별 감사부서에서 즉시 조사·처리한다.

(2) 담당 공무원이 민원에 대해 충분히 설명할 수 있도록 '표준설명양식'을 마련한다.

(3) 소극행정 특별점검반을 운영하여 악성·상습사례 적발 시 엄정 조치한다.

(4) 징계사례를 전파하여 공직사회 내 소극행정에 대한 경각심을 고취한다.

03 적극행정 사례

1. 신원 미상자·실종자 등 신속 DNA 분석으로 현장 신원확인 체계 구축(경찰청)

(1) 추진배경

① DNA의 높은 개인 식별력으로 각종 사건 해결에 활용도가 증가하면서 DNA 감정 수요가 큰 폭으로 상승하였다.

② 감정기관의 한정된 인프라로 DNA 감정 회복까지 소요시간은 평균 2주일이고 현재 국과수 DNA 감정 건수 폭증으로 3주 이상 소요된다.

③ DNA 수사 지원 역량 강화를 위해 90분 내 분석 가능한 '신속 DNA 분석기'를 도입하였다.

(2) 적극행정 내용

① 365일 24시간 대응 체계 및 '현장 DNA 신원확인 체계'를 구축하여 운영 효율을 극대화하였다.

② 신속 DNA 분석을 전(全) 단계에 적용하는 표준 절차와 서식을 정립하였고 주요 사건 지원으로 다양한 효과를 확인하였다.

③ 다양한 시료 연구 분석을 135회, 실증 데이터 분석을 263회 진행하였고, 국제 학술대회 포스터 및 구연 발표 등 다양한 연구 활동으로 공신력을 확보하였다.

(3) 성과

① 신속 DNA 분석으로 24시간 이내 신원을 확인(재난, 변사, 실종 등)하였다.

② 현장활용성을 극대화하는 이동식 DNA 분석케이스를 발명하였다.

③ DNA 분석 결과 확보 26일이 소요되던 것을 24시간 소요로 단축(기존보다 25일 단축)하였다.

④ 현장 DNA 긴급대조로 국민 인권을 제고하고 신속 DNA 수사 지원으로 과학적 단서를 확보하여 현장 재구성을 지원하였다.

2. 미상환 채권을 조회하고 편리하게 환급받을 수 있는 프로그램을 개발·도입(행정 안전부)

(1) 추진배경

① 자동차 등록 또는 계약 체결, 각종 인·허가 시 지역개발채권을 의무적으로 매입해야 하지만 5년 만기가 되면 지자체 주거래 은행에 직접 방문해야 환급이 가능하였다.

② 불편한 환급방식 및 채권 보유 사실 망각 등으로 누적된 미환급금은 2021년 10월 기준 2,319억 원, 채권 소멸시효 경과로 돌려받을 수 없는 금액만 매년 수십억 원이 발생하고 있다.

(2) 적극행정 내용

① 정부법무공단 등과 소유권 변동 및 소멸시효에 관한 법적 검토 거쳐 채권 전문기관 방문을 통해 제도 개선의 가능성을 조사·분석하였다.

② 자치단체 및 금융기관 담당자와의 소통으로 제도 개선의 필요성을 설득하였고 법령 정비를 실시하였다.

③ 방문 없이 one-stop으로 상환하기 위한 금융기관 온라인 어플 상환 방식을 채택하고 개발하였다.

(3) 성과

① 만기도래 채권은 직접 방문과 온라인 상환이 가능해졌다.

② 신규매입 채권은 채권 만기 도래 시 환급금 신청계좌로 자동 입금되도록 시스템 개선하였다.

③ 자동 상환시스템을 통해 자동입금 후, 개인별로 채권환급금 안내 문자를 발송한다.

3. 전국의 대중교통을 무임으로 이용할 수 있는 교통복지카드 전국호환 시스템 구축(국가보훈처)

(1) 추진배경

① 상이 유공자 및 장애인 등 교통약자가 대중교통을 무임으로 이용할 수 있는 교통복지카드를 지급하고 있으나 이용에 불편함이 발생하고 있다.

② 교통복지카드 사용은 거주 지역에 국한되어 있고 타 시·도 이동 시 신분증을 제시해야 무임승차가 가능하였다.

③ 상이 유공자가 신분증 제시를 통해 버스를 이용하나 버스기사와의 마찰로 갈등을 빚는 사례 또한 번번히 발생하고 있다.

(2) 적극행정 내용

① 신규 사업의 경우 예산 확보가 어려운 상황에서 국민 참여 예산 제도를 적극 활용하여 68억 원의 예산을 확보(2020~2022년에 걸쳐 장기 미해결 과제 완수)한다.

② 5대 광역 시·도 및 도시철도공사 등 10개 기관을 방문하여 공감대를 이끌어냄으로써 전국 호환 추진을 극적으로 합의하였다.

(3) 성과

① 무임대상 신분 확인 없이 교통복지카드 한 장으로 전국의 대중교통 무임으로 이용할 수 있게 되었다.

② 교통복지카드 사양을 표준화하고 승차단말기 소프트웨어 개선으로 단말기에서 무임을 인식한다.

③ 상이 유공자 12만 명, 장애인 263만 명 등 총 275만 명이 정책 수혜를 받게 된다.

4. 가명정보 제도의 활용 활성화로 국민의 삶 개선을 도모(개인정보보호위원회)

(1) 추진배경

① 2020년 8월, 통계 작성, 과학적 연구, 공익적 기록 보존 등의 목적에 한해 개인정보를 안전하게 가명 처리 후 정보 주체의 동의 없이 활용 가능한 가명정보 제도를 도입하였다.

② 가명정보 제도를 통해 빅데이터와 AI를 통한 데이터 분석과 이종 산업 간 데이터 결합을 통한 새로운 부가가치 창출이 가능해졌으나, 가명정보 활용에 대한 인식과 수용이 미진한 상황이다.

(2) 적극행정 내용

① 수요 조사 및 컨설팅을 통해 국민들이 체감할 수 있는 선도 사례를 구체화하고 발굴하였다.

② 관계 부처, 데이터 보유기관, 결합 전문기관, 유관기관 간 유기적인 협의를 추진하였다.

③ 관련 법령 적극 해석, 가이드라인 제·개정을 통해 제도 적용상 애로사항을 해결하였고 「가명정보 활용 우수사례집」을 제작·배포하였다.

(3) 성과

① 기 시범사례(2021년, 7개 사례), 총 31종 2,600만 건 데이터를 결합하였다.

② 2기 선도사례(2022년, 4개 사례) 국민체감 4대 분야, 16개 기관이 참여하였다.

③ 관계 부처 합동 경진대회를 통해 우수사례·아이디어 발굴로 제도 활성화를 추진하였다.

5. 대지급금 제도 개선으로 임금체불근로자를 더 넓고 더 빠르게 보호(고용노동부)

(1) 추진배경

① 대지급금 제도는 체불된 임금을 국가가 근로자에게 먼저 지급하고, 그 금액만큼 사업주에게서 회수하는 제도이며, 매년 10만 명 이상이 활용하고 있다.

② 대지급금 제도의 좋은 취지에도 불구하고, 대지급금을 받기까지 7개월 이상 소요되는 점, 재직자는 대지급금을 신청할 수 없는 점 등이 문제로 지적되어 왔다.

(2) 적극행정 내용

① 대지급금 지급 절차 중에서 시간이 가장 오래 걸리는 '소송 제기 및 확정판결' 절차를 없애 소요 기간을 대폭 단축하였다.

② 재직자도 대지급금을 신청할 수 있도록 지급 대상을 확대하였다.

③ 대지급금 제도가 지속적으로 운영될 수 있도록 부정수급 방지 및 회수율 제고 대책을 마련하였다.

(3) 성과

① 대지급금 지급에 7개월 이상 소요되는 시간을 간소화 이후 2개월 소요로 단축하였다.

② 지급절차 간소화 이후 대지급금 지급 대상자 11.8만 명 중 7.8만 명(약 65%)이 간소화된 절차를 이용하여 대지급금을 수령하였다.

학교 폭력

2023년 2월 24일 정순신 변호사가 윤석열 정권의 제2대 국가수사본부장에 취임을 하루 앞두고 아들의 학교폭력 사건이 언론에 공개되면서 임명이 취소되는 사건이 발생했다. 정순신 변호사의 아들이 민사고에 재학할 당시, 같은 학년 친구 2명에게 1년 이상 폭언과 폭행을 저지른 가해자로 밝혀졌고 정순신 변호사의 대처에 문제가 있었음이 대대적으로 보도되면서 2월 25일 사의를 표명하고 윤석열 대통령은 임명을 취소하였다. 아들의 학교폭력 사건으로 법원 소송이 진행될 당시에 정순신 변호사는 변호사, 검사 등 오랜 법률적 경력을 동원하여 아들을 변호했음이 드러났고, 오히려 전학 조치를 내린 학교에 불만을 표시하는 등 진정성 있게 사과하는 태도를 보이지 않았다.

넷플릭스에서 최근까지 방송되었던 드라마 '더 글로리'는 고등학교 시절 학교폭력 피해자가 18년이 지난 후 가해자들에게 복수를 하는 내용으로 학교폭력의 잔인함을 여과없이 보여주었다. 이 드라마는 실제로 학교폭력에 사용된 방법과 사례를 보여주며 사회에 큰 파장을 불러일으켰고 전 세계적으로 SNS에 자신이 학교폭력 피해자였다고 밝히는 학교폭력 미투 현상을 일으키기도 했다.

코로나19 이후 대중교통 마스크 해제

2019년 11월, 코로나19가 중국 우한에서 처음 발생한 지 3년이 지난 2023년 3월 20일부터 대중교통 마스크 착용 의무가 해제되었다. 대중교통에서의 마스크 착용 의무가 없어진 것은 중앙정부 차원의 마스크 착용 의무가 생긴 2020년 10월 이후 약 2년 5개월 만이다. 2023년 1월 30일까지는 대중교통, 의료기관 등에서 마스크 착용이 의무였으나 대중교통 수단 및 벽이나 칸막이가 없는 대형시설(마트·역사) 내 개방형 약국에서는 마스크 착용 의무가 해제되었다. 그러나 의료기관 및 감염취약시설에서는 여전히 마스크를 착용을 의무화하고 있으며, 출퇴근 혼잡 시간대에 대중교통 내에서의 마스크 착용도 적극 권고하고 있다. 마스크 착용 시 예방 효과가 높아 정부에서는 필요 시 자율적으로 마스크를 착용하는 방역수칙의 생활화를 거듭 강조하고 있다. 대중교통 마스크 해제 첫날 시민들은 '습관적으로, 미세먼지 때문에 쓰고 나왔다, 벗지 않은 사람들의 눈치가 보여서 쓴다' 등의 반응을 보였으며, 마스크 없이 다닐 수 있어서 좋다는 표현을 내비치기도 했다. 면역력이 약한 고연령대 시민들 중에는 안전을 고려하여 계속해서 마스크를 쓸 것이라는 의견도 있었다.

챗GPT

챗GPT는 인공지능(AI) 챗봇으로, 세계 최대 소프트업체 마이크로소프트사가 투자한 오픈 AI(Open AI)에서 개발하였다. 2022년 11월 출시 이후 2개월여 만에 월간 활성 이용자(MAU)가 1억 명을 넘어서는 등 '열풍'을 일으키고 있다. 현재 구글의 검색 기능이 주제어를 입력하면 관련 정보가 나열돼 이용자가 선택해야 하는 것과 달리 챗GPT는 스스로 언어를 생성하고 추론하는 능력을 지녀 이용자가 필요로 하는 정보를 가장 먼저 제공한다. 인터넷에 연결돼 있지는 않지만 1천 750억 개의 매개변수를 활용해 사람들이 평소 사용하는 언어와 유사한 형태를 보여 준다. 간단한 주제어 몇 개만으로 단 몇 초 만에 글을 만들어내고 시도 지을 뿐만 아니라, 다양한 분야의 논문이나 과제를 높은 수준으로 작성할 수도 있다. 이에 따라 세계 최대 검색 엔진 업체 구글이 인공지능(AI) 챗봇 바드(Bard) 출시를 공식 선언하면서 앞서 등장한 챗GPT와 치열한 경쟁을 예고하고 있다.

챗GPT 이용이 확산하면서 국내 대학교에서도 과제, 보고서 작성에 활용하는 사례가 드러나고 있다. 이에 각 대학 측은 챗GPT를 활용한 부정행위 방지를 위해 대책 논의를 시작했으나 뚜렷한 대비책은 아직 마련하지 못하고 있다. 또한 취업준비생의 자기소개서 작성에도 적용될 경우 업무방해 혐의로 처벌할 수 있을지에 대한 논란도 일고 있다.

갭투자

갭투자는 주택 매매 가격과 전세 가격의 차액이 적을 때 그 차이(갭)만큼의 금액만으로 집을 매입하는 투자방식이다. 전세를 끼고 주택을 매입하여 일정 기간 후 집값이 상승하면 매도하여 차익을 실현한다. 다만 부동산 가격 상승기에는 이익을 얻지만 하락기에는 깡통주택으로 전락해 세입자 전세금이나 대출이자를 못 갚을 수도 있다. 갭투자는 전세 시장 가격 불안 조성 및 매매가격 상승을 일으키기 때문에 정부는 이를 막기 위해 대출 규제 및 양도세 규정 강화 등 각종 대책을 내놓고 있다.

일본 정부의 사도광산 유네스코 세계유산 등재 추진

일본은 1930년대 이후 대륙 침략을 위해 한반도를 병참 기지화하고 중일 전쟁과 태평양 전쟁을 일으켰다. 일제는 전쟁 수행을 위해 인적·물적 자원을 통제할 목적으로 1938년 국가총동원법을 제정하여 양곡 배급제와 미곡 공출을 실시하였고, 국민 징용령·학도 지원병 제도·징병 제도 등을 실시하여 젊은이들을 전쟁터로 강제징집하였으며, 여자 정신대 근무령을 공포하여 젊은 여성들을 일본군 '위안부'로 삼는 만행을 저질렀다.

이러한 역사적 사실에도 불구하고 일본 정부는 국민 징용령으로 끌려간 조선인이 강제노역을 했던 '군함도(하시마)'의 유네스코 세계유산 등재를 추진하였고, 2020년 군함도는 유네스코 세계유산으로 기록되었다. 한인 강제 노역에 대한 불충분한 설명을 보완하라는 유네스코 위원회의 권고에도 불구하고 일본 정부는 조선인 차별이 없었다는 취지의 역사 왜곡 보고서를 제출하였다. 일본은 조선인이 강제노역에 동원된 또 다른 장소인 '사도광산'의 경우, 대상 기간을 일제 강점기를 배제한 16~19세기 중반으로 한정하여 유네스코 세계유산에 등재를 신청하는 꼼수를 부려 비판받고 있다.

한국형 녹색분류체계 (K-택소노미, K-Taxonomy)

정부는 2020년 12월, 2050년을 목표로 온실가스 순배출제로(Net-zero)의 탄소중립을 향한 국가 비전을 선포하였으며, 2021년 8월 「기후위기 대응을 위한 탄소중립·녹색성장 기본법」이 국회를 통과함으로써 전 세계 14번째로 탄소중립을 법제화하였다. 한국형 녹색분류체계는 이러한 배경하에서 과연 무엇이 진정한 녹색경제 활동인가에 대한 명확한 원칙과 기준을 제시함으로써 더 많은 녹색 자금이 녹색 프로젝트나 녹색기술로 흘러 들어갈 수 있도록 지원하기 위해 개발되었다.

한국형 녹색분류체계는 '온실가스 감축, 기후변화 적응, 물, 순환경제, 오염, 생물다양성'의 6대 환경목표에 기여하는 녹색경제활동을 분류한 것으로 6대 환경목표 중 하나 이상의 환경목표 달성에 기여하고, 그 과정에서 다른 환경목표에 심각해 피해를 주지 않으며 인권, 노동, 안전, 반부패, 문화재 파괴 관련 법규를 위반하지 않아야 한다는 원칙을 가지고 있다. 이러한 한국형 녹색분류체계는 탄소중립 및 환경개선에 기여하는 경제활동을 뜻하는 '녹색부문'과 진정한 녹색경제 활동은 아니지만 탄소중립으로 전환하기 위한 과도기적으로 경제활동을 뜻하는 전환부문으로 구분된다.

이와 관련하여 정부는 2023년부터 시행되는 원전을 포함하는 녹색분류체계 개정안을 발표하며 논란이 되었다. 정부는 원자력 발전을 '친환경 경제활동'에 포함시키겠다고 발표하며, 원자력 기술 연구·개발은 녹색부문으로, 원전 건설과 계속운전은 전환부문으로 분류하였다. 이에 환경단체에서는 원전의 그린워싱(친환경으로 위장하는 행위)을 부추길 우려가 있으며, 처리 기술이 없는 방사성 폐기물을 다량 발생시키는 원전은 '심각한 환경 피해가 없을 것'이라는 한국형 녹색분류체계의 기본 원칙에도 위배된다고 비판하였다.

도어스테핑 (Doorstepping)

도어스테핑은 공개된 장소에서 이루어지는 약식 회견을 가리킨다. 본래 의미는 정치적 유세, 조사나 정보를 얻기 위해 집 앞에서 이야기하는 것으로, 따로 섭외하여 인터뷰하기 힘든 인물의 집이나 기관 앞에서 기다리다가 예정에 없는 인터뷰를 진행하는 다소 언짢은 인터뷰 요청을 포함한다. 우리나라에서는 대통령을 비롯한 정부 고위 관계자들이 업무를 위해 기관으로 들어갈 때 기자들과 약식으로 인터뷰나 질의응답을 하는 것을 말한다.

윤석열 대통령은 2022년 5월 11일 첫 도어스테핑을 시작으로 이를 정례적으로 진행해 왔으나 2022년 11월 18일 MBC 출입 기자들과의 갈등 이후 11월 21일부터 잠정 중단하였다.

반의사불벌죄

피해자가 가해자의 처벌을 원치 않을 경우 처벌할 수 없는 범죄를 말한다. '해제조건부 범죄'라고도 부른다. 피해자가 처벌 의사가 없음을 명확히 밝히면 해당 사건은 공소기각 판결이 내려진다. 다만 처벌을 원하는 피해자의 의사표시가 없어도 공소를 제기할 수 있기 때문에 고소 또는 고발이 있어야 공소제기가 가능한 '친고죄'와는 구별된다. 현재 폭행죄, 존속폭행죄, 명예훼손죄 등이 반의사불벌죄에 해당한다.

하지만 반의사불벌죄는 현재 사회적 문제로 대두하고 있는 스토킹 범죄 피해자를 보호하는 데 한계로 지적받아 왔다. 가해자가 피해자에게 합의를 요구하기 위해 찾아가거나 연락하는 등 2차 가해로 이어질 가능성이 있기 때문이다. 이에 정부는 반의사불벌죄 조항을 삭제하는 법 개정을 추진 중이다.

비질런트 스톰 (Vigilant Storm)

비질런트 스톰은 한·미 연합으로 2015년부터 실시하는 대규모 공중연합훈련으로, 2022년 '비질런트 에이스(Vigilant Ace)'에서 그 명칭을 바꾸면서 규모도 확대했다. 2022년 훈련에서는 한 국가의 전체 공군력에 필적하는 최신예 전투기·지원기 등 총 240여 대가 참가해 주요 항공작전 능력을 시험·수행했다.

북한은 2022년 11월 비질런트 스톰을 체제 전복 시도라고 비난하며 반발했으며, 북방한계선(NLL) 이남 우리 영해 근처로 단거리 탄도미사일을 발사하는 등 4차례에 걸쳐 25발 가량을 퍼부었다. 비질런트 스톰이 김정은 북한 국무위원장 등 수뇌부를 직접 겨냥하는 실전적 훈련인 점에 극도로 반발한 것으로 풀이된다.

빅스텝 (Big Step)

빅스텝은 금리를 한꺼번에 많이 올리는 경제 정책을 뜻하는 경제용어이다. 경제에 대한 영향을 최소화하기 위해 통상적으로 금리는 0.255%P씩 올리는 것이 일반적이나 인플레이션 등의 우려가 커질 때는 이보다 큰 폭으로 금리를 올린다. 대개 빅스텝이라고 할 때는 보통 0.50%P 이상 올릴 때를 말한다. 0.75%P 이상은 자이언트스텝(Giant Step)이라고 한다. 미국 연방준비제도(Fed)가 2022년 6월 이후 네 차례 연속 '자이언트스텝(기준금리 0.75%P 인상)'을 단행하면서 미국 경기 둔화 압력이 가중되었다. 이에 따라 미국 경제의 영향을 많이 받는 국내 경기 또한 둔화되고 있으며, 수출 악재 상승, 금리 인상 등 각종 경제지표에 먹구름이 끼고 있다.

석유수출국기구 (OPEC)

1960년 개최된 바그다드 회의에서 이라크·이란·사우디아라비아·쿠웨이트·베네수엘라의 5대 석유 생산·수출국 대표가 모여 결성한 협의체이다. 결성 당시에는 원유 공시 가격의 하락을 저지하고 산유국 간의 정책 협조를 목적으로 하는 가격카르텔 성격의 기구였으나, 1973년 제1차 석유 위기를 주도하여 석유 가격 상승에 성공한 후부터는 원유가격의 지속적인 상승을 도모하기 위해 생산량을 조절하는 생산카르텔로 변질됐다.

러시아·우크라이나 전쟁에 의한 에너지 공급 부족과 코로나19 사태 이후의 에너지 수요 폭증에도 불구하고 석유수출국기구의 원유 감산 결정으로 원유 가격은 당분간 오름세를 유지할 전망이다.

소비기한 (Use-by-Date)

식품이 제조 및 유통되어 소비자에게 전달된 후 소비자가 해당 식품을 먹었을 때 건강이나 안전에 이상 없을 것으로 인정되는 소비 최종시한으로, 소비자가 실제 식품을 섭취할 수 있는 기한이다. 식약처는 2021년 7월 국회에서 통과된 「식품 등의 표시·광고에 관한 법률(약칭: 식품표시광고법)」 개정안에 따라 2023년 1월부터 식품 등에 표시하는 '섭취해도 안전에 이상이 없는 기한'을 영업자 중심의 유통기한(Sell-by-Date)에서 소비자 중심의 소비기한(Use-by-Date)으로 바꿔 표기하도록 했다. 소비기한은 식품의 맛·품질 등이 급격하게 변하는 시점을 실험으로 산출한 품질안전 한계기간의 80~90%로 설정한 것이고,

유통기한은 통상 품질안전 한계기간의 60~70%로 설정된다. 유통기한이 소비기한으로 바뀌면서 표기되는 기간이 길어지는 셈이다.

특례보금자리론

'안심전환대출'과 '적격대출'을 보금자리론에 통합한 상품으로 2023년 1월 30일 출시 이후 1년간 한시 운영된다. 특례보금자리론 상품은 우대형과 일반형 등 두 가지로 나뉜다. 우대형은 주택 가격 6억 원 이하·부부합산소득 1억 원 이하인 대출자를 대상으로 한다. 일반형은 주택 가격 6억 원 초과 9억 원 이하, 부부합산소득 1억 원 초과 대출자들이 받는 상품이다. 일반형 금리는 4.25~4.55%, 우대형 금리는 4.15~4.45%이다. 만기(10·15·20·30·40·50년)가 길수록 금리가 높아지는 구조이다. 여기에 기존 보금자리론 지원 대상 기준인 소득기준(기존 7,000만 원 이하)을 없애고 주택가액도 9억 원(기존 6억 원)으로 완화해서 고소득자도 대출 신청이 가능할 수 있도록 문을 넓혔다.

MZ세대

MZ세대는 1980년대 초에서 2000년대 초 출생한 '밀레니얼 세대(Millennials)'와 1990년대 중반부터 2000년대 초반 출생한 'Z세대'를 아우르는 말이다. 디지털 환경에 익숙한 MZ세대는 모바일을 능숙하게 사용하고, 최신 트렌드와 새로운 경험을 추구하는 특징을 보인다. 또한 소비시장에서 SNS를 기반으로 강력한 영향력을 발휘하는 경제주체로 부상하고 있다.

MZ세대의 다양한 가치관과 생각은 획일적인 조직문화와 충돌하며 퇴직 및 이직의 원인이 되고 있는데, 2030 남녀 직장인들을 대상으로 조사한 결과 10명 중 3명이 입사 1년이 채 되기도 전에 퇴사한 것으로 나타났다. 이에 대해 전문가들은 "2030이 자신의 역량을 인정해 주는 곳을 찾아가는 측면에서 (이직은) 긍정적"이라며 "고여 있으면 변화가 없는데, 자신이 발전하면 조직과 사회에도 가치를 제공할 수 있다."라고 말했다. 또한 퇴사를 개인 문제로 치부하는 대신 조직 문제를 짚을 성찰적 자세로 임해야 한다는 조언도 덧붙였다. "젊은이들은 자신의 능력을 인정해 주는 곳으로 옮긴다."라며 "이들이 왜 옮겨가는지를 고민하고, 급여와 복지수준 등을 조정할 필요가 있다."라는 것이다.

여성가족부 폐지

2001년 노동부의 여성 주거, 복지부의 가정폭력·성폭력 피해자 보호, 성매매 방지업무 등을 대통령 직속 여성특별위원회가 넘겨받아 '여성부'라는 이름의 독립부처를 신설했고,

2004년에는 복지부로부터 영·유아 보육업무를 이관받았다. 2005년에는 가족정책 기능까지 받아 '여성가족부'로 확대·개편됐는데, 이명박 정부 들어서는 가족 및 보육정책 기능을 복지부로 떼어 주면서 2008년 여성부로 축소됐다가 2010년 청소년, 가족 기능을 다시 넘겨받아 여성가족부라는 이름으로 재편됐다.

윤석열 정부는 대통령 선거 공약 사항에 따라 여성가족부를 폐지하고 청소년·가족, 양성평등, 권익증진 기능은 복지부로 이관할 계획이다. 이에 따라 보건복지부에 인구·가족·아동·청소년·노인 등 종합적 생애주기 정책과 양성평등, 권익증진 기능을 총괄하는 '인구가족양성평등본부'를 신설한다. '여성가족부'라는 명칭에서 '여성'이 '양성평등'으로 바뀌었고 '인구'가 추가되었다. 그러나 현재 여성가족부 폐지안은 국회에 계류된 상태이다. 2023년 2월 28일 「정부조직법」 개정안이 국회 본회의를 통과하였으나 여성가족부 폐지안은 포함되지 않았다.

워케이션 (Workation)

워케이션은 'Work(일)'와 'Vacation(휴가)'의 합성어로 산과 해변 등 국내외 휴가지에 머물면서 일과시간에는 업무를 하고 퇴근 후와 주말에 휴식을 즐기는 식으로 장기체류와 관광을 혼합한 형태의 근무방식이다. 2015년 미국과 유럽에서 처음 시작되었으며, 화상회의와 협업 툴 등 기술의 발달로 원격근무 기반이 조성되면서 근로자에게 일할 장소를 자유롭게 선택하도록 한 기업이 점점 늘어났다. 특히 코로나19 사태 장기화로 재택근무가 익숙해지며 급속도로 확산되고 있다. 국내에도 일부 IT 기업들이 워케이션을 도입하여 운영 중이며, 스타트업 기업들을 중심으로 점점 확장 추세에 있다.

임금피크제 (성과연급제)

임금피크제는 노동자가 일정한 연령에 도달한 뒤 고용보장이나 정년연장을 조건으로 임금을 감축하는 제도이다. 고령화 추세 속에서 기존 연공급 임금체계로는 임금이 노동생산성을 따라잡지 못할 것이므로 기업의 부담 경감과 고용 안정을 위해 정년 보장과 임금 삭감을 맞교환하자는 취지로 2000년대 들어 도입이 시작됐다. 처음에는 공공기관을 중심으로 일부 사업장에서만 적용되다가 2013년 고용상 「연령차별 금지 및 고령자 고용 촉진에 관한 법률(약칭: 고령자고용법)」 개정으로 노동자의 정년이 60세 이상으로 늘면서 산업계 전반에 확산됐다. 2022년 합리적인 이유 없이 연령만을 이유로 직원의 임금을 삭감하는 임금피크제는 「고령자 고용법」을 위반한 것이므로 무효라는 대법원의 판결로 임금피크제를 통해 인건비를 절감해온 기업들에 비상이 걸렸다. 향후 유사한 소송이 줄을 이을 가능성이 크기 때문이다. 아울러 대법원이 임금피크제를 적용할 수 있는 합리적 기준을 처음으로 제시함에 따라 노사 간의 재논의 및 협상이 불가피해 보이며, 그 과정에서 갈등이 빚어질 것으로 예상된다.

전력도매가격 (SMP)

전력도매가격은 계통한계가격(SMP; System Marginal Price)이라고도 한다. 전기 1kWh를 생산하는 데 소요되는 비용이자 한국전력공사가 발전소에 전기 구매를 위해 지불하는 금액으로 전력계통에서 가장 비싼 발전소를 기준으로 가격이 정해진다. 모든 발전기는 발전에 대한 비용으로 이 가격을 적용받으며, 가격은 보통 국제 유가의 등락에 따라 움직인다.

글로벌 에너지 가격 폭등으로 2022년 한국전력공사가 연간 역대 최대 적자를 이미 경신했지만, 한국전력공사에 전기를 만들어 파는 대기업 계열 발전기업들은 사상 최대 흑자를 기록하면서 전기 요금 인상 압력이 계속 높아짐에 따라 정부는 한국전력공사의 적자 폭을 줄이려는 목적으로 SMP의 도매가격에 상한을 두는 SMP의 상한제를 2023년부터 시행하고 있다.

중위연령

특정 시점에서 전체 인구를 연령순으로 나열하여 단순히 균등하게 이등분한 나이를 말한다. 즉, 연령순으로 줄을 세웠을 때 한가운데에 있는 사람의 나이가 중위연령이 된다. 인구의 고령화를 가늠하는 지표 중 하나로 활용된다. 일반적으로 중위연령이 약 25세 이하인 경우 '어린 인구(Young Population)', 약 30세 이상이면 '나이 든 인구(Aging Population)'라고 한다.

통계청의 인구총조사를 기초로 한 '2020~2050년 장래인구추계 시도편'에 따르면 현재의 저출산 상황이 크게 나아지지 않은 채 '최악의 시나리오'로 갈 경우 30년 뒤 서울 인구는 지금보다 4분의 1가량 줄어들며, 2040년에는 세종을 제외한 전국 모든 시도의 인구가 감소하고, 2050년에는 중위연령이 57.9세에 이를 정도로 고령화가 심화되는 것으로 나타났다.

탄소중립 (Carbon Neutrality)

대기 중 이산화탄소 농도를 낮추기 위해 탄소배출량을 줄이고 대기 중으로 배출되는 탄소를 제거·흡수해 순 배출량을 '0'으로 만든다는 개념이다. 지구온난화의 주범으로 꼽히는 온실가스는 대기 구성요소 중 1% 미만에 불과하지만, 산업화 이후 계속 늘어나면서 120년간 지구 평균온도가 약 1.2℃ 상승했다.

국제연합(UN) 산하 IPCC(기후변화에 관한 정부간 협의체)가 작성한 '지구온난화 1.5℃ 특별보고서'에 따르면 이러한 추세라면 2100년에는 지구 온도가 약 3℃ 상승하며, 2℃ 이상 상승할 시 폭염, 홍수, 해수면 상승 등 기후 재앙이 도래한다고 경고한다. 이에 따라 세계적으로 이산화탄소 배출량을 줄이고 탄소중립 상태에 도달하기 위한 많은 논의가 이루어지고 있다.

러시아-우크라이나 전쟁

러시아가 2022년 2월 24일 우크라이나 수도 키이우를 미사일로 공습하고 지상군을 투입하는 등 전면 침공을 감행하면서 시작된 전쟁이다. 러시아의 우크라이나 침공은 블라디미르 푸틴 러시아 대통령이 우크라이나 내에서 특별 군사작전을 수행할 것이라는 긴급 연설과 함께 단행되었다. 푸틴은 연설을 통해 러시아는 우크라이나의 비무장화를 추구할 것이며 외국이 간섭할 경우 즉각 보복할 것이라고 경고했다. 특히 북대서양조약기구(NATO)의 확장과 우크라이나 영토 활용은 용납할 수 없다고 밝혔다. 이로써 2021년 10월 러시아가 우크라이나 국경에 대규모 병력을 집중시키면서 고조됐던 양국의 위기는 결국 전면전으로 이어지게 되었다.

「스토킹 처벌법」

「스토킹 범죄의 처벌 등에 관한 법률(약칭: 스토킹 처벌법)」은 스토킹 범죄의 처벌 및 그 절차에 관한 특례와 스토킹 범죄 피해자에 대한 보호절차를 규정한 법률로, 2021년 3월 24일 국회를 통과해 2021년 10월 21일부터 시행되었다. 「스토킹 처벌법」은 1999년 처음 발의되었으나 지속적으로 국회 문턱을 넘지 못했고, 이에 스토킹은 경범죄 처벌법인 '지속적 괴롭힘'으로 분류되어 '10만 원 이하 벌금이나 구류 또는 과료'에 그쳐 왔다. 그러다 2021년 3월 「스토킹 범죄 처벌법」이 첫 발의 22년 만에 통과되고 6개월 뒤인 10월 21일부터 시행에 돌입하면서, 스토킹 범죄를 저지른 사람은 3년 이하의 징역 또는 3천만 원 이하의 벌금이 부과되며, 흉기 또는 그 밖의 위험한 물건을 휴대하거나 이용하여 스토킹 범죄를 저지른 사람은 5년 이하의 징역 또는 5천만 원 이하의 벌금에 처해진다.

원스트라이크 아웃 제도

공공 부문 채용 비리 · 금품 수수 · 부정 청탁을 근절하기 위해 특정 공무원의 비리가 한 번이라도 적발될 경우 직위를 바로 해제하거나 퇴출시키는 제도로 이는 개인정보 분야에도 적용되어 2023년 1월 1일부터 개인정보를 고의로 유출한 공무원은 적발될 시 파면 또는 해임된다.

공무원이 무단으로 열람, 유출된 개인정보가 범죄에 악용되어 큰 사회적 물의를 빚은 사건이 다수 발생하면서 공직사회의 경각심을 제고하고자 강력한 징계 처리 지침인 '원스트라이크 아웃 제도'를 도입하였다.

전국장애인차별철폐연대(이하 전장연)의 지하철 시위

2021년 12월 3일 시작된 전장연의 출근길 지하철 승하차 시위는 현재까지 총 47차례 진행되었다. 이로 인해 서울시 대중교통, 지하철의 운행은 84번 지연되었다. 전장연의 요구사항은 장애인권리예산을 늘려달라는 것으로, 장애인권리예산이란 이동권, 교육권, 노동권, 탈시설 및 자립생활권 등 장애인이 사람답게 살아갈 권리를 보장하는 데 필요한 예산을 묶어 통칭하는 것이다. 2022년 12월 24일 국회가 최종 의결한 올해 장애인권리예산은 전년 1조 9,493억 원보다 3,043억 원 늘었지만, 전장연은 이를 최저 임금 인상에 따른 자연 증가분에 지나지 않는다고 보고 있다.

전장연은 2023년 3월 23일 오후 12시까지 지하철 탑승 시위를 중단하고, 다시 한 번 기획재정부와 서울시에 4대 요구안 반영을 요청하고 나섰다. 4대 요구안은 지하철 리프트 추락 참사, 엘리베이터 100% 설치 약속 미이행 사과, 3월 23일까지 기획재정부에 장애인권리예산 반영, 탈시설 가이드라인 권고에 대한 유엔장애인권리위원회 위원과 초청 간담회 이행, 2024년 서울시 장애인권리예산 답변 등이다.

02 최신 이슈 찬반 토론

범죄 예방 vs. 엄벌 만능 – 촉법소년 연령 하향 논란

2022년 10월 26일 법무부는 '소년범죄 종합대책' 브리핑을 열고 촉법소년 기준을 현행 만 14세 미만에서 만 13세 미만으로 낮추는 내용의 「소년법」·「형법」 개정안을 추진하겠다고 밝혔다. 촉법소년(觸法少年)이란 '법이 닿기엔 어린 나이'라는 의미로 법대로 처벌하기엔 아직 어려서 다른 방법으로 훈육·교화하는 대상을 가리킨다. 현재 우리나라 「소년법」에서는 '형벌 법령에 저촉되는 행위를 한 만 10세 이상 14세 미만 청소년'으로 규정하고 이들의 사건을 '소년형사사건'과 '소년보호사건'으로 나누어 특별취급해 왔다. 처벌 또한 형사처벌이 아닌 사회봉사나 소년원 송치 등의 보호처분 등으로 대신했다. 그러나 이번에 추진되는 법 개정이 이뤄지면 만 13세는 촉법소년에서 제외된다. 촉법소년 연령을 낮춰 형사처벌 대상을 더 많은 청소년으로 확대하겠다는 의미이다.

법무부는 촉법소년 연령 하향 추진에 대해 소년범죄로부터 국민을 보호할 필요가 있다면서 촉법소년에 의한 범죄가 지난 2017년 7,897건에서 2021년 1만 2,502건으로 대폭 증가했으며, 특히 소년강력범죄 중 성범죄 비율은 2020년 86.2%로 나타났다고 설명했다. 또한 소년의 신체적 성숙도와 사회환경 변화를 고려했을 때 형사미성년자 하향이 필요하며 전체 보호처분을 받은 촉법소년 중 13세가 차지하는 비중이 약 70%라는 점도 추진 근거로 밝혔다.

「소년법」은 반사회성이 있는 소년에 대해 '그 환경의 조정과 성행의 교정에 관한 보호처분을 행하고, 형사처분에 관한 특별조치를 행함으로써 소년의 건전한 육성을 기함'을 목적으로 하여 제정된 법률이다. 1958년 7월 24일 제정됐으며, 심신의 발육이 미숙한 소년이 반사회성이 있는 경우에는 그에 대한 보호를 하고, 설사 그가 형사처분의 대상이 된다고 하더라도 성인과 같은 조처를 하는 것은 바람직하지 않다는 데 취지를 두고 있다. 대상은 19세 미만의 소년으로서 가정법원 소년부 또는 지방법원 소년부에서 보호사건을 관할하게 하되, 14~19세 미만은 범죄소년, 10~14세 미만은 촉법소년, 10세 미만은 범법소년으로 나눈다. 한편 청소년을 대상으로 한 설문조사에서 소년범죄의 심각성을 묻는 질문에 '매우 심각하다(57%)'라고 응답하면서 '청소년들이 「소년법」을 악용(67%)하고 있는 만큼 「소년법」 개정에 찬성(99%)한다.'라고 답했다.

※ 참고: 법원행정처는 13세의 소년이 형사책임의 능력을 갖췄다고 보기 어렵다며 보호처분을 통해 교육과 치료가 이루어져야 한다고 국회에 의견을 제시하였다.

촉법소년 연령 하향에 대한 찬반 의견

[찬성] 흉악범죄 처벌 가능성 열어

법무부 발표에 따르면 촉법소년 범죄는 2017년 7,897건에서 2022년 1만 6,836건으로 2배 가까이 늘었다. 2021년 소년 보호관찰대상 재범률은 12%를 기록해 성인 재범률(4.5%)에 비해 약 3배 가까이 높은 것으로 나타났다. 이처럼 청소년들의 범죄는 늘어났고, 질은 더 나빠졌다. 요즘 청소년들은 부모도, 선생님도, 경찰도 무서워하지 않는다. 이런 때에 법까지 우습게 보는 분위기가 돼버리면 나중에 성인이 돼서도 법을 가볍게 여기는 분위기가 이어질 수 있다. 또한 형사 미성년자들이 범죄를 저지를 때 촉법소년 제도를 악용하는 경우도 많아지고 있다. 중학생들끼리 범죄를 저지른 뒤 만 13세가 처벌받지 않는다는 것을 알고 나이가 어린 동급생에게 잘못을 떠넘기는 것이다.

현행법의 촉법소년 규정은 60여 년 전인 1958년에 지정됐다. 현재의 청소년 성장 과정의 변화를 반영하지 못하고 있는 것이다. 외국의 경우만 해도 영국·호주 10세, 캐나다 12세, 미국 7~14세, 프랑스 13세로 촉법소년에 대해 처벌을 강화하는 입법례들이 많이 나오고 있다. 「소년법」의 관용이 가해자에게는 행운일 수 있지만, 피해자에게는 더없는 고통이다. 법을 악용해 빠져나가도록 방치하는 일은 없어야 한다.

> **좋아요 청소년 성장 반영 못 해**
> - 소년범죄가 점차 흉포화되고 저연령화되고 있다.
> - 촉법소년 전체를 전과자로 만드는 게 아니라 흉악범죄를 저지른 청소년들에 대한 처벌 가능성을 열어 두는 것이다.
> - 촉법소년 연령이 하향돼도 형사처분을 받는 청소년들은 1년에 10명도 안 될 것이다.

[반대] 지나친 엄벌주의 경계해야

「형법」만 있다면 법을 위반한 만 14세 미만의 청소년은 범죄에 대한 대가를 치르지 않는다. 하지만 우리나라에는 「소년법」이 존재한다. 1988년 「소년법」이 전면 개정되면서 보호관찰제도, 사회봉사명령, 수강명령이 먼저 도입됐고, 「형법」에는 1994년 성폭력사범에 대한 보호관찰제도가 도입되는 등 「소년법」상 처분이 「형법」의 처벌보다 앞서 만들어지기도 했다. 이에 법령에 따라 보호처분(1~10호)을 받는데, 6~10호는 '시설내 처우'로서 소년보호시설과 소년원 등의 시설에서 소년범들을 일정 기간 수용한다. 즉, 자유를 박탈하는 것으로 촉법소년도 충분한 처벌을 받고 있다는 의미이다. 성인과 달리 사회화 과정을 다 마치지 않은 소년에게 성인과 같은 처벌을 내리는 건 불합리하다. 사회화 과정에 있는 청소년들에게 처벌을 한다고 해서 사회화가 되는 것도 아니다.

소년범죄는 가정환경과 교육여건 등 복잡한 요소에 대한 고려가 필요한 만큼 보건복지부와 교육부 등이 함께 나서 원인을 정확히 분석해야 한다. 그런 의미에서 국가 형벌권 행사에 관여하는 법무부가 이 문제의 추진 주체가 되는 것은 적절하지 않다. 무엇보다 벌을 줘서 아이들을 겁주는 식의 엄벌주의 기조 자체에 문제가 있다.

> **싫어요 근거 없는 감정적 대응**
> - 처벌을 강화한다고 해서 강력범죄가 반드시 감소하는 건 아니다.
> - 발달 과정에 있기 때문에 자신의 행동이 미치는 영향을 이해하지 못할 가능성이 크다.
> - 처벌이 아닌 교육적 차원에서의 접근을 더 강화할 필요가 있다.

상생 vs. 민폐 - 길고양이 급식소 논란

2022년 7월 2일 서울시 용산구 효창공원의 한 나무에 길고양이 때문에 생긴 주민갈등을 그대로 드러내는 안내문이 붙었다. '공원 내 허가되지 않은 시설로 인해 민원발생이 있어

이전 협의하고자 하오니 본 안내문을 보시면 공원관리소로 연락해 주시기 바랍니다.'라고 쓰인 안내문에서 허가되지 않는 시설물로 민원발생의 원인이 된 것은 길고양이들에게 먹이를 주겠다며 갖다 놓은 밥그릇과 사료였다.

용산구청 공원녹지과는 2022년 들어서만 효창공원 길고양이에 관한 민원을 20건 이상 접수했다. 최근 온라인 커뮤니티와 블로그 이용자들이 구청에 국가지정문화재가 이렇게 훼손되고 방치되는 것을 더는 지켜볼 수 없다면서 '길고양이 밥그릇을 치워 달라.'라고 민원을 넣고 이것을 인증한 것이 시작이었다. 백범 김구 선생 등 애국지사의 유해가 있는 효창공원이 사적 제330호로 지정됐다는 점을 들어 보다 엄격하게 관리돼야 한다는 주장이었다. 일부 네티즌은 고양이를 가리키는 혐오 표현까지 포함한 게시글을 올리며 길고양이에 대한 불쾌감을 숨기지 않았다. 반면 길고양이들에게 자발적으로 먹이를 주는 이른바 캣맘들은 더 적극적으로 밥그릇을 설치하는 동시에 구청에 역으로 '길고양이 생존을 보장해 달라.'라는 민원을 제기했다. 또한 공원에 설치된 길고양이 급식시설을 치운 사람을 재물손괴죄로 형사고소를 하기도 했다.

양측의 주장이 부딪치는 중에 용산구청은 난감한 상황이다. 2021년 10월경 처음으로 캣맘들이 공원에 설치한 고양이 집과 밥그릇을 치운 이후 고양이 집은 다시 생기고 있지 않지만, 매달 10~15개 정도의 밥그릇이 회수되고 있는 상황이다. 다만 한 관리사무소 관계자는 일부 민원과는 달리 "동상 등을 훼손하는 동물이 있다면 비둘기지, 고양이나 캣맘 때문에 시설이 훼손된 적은 없었다."라고 언급했다.

한편 서울시는 2021년 3월 「도시공원 및 녹지 등에 관한 법률」 제15조 제1항 제2호의 규정에 따른 생활공원 중 소공원 및 근린공원에 급식소를 설치할 수 있다는 규정을 마련했다. 이에 따라 현재 시장 또는 구청장은 길고양이의 효과적인 개체 수 조절과 쾌적한 도시 환경을 위해 소공원 및 근린공원에 길고양이 급식소를 설치할 수 있다. 근린공원에 해당하는 효창공원은 급식소 설치가 가능하다.

길고양이 급식소에 대한 찬반 의견

[찬성] 개체 관리 · 건강 관리 · 환경 관리

개별적으로 고양이들에게 밥을 주는 것도 길고양이 생존에는 도움이 되는 일이다. 하지만 뒷정리가 제대로 안 되거나 차량이나 발길에 차여 주변을 지저분하게 만들기도 하고, 관리되지 않는 밥그릇으로 인한 청결 문제가 오히려 길고양이의 건강을 해치기도 한다. 반면 공식적으로 정한 급식소를 통해 안정적으로 먹이를 제공하게 되면 길고양이들이 영양실조 등으로 병에 걸리거나 죽는 일을 막을 수 있고, 지속적인 건강 관리도 가능해진다. 그뿐 아니라 굶주린 고양이가 쓰레기봉투를 뜯는 것을 방지해 도시 환경과 미관을 쾌적하게 유지하는 데에도 도움을 준다.

개체 수를 조절하기 위해서나 발정기 때 듣기 괴로운 고양이 울음 소리를 듣지 않기 위해서는 중성화 수술을 받게 해야 하고 그러려면 일단 포획을 해야 하는데, 안정적으로 먹이를 제공받는 고양이들의 경우 사람에 대한 경계심이 적어 포획이 쉽다. 무엇보다 우리가 사는 지구는 사람의 소유가 아니다. 최근 많은 지자체가 주민의 이해를 구한 뒤 중성화 수술을 지원하고, 아울러 공원에 급식소를 마련하고 있는 것 역시 인간과 동물의 책임 있는 공존을 위한 노력의 일환이다.

> **좋아요** 인간과 동물의 책임 있는 공존
> • 고양이의 건강 관리는 물론이고 포획이 용이해 개체 수 조절이 쉽다.
> • 배부른 고양이는 쓰레기통을 뒤지지 않는다.
> • 지구는 사람의 전유물이 아니다. 사람과 동물이 공존할 수 있어야 한다.

[반대] 팬데믹 시대에 또 다른 위협

우리나라는 전통적으로 고양이를 불길한 동물로 인식해왔다. 이런 인식은 하루아침에 변할 수 없다. 그런 만큼 급식소 주변으로 많은 고양이들이 자유롭게 오가게 되면 적잖은 사람들이 생활에 불편을 느끼게 된다. 또한 코로나19는 박쥐, 에볼라는 원숭이, 메르스는 낙타 등 지구촌을 위협하는 전염병들은 모두 야생동물이 그 기원으로 알려져 있다. 게다가 이들 전염병 모두 사람과 동물에 모두 감염되는 '인수공통감염병'이다. 관리되지 않는 동물은 그만큼 보건위생에 치명적일 수밖에 없다는 의미다. 이 외에도 급식소 주변으로 많은 고양이들이 몰리면서 분비물도 늘어나 주변 환경을 해치게 된다.

급식소 관리와 중성화 지원에 대한 계획이 없는 상황에서 급식소만 설치해서는 길고양이 문제가 해결되지 않는다. 미국, 유럽, 일본, 호주 등 해외에서는 이미 길고양이를 생태교란종으로 지정하고 지속적으로 살처분하고 있다. 이뿐만 아니라 길고양이에게 먹이 주는 것을 법으로 금지하는 나라도 있다. 서울 남산의 경우에도 길고양이들이 다람쥐나 청설모를 닥치는 대로 잡아먹어 생태계 파괴가 심각한 상황에 이르자 한때 집중적으로 포획·살처분하기도 했다.

> **싫어요** 먹이만으로는 해결 안 돼
> • 고양이를 모두가 좋아하는 것은 아니다.
> • 급식소 주변으로 고양이가 몰려 사람들의 건강·환경에 위해를 가할 수 있다.
> • 고양이는 이미 생태교란종이다. 개체 수는 조절이 아니라 억제해야 한다.

다회용은 친환경! vs. 다회용이 친환경? - 리유저블 컵 논란

플라스틱 컵 사용이 급증하면서 리유저블 컵에 대한 논란이 거세다. 최근 환경 문제에 대한 고민과 관심이 커지면서 기업, 브랜드 등에서도 에코마케팅에 신경 쓰고 있는데, 그중 하나로 커피 프랜차이즈에서 MD상품으로 만든 것이 리유저블 컵이다. 리유저블(Reusable)은 're+usable'의 영어 합성어로 '다시 사용할 수 있는'이라는 뜻을 가지고 있다. 한 번 쓰고 버리는 일회용이 아니라 반복해서 사용할 수 있는 다회용 컵을 말한다. 다만 무한정으로 사용할 수 있는 텀블러나 도자기 컵과 달리 내구성이 약해 사용횟수에 제한이 있다.

리유저블 컵은 대형 커피 프랜차이즈 업체인 스타벅스코리아를 인수한 신세계가 2021년 여름 글로벌 스타벅스 50주년과 세계 커피의 날을 기념해 일회용 컵 사용 절감을 장려한다는 취지로 '친환경'이라는 이름을 걸고 하루 동안 음료를 주문하면 무료로 리유저블 컵에 담아 주는 한정 행사를 하면서 대중적으로 알려졌다. 스타벅스 한정판 굿즈는 중고 거래 플랫폼에서 높은 가격에 거래돼 개인 소장용으로뿐 아니라 재테크용으로도 인기가 많은 탓에 해당 행사 역시 개점과 동시에 인파가 붐비는 '오픈런' 현상이 연출됐다. 오전에 이어 오후 시간대에도 일부 매장에 인파가 몰리며 1~2시간 대기해야 하는 '리유저블 컵 대란'으로 이어졌다.

그러나 친환경 소재가 아닌 일반 플라스틱 컵과 동일한 폴리프로필렌을 사용하고 필요가 아닌 소장을 위한 구매가 대부분이었다는 것이 알려지면서 취지와는 달리 '환경 파괴'라는 뭇매를 맞았다. 한편 스타벅스 미국 본사는 2030년까지 폐기물 50% 감축이라는 목표를 가지고 2022년 4월부터 시애틀 본사 매장에서 100% 재사용 컵 프로그램을 시작했다. 매장에서 보증금 1달러를 내고, 리유저블 컵에 음료를 주문한 후 빈 컵을 매장 내에 있는 반환 키오스크에 스캔해서 반납하는 시스템이다. 이때 고객은 보증금 1달러를 스타벅스 계정에 리워드 형태로 돌려받고, 반납된 컵은 전문업체가 세척하고 소독해서 48시간 내로 매장으로 돌아온다. 국내에서는 2025년까지 매장 내 일회용 컵 사용을 전면 중단하겠다는 계획 아래 미국 본사와 비슷한 방식이 시범운영되고 있으나 직접 세척 등의 불편함으로 사용은 미미한 실정이다.

리유저블 컵에 대한 찬반 의견

[찬성] 일회용 컵 사용 절감효과

국제적 환경보호단체 그린피스(GREENPEACE)의 보고서에 따르면 2019년 한 해 동안 우리나라에서 사용된 플라스틱 컵의 수가 33억 개에 달한다. 이는 일렬로 눕혀서 늘어 놓으면 지구와 달 사이 거리인 약 38만 4,400km를 채울 수 있는 수다. 그중에서 커피나 음료

전문점에서 우리가 한 해 소비하는 일회용 컵은 약 28억 개로 추정된다. 여기에 안쪽은 물이 스며들지 않도록 폴리에틸렌(PE)으로 코팅한 일회용 종이컵도 한 해 동안 230억 개 정도를 사용한다. 그런 의미에서 이런 일회용 컵을 하나라도 적게 사용하는 것은 큰 의미가 있다. 탄소배출량에 있어서도 일반 플라스틱 컵에 비해 다회용인 리유저블 컵이 현저히 낮고, 쓰레기 처리에 들어가는 비용 또한 낮출 수 있다.

최근에는 우리 사회에도 '친환경'이 주요한 화두로 자리 잡았고, 개인 용기나 컵을 가지고 매장에 방문하는 소비자도 늘었다. 리유저블 컵은 이런 소비자들의 심리에 부응한다. 또한 일회용에 비해 두껍고 단단하게 제작되는 만큼 내구성이 좋아 사용에 있어서도 비교적 안정적이다. 아직은 개인 용기나 컵 사용이 불편한 소비자들에게 리유저블 컵은 최종적으로 개인 용기 및 컵으로 가는 중간단계로서의 역할을 할 수 있다.

좋아요 소비자 인식개선을 위한 출발

- 1년에 수십 억 개씩 사용하는 일회용 컵을 대체할 수 있다.
- 소비자들은 이미 친환경에 손을 들어 주고 있다.
- 리유저블 컵은 최종적으로 친환경 용기로 가기 위한 중간단계로서 편리성까지 갖췄다.

[반대] 되레 환경오염만 야기

여러 번 사용하는 텀블러는 실리콘 고무와 스테인리스 등으로 제작되며, 일회용 포장재나 배달 용기로 사용되는 폴리프로필렌이라는 플라스틱 등으로 제작되는데, 리유저블 컵의 주요 소재도 바로 이 폴리프로필렌이다. 따라서 제작과 폐기 과정에서 온실가스를 배출할 뿐만 아니라 일회용에 비해 두껍고 단단하게 제작되는 만큼 그에 비례해 온실가스 배출량도 일회용 컵보다 약 3.5배나 많다. 실질적으로 여러 번 사용하지 않는다면 오히려 환경오염에 일조하는 셈이다. 결국 일회용 컵에 사용되는 플라스틱을 줄이기 위해 또 다른 플라스틱 쓰레기를 만들어 내는 것이며, 자원을 낭비하는 것에 지나지 않는다. 20회 이상 사용해야 일회용보다 친환경적이라고 하지만 내구성이나 반환의 불편함, 소비자 인식 등으로 현실적으로 불가능한 것이 사실이다.

그린워싱(Greenwashing)은 악영향을 끼치는 제품을 생산하면서도 허위·과장 광고나 선전, 홍보수단 등을 이용해 친환경적인 모습으로 포장하는 '위장환경주의' 또는 '친환경 위장술'을 가리킨다. 그런 의미에서 리유저블 컵은 친환경이라는 가면을 쓴 새로운 기업의 과장 영업활동, 바로 그린워싱의 수단일 뿐이다.

큰 파국 예방 vs. 정치적 선심 - 취약계층 빚 탕감 논란

2022년 7월 14일 서민금융통합지원센터에서 진행된 대통령 주재 비상경제민생회의(제2차)에서 정부는 이른바 '취약계층'의 부채경감방안을 내놨다. 미국의 연이은 자이언트스텝 등 세계적인 금리 인상 추세로 대출금리가 빠르게 상승하자 서민 금융부담을 줄여 주겠다는 의도이다. 7월 13일 한국은행이 사상 처음으로 '빅스텝(기준금리 0.50%P 인상)'을 단행, 가파른 이자 부담 증가로 금융 취약층에 큰 타격이 갈 것이라는 우려가 제기되는 상황에서 정부가 지원책 마련에 돌입했다는 신호를 보낸 것으로 풀이됐다.

윤석열 대통령의 발언의 골자는 소상공인과 자영업자, 저신용 등급자, 청년층에 대한 금융지원으로 이른바 빚 탕감이다. 윤 대통령은 "물가 상승 억제를 위한 기준금리 인상이 전 세계적으로 이뤄지는 상황에서 취약계층 채무부담이 증가하고 있다."라고 지적하고 "정부는 금융자원을 충분히 활용해 대책 마련에 적극적으로 나설 것"이라고 강조했다. 그러면서 우선 "상환에 어려움을 겪는 소상공인·자영업자의 금융채무는 대출채권을 한국자산관리공사(KAMCO)가 매입해 만기 연장, 금리 감면 등을 통해 상환 부담을 경감해 줄 것"이고, "고금리 차입자에 대해서는 신용보증기금의 보증을 통해 저금리로 대출을 전환해 금리 부담을 낮추도록 하겠다."라고 밝혔다.

또한 청년층 부담에 대해서는 "연체가 발생하기 전에 선제적 이자감면, 원금 상환유예 등 청년 특혜 프로그램을 신설하고, 청년 안심전환대출을 통해 상환 부담을 줄여야 할 것"이라고 강조했다. 그러면서 "코로나19로 대출이 늘 수밖에 없는 자영업자·소상공인, 부동산 가격 폭등에 불안한 마음으로 내 집 마련을 위해 '영끌' 대출을 받아 주택을 구입한 서민들, 미래에 대한 불안감으로 빚을 내 주식에 투자한 청년들 모두 원리금 상환에 어려움을 겪고 있다."라면서 "정부가 선제적으로 지원하지 않는다면 궁극적으로 우리 사회가 안고 가야 할 사회적 비용은 커질 것"이라고 강조했다. 또 "서민경제가 무너지면 국가경제의 기본이 무너지는 것"이라며 "다시 한 번 고물가·고금리 부담이 서민과 취약계층에 전가되지 않도록 관계 기관은 각별히 신경 써 줄 것을 당부한다."라고 말했다. 그러나 이 발언은 대출 상환유예를 넘어 아예 원금을 깎아 주겠다고 하면서 논란이 됐다.

취약계층 빛 탕감에 대한 찬반 의견

[찬성] 정부 지원해야 더 큰 비용 예방

코로나19로 전 세계가 예외 없이 2년 동안 정체되어 있었다. 그로 인해 현재 세계는 이례적이고도 복합적인 경제 위기에 직면해 있다. 글로벌 공급망 이상에 따른 세계적인 인플레이션은 우리나라도 예외가 아니다. 금리는 잇달아 치솟고 환율급등으로 돈의 가치는 전례 없이 하락 중이다. 물가 급등만으로도 이미 서민계층의 일상은 심각하게 위협받고 있다. 여기에 물가가 오르는 데도 경기마저 침체하는 스태그플레이션의 조짐까지 보이고 있어 일자리 창출도 어렵다. 빅스텝에 자이언트스텝까지 시도하지만 오르는 물가를 따라잡지 못하고 있다. 결국 물가를 잡는 유일한 수단인 금리 인상은 가뜩이나 어려운 가계와 영세사업자의 이자 부담만 증폭시켜 놨다. 그런데도 은행은 사상 유례없는 초대규모 이익을 내고 있다. 코로나19로 인한 고통을 서민들이 떠안고 있는 셈이다.

원리금을 갚느라 생활이 어려운 서민이 늘어나고 있다. 만약 이들이 파산해 신용불량자가 되면 사회적으로 더 큰 부담을 안게 된다. 실업자 부조 등 극한 계층 직접 지원금 역시 정부 예산이 재원이다. 따라서 최악의 상황일 때 소요되는 비용보다 적은 비용으로 현재의 위기를 막을 필요가 있다.

> **좋아요** 더 어려워진 취약계층 보호
> • 코로나19로 인한 글로벌 공급망 붕괴의 결과인 현재 세계적인 경제 위기는 모두가 분담해야 한다.
> • 물가를 잡는 유일한 수단인 금리 인상은 가계와 영세사업자의 이자 부담만 증가시켰다.
> • 실업자 부조 등 극한 계층 직접 지원에 소요되는 비용보다 부실채권 매입비용이 더 적다.

[반대] 모럴해저드(Moral hazzard) 부추겨서는 안 돼

대출금의 상환조정이나 대출이자가 단기간에 급증하지 않도록 금융당국이 잘 살피는 것은 이전에도 자주 해왔던 금융정책이다. 그러나 정부 조치대로라면 90일 이상 연체자에게 적용하는 '새출발기금'은 쉽게 말해 대출원금의 60~90%를 탕감해 주는 것이어서 성실하게 대출금을 갚아온 건전한 소비자에게 너무 큰 상대적 불이익을 준다. 비슷한 일을 상시로 하는 캠코의 부실채권 감면율(30~60%)과 고려해도 형평에 맞지 않다. 저신용 청년의 빛을 30~50% 깎아 주는 '청년특례 신속채무조정' 프로그램도 "빚을 내 무리하게 코인과 주식 투자에 나섰다가 실패한 이들의 빚을 정부가 왜 깎아 주느냐."라는 문제 제기로 이어질 수밖에 없다. 젊다는 이유만으로 과도한 혜택을 준다면 '정치적 선심', 즉 포퓰리즘이라는 비판을 면하기 어렵다.

정부가 금융기관과의 협의 없이 강압하는 분위기도 문제다. 현재 안에는 원금감면율을 어떤 기준으로 세분화할 것인지 명확한 논의도 하지 않았다. 기준도 명확하지 않은 상황에서 은행에게만 손해를 감수하라고 강요하는 것은 과거 군사정권에서나 있었던 일이다. 금융·경제 위기는 본격 시작도 안 했는데, 선심책부터 내는 것은 도덕적 해이를 부추기는 꼴이다.

싫어요 투자 실패자 빚은 왜?
- 연체자에 한한 금융 혜택은 성실하게 대출금을 갚아 온 건전한 소비자를 우롱하는 행위다.
- 무리한 투자로 인한 실패는 어디까지나 투자자 본인의 책임이지 정부가 대신해서는 안 된다.
- 정부가 앞장서서 금융 소비자에게 모럴해저드(도덕적 해이)를 부추겨서는 안 된다.

죽을 권리 vs. 생명 존중 - 존엄사 논란

'세기의 미남'으로 알려진 프랑스의 전설적 배우 알랭 들롱(Alain Delon, 1935년 생)이 일명 '존엄사'를 결심했다. 『르푸앵(Le point)』 등 프랑스 매체들에 따르면 들롱의 아들 앙토니 들롱(Anthony Delon)은 인터뷰에서 들롱이 존엄사를 원한다는 것이 사실이냐는 질문에 "맞다. 사실이다. 그가 내게 그렇게 부탁했다."라고 말했다. 들롱이 존엄사 의사를 밝힌 것은 이번이 처음은 아니다. 그는 2021년 프랑스 공영방송 TV5 몽드(Mode)와 진행한 인터뷰에서 "존엄사는 가장 논리적이고 자연스러운 일이며, 병원이나 생명유지장치를 거치지 않고 조용히 떠날 권리가 있다."라면서 "그렇게 해야 할 상황이 닥치면 주저하지 않고 죽음을 택할 것"이라고 말한 바 있다. 들롱은 프랑스와 스위스 이중 국적자여서 법적으로는 존엄사를 선택하는 데 문제가 없다고 『르푸앵』은 전했다.

1935년생인 들롱은 2019년 뇌졸중으로 입원해 수술을 받은 뒤 스위스에 거주해 왔다. 스위스에서는 1942년부터 약물 처방 등 의사의 도움을 받아 환자 본인이 직접 약물을 주입·복용해 목숨을 끊는 존엄사가 합법이다. 존엄사는 '죽을 권리'를 부여한다는 점에서 '안락사'와 비슷하지만, 영양공급 등 연명치료를 중단하는 '소극적 안락사'나 임종에 가까운 중환자의 고통을 덜기 위해 약물을 주입해 사망하게 하는 '적극적 안락사'와는 구분된다.

안락사가 환자의 죽음을 '인위적으로 앞당기는 것'으로서 영양분 공급 등을 중단(소극적)하거나 의사가 직접 치명적 약물을 주입(적극적)하는 방식이라면 존엄사는 임종을 앞둔 환자가 본인 또는 가족의 동의로 연명의료를 중단하는 것이다. 심폐소생술, 혈액 투석, 항암제 투여, 인공호흡기 착용 등 치료효과 없이 임종과정만 연장하는 의학적 시술을 법적으로 중단하는 방식이다. 그러나 통증완화를 위한 의료행위와 영양분, 물, 산소의 단순공급은 중단할 수 없다. 우리나라도 2018년 2월부터 「호스피스·완화의료 및 임종 과정에 있는 환자의 연명의료 결정에 관한 법률(약칭: 연명의료결정법, 일명 존엄사법)」이 시행되고 있다. 투병 과정에서 소생 가능성이 없을 경우 무의미한 연명치료는 받지 않겠다고 서약한 '사전의향서' 작성자가 2022년 1월 기준으로 118만 명을 넘었다. 65세 이상 인구의 13% 정도가 연명의료를 받지 않겠다고 등록한 것이다.

존엄사에 대한 찬반 의견

[찬성] 자기 죽음에 선택권을 가져야 한다.

의학적으로 치료가 불분명한 환자의 경우 행해지는 치료가 회복이 목적이 아닌 생명연장을 위한 연명치료이다. 이러한 치료는 삶을 연장시키는 것이 아니라 고통을 연장시킨다는 점에서 무의미하다고 볼 수 있다. 또한 기계에 의존하여 무의미하게 생명을 연장하는 것은 더 이상 존엄하다고 말할 수 없다. 환자의 육체적·심리적 고통은 그 누구도 대신 겪어 줄 수 없다. 이 때문에 계속되는 고통에 대한 환자의 선택을 전적으로 존중해 '죽을 권리'와 '행복추구권'을 보장해 주어야 한다. 환자의 선택하에 인간으로서 지녀야 할 최소한의 품위를 지키며 삶을 마감할 수 있게 해야 하는 것이다.

남겨진 환자 가족들의 경제 상황도 무시할 수 없다. 가족들은 환자의 희박한 회복 확률만을 믿고 병원 치료를 계속 진행해야 한다. 이 과정에서 심적 부담감과 더불어 눈덩이처럼 불어나는 치료비에 가족들은 이중고를 겪게 된다. 무엇보다 현대의학은 죽음도 삶의 일부로서 의료행위로 간주하고 긍정적으로 받아들이고 있다. 회복 불가능한 경우 네덜란드나 벨기에 등에서는 소극적 안락사는 물론 의사조력자살까지 허용하고 있다. 오스트리아 「형법」도 환자의 자기결정권을 무시한 전단적 의료행위에 대해 자유형과 벌금형을 부과하고 있다.

좋아요 선택이자 당연한 권리
- 인간답게 죽고 고통에서 벗어날 권리도 있다.
- 생명보조장치에 의존하여 삶을 인위적으로 연장하는 것보다는 '삶의 질'이 더 중요하다.
- 순리에 따른 죽음을 막는 것 또한 인명의 존엄성을 해치는 것이다.

[반대] 생명은 경제 논리로 재단할 수 없다.

인위적으로 생명을 끊는 존엄사 시행은 생명의 존엄성을 훼손한다. 생명은 그 자체만으로 가치가 있는 것으로서 경제적 가치뿐만 아니라 다른 가치로도 환산할 수 없다. 또한 소생 가능성이 있음에도 불구하고 개인적인 문제로 생명을 저버린다면 생명의 가치가 하락해 생명경시 풍조가 조성될 가능성이 높다. 또한 존엄사의 본래 목적과 달리 남용될 수 있는 위험성이 존재한다. 장기매매, 보험금을 노린 조력자살 등 돈을 목적으로 법을 악용한 범죄가 걷잡을 수 없이 늘어나 사회악으로 번질 가능성이 있다.

의사의 판단과는 다른 예측 불가능한 상황이 발생할 수도 있다. 의식불명의 환자에게 회생 가능성이 없다고 판단을 내린 이후 환자가 기적적으로 회복하는 경우가 있기 때문이다. 그렇기 때문에 존엄사 합법화를 시행하기에 앞서 환자의 연명치료를 위한 기술, 약물 따위를 의학적으로 더 연구해야 한다. 근본적으로 모든 사람의 죽음은 고통스럽고 비극적이다. 이런 비극 앞에서 개인이 지불해야 하는 비용이 클수록 환자의 자기결정권이라는 권리가 강조되기보다 자기부담이라는 의무가 강조될 수밖에 없다. 특히 경제적 여력이 없는 이들에게는 결코 자발적 선택이 될 수 없다.

싫어요 다른 형식의 자살

• 생명을 가볍게 여기게 된다.
• 자살 또는 살인과 명백히 구분하기 어렵기 때문에 사회적으로 악용될 가능성이 높다.
• 사회적 · 경제적 약자들에게는 '죽음을 선택할 권리'가 아니라 '죽어야만 하는 의무'가 될 수 있다.

---

01 정치·외교·법률·교육

거버넌스 (Governance)

최근에는 행정을 '거버넌스'로 보는 견해가 많다. 공동체 운영의 새로운 체제나 제도·메커니즘 및 운영양식을 다루는 것으로 기존의 통치나 관리 패턴을 대체한다. 또한 정부와 준정부, 반관반민·비영리·자원봉사 등의 조직이 수행하는 공공활동 등 공공서비스 공급체계를 구성하는 인간의 집단적 활동이라 할 수 있다.

고교학점제

학생들이 학습의 주체로서 기초소양과 기본학력을 바탕으로 자신의 적성과 진로에 따라 교과를 선택하고 대학처럼 강의실을 옮겨 다니며 수업을 듣고 졸업에 필요한 학점을 이수하는 제도를 말한다. 2022년 특성화고 도입 및 전체 일반계고에 대한 제도 부분 도입(신입생부터 적용)을 거쳐 2025년부터 전체 고등학교에 본격 시행될 예정이다.

고노 담화

1993년 8월 4일 미야자와 기이치 내각 당시 고노 요헤이(河野洋平) 내각관방장관이 1년 8개월 동안 조사를 걸쳐 발표한 일본군 위안부 문제와 관련된 담화이다. 일본군 위안부 문제에 있어 강제성뿐만 아니라 일본 정부가 직간접적으로 관여했다는 점을 인정한 첫 공식 담화이며, 이후 일본 정부가 계승해 온 공식 입장이라는 데 의의가 있으나 배상에 대한 언급은 없다.

공익 서비스 의무

서비스를 제공하는 주체가 상업적 이익의 관점에서 제공하기 어려운 각종 공적인 서비스를 제공하게 하는 의무를 말한다. 국민 생활에 필수적이지만 영리를 목적으로 할 때는 서비스 제공의 보편성에 문제가 생기는 경우 정책적이나 공적 이익의 관점에서 국가나 지방자치단체가 기업 등에 의무를 부과하여 이를 수행하게 한다. 전기, 가스, 전화, 교통, 우편 등이 대표적이다.

「교원지위법」

「교원의 지위 향상 및 교육활동 보호를 위한 특별법(약칭: 교원지위법)」은 교원에 대한 예우 및 처우를 개선하고 신분 보장을 강화함으로써 교원의 지위를 향상시키고, 교육 발전을 도모하기 위해 1991년 제정한 법이다. 교원의 보수 우대, 학원에서의 불체포특권, 신분 보장, 교육활동 보호, 교육감이나 교육부 장관과의 교섭·협의권 등에 관한 사항이 규정되어 있다.

국가안전보장회의 (NSC)

1963년 발족한 대통령 직속 헌법기관으로 국가 안보와 통일, 외교 등과 관련된 최고 의결 기구이다. 의장은 대통령이며, 위원은 국무총리, 외교부·통일부·국방부·행정안전부장관 등이다. 주로 국가 안보와 관련된 내용을 다루기 때문에 회의 내용이 공개되지 않는 경우가 대부분이다.

국제노동기구 (ILO)

노동자의 노동 조건을 개선하고 지위를 향상하며 나아가 세계 평화에 공헌하기 위해 설치된 UN의 전문기구로, 1919년 베르사유조약 제13편(노동편)을 근거로 창설되었다. 가장 오랜 역사를 지닌 국제기구 중 하나로 1946년 최초의 UN 전문기구로 인정받았으며, '국제노동입법' 제정을 통해 고용, 노동 조건, 기술 원조 등 노동자를 위한 다양한 활동을 하고 있다. 1969년 노벨 평화상을 받았다.

규제개혁위원회

세계화에 따라 과도한 정부 규제가 무역마찰 요인으로 작용하자 규제 개혁에 대한 필요성이 대두되면서 정부의 규제정책을 심의·조정하고 규제의 심사·정비 등에 대해 종합적으로 추진하기 위해 설립되었다. 1998년 4월 김대중 정부 때, 불필요한 행정규제를 폐지하고 비효율적 행정규제 신설을 억제하여 국가 경쟁력을 향상시키기 위해 신설한 대통령 직속기구이다. 국무총리를 포함, 20인 이상 25인 이하로 구성된다.

규제샌드박스 (規制 Sandbox)

기업이 신제품이나 신서비스를 출시할 때 원활한 시장 진출을 지원하기 위해 일정 기간 기존의 규제를 면제 또는 유예해 주는 제도이다. 아이들이 안전하고 자유롭게 놀 수 있는 모래놀이터(Sandbox)처럼 '규제 프리존'에서 기업이 자유롭게 새로운 산업을 발전시킬 수 있도록 기회를 부여한다. 2016년 영국에서 핀테크 산업을 육성하면서 처음 도입했다.

「근로기준법」

근로자의 인간다운 생활을 보장하고 균형 있는 국민 경제의 발전을 도모하기 위해 제정한 법이다. 「헌법」 제34조에서 '근로조건의 기준은 인간의 존엄성을 보장하도록 법률로 정한다.'라고 규정한 내용에 따라 근로조건의 최저 기준을 정한 법으로, 경제적·사회적 약자인 근로자들의 실질적 지위를 보호·개선하기 위해 1953년 처음 제정되었다.

금수조치 (엠바고, Embargo)

한 국가가 다른 특정 국가에 대해 직간접 교역을 비롯해 투자, 금융거래 등 모든 부분의 경제교류를 중단·금지하는 조치로 스페인어로 '압류'를 뜻하는 '엠바고(Embargo)'에서 유래한 용어이다. 보통 정치적 목적으로 어떤 특정국을 경제적으로 고립시키기 위해 사용한다. 1964년 미국의 베트남에 대한 금수조치가 있었고, 걸프전쟁 당시 이라크에 대한 미국의 제재 조치나 북한과 이란에 대한 제재 역시 금수조치에 해당한다. 언론계에서는 엠바고를 보도되면 업무 수행에 차질이 심각하게 우려되는 사안에 대해 출입처와 기자들 내부에서 일정 시점까지 보도를 하지 않기로 하는 약속으로 사용하기도 한다.

김영란법

김영란법이라고도 불리는 「부정청탁 및 금품 등 수수의 금지에 관한 법률(약칭: 청탁금지법)」은 2015년 3월 3일 국회 본회의에서 통과되어 3월 27일 공포됐다. 2011년 6월 김영란 당시 국민권익위원장이 처음 제안하고 2012년 발의한 법이다. 이 법은 1년 6개월의 유예 기간을 거쳐 2016년 9월 28일부터 시행되었다. 법안은 당초 공직자의 부정한 금품 수수를 막겠다는 취지로 제안됐지만 입법 과정에서 적용 대상이 언론인, 사립학교 교직원 등으로 확대되었다. 「청탁금지법」에 따르면 금품과 향응을 받은 공직자뿐만 아니라 부정청탁을 한 사람에게도 과태료가 부과되며, 공직자는 배우자가 금품을 받은 사실을 알면 즉시 신고해야 하고 신고 의무를 어길 시에는 형사처벌 또는 과태료 처분을 받게 된다.

대법원 전원합의체

대법원장과 대법관 13명으로 구성되는 합의체를 말한다. 대법원의 심판권은 전원합의체와 대법관 3인 이상으로 구성된 부(部)에서 행사한다. 대법관 4인으로 구성되는 부는 3개 부로 나뉘는데, 구성원인 대법관 전원의 의견 일치에 따라 재판한다. 이 부에서 의견 합의가 되지 않거나 부에서 판결하는 것이 옳지 않다고 판단될 경우 전원합의체에서 최종 판결을 맡게 된다. 그만큼 사회적으로 중대하고 심대한 사건의 판결이 내려지곤 한다.

대학혁신지원사업

대학의 자율성 확대를 통해 혁신성장의 토대가 되는 미래형 창의인재 양성체제 구축을 지원하는 재정지원 사업이다. 기존에 정부 주도로 추진되어 온 다양한 목적형 사업을 대학의 자율성을 바탕으로 추진하게 함으로써 대학의 경쟁력을 강화할 수 있도록 지원한다. 2019년부터 본격적으로 진행되었으며 한 번 선정되면 지원은 3년 동안 이루어진다.

대항력

「민법」에서 이미 유효하게 이뤄진 권리관계를 제3자가 인정하지 않을 때 이를 물리칠 수 있는 법률에서의 권리와 능력을 말하며, 대항요건을 구비했을 때 발생한다. 주택임대차의 경우 세입자가 임차주택을 인도받고 등기를 마치면 세입자의 집에 대한 법률효과가 발생해 주택의 소유주가 다른 사람으로 바뀌더라도 임대차관계를 주장할 수 있는 권리를 갖는다.

독립국가연합 (CIS)

1991년 소련이 해체되면서 연방을 구성했던 15개 구성공화국 중 러시아를 중심으로 한 11개 국가가 1992년 창설한 국가연합체이다. 현재는 러시아, 벨라루스, 아르메니아, 아제르바이잔, 몰도바, 카자흐스탄, 우즈베키스탄, 키르기스스탄, 타지키스탄의 9개 공화국으로 구성되어 있다.

「동물보호법」

동물에 대한 학대행위의 방지 등 동물을 보호·관리하기 위해 필요한 사항을 규정한 법이다. 이를 통해 동물의 생명보호, 안전 보장 및 복지 증진을 꾀하고, 건전하고 책임 있는 사육문화를 조성해 사람과 동물의 조화로운 공존에 이바지함을 목적으로 한다.

「동물보호법」에 따르면 국가는 동물의 적정한 보호·관리를 위해 5년마다 동물복지종합계획을 수립·시행해야 하며, 소유자는 동물에게 적합한 사료와 물을 공급하고, 운동·휴식 및 수면이 보장되도록 해야한다. 또한, 누구든지 동물학대 등을 금지하며 동물의 도살에 있어서도 혐오감을 주거나 잔인한 방법을 사용해서는 안 된다.

개 물림 사고 방지 및 동물 학대 예방을 위해 2023년 4월 27일부터 「동물보호법」이 대폭 강화된다. 반려동물 소유자는 켄넬(이동장) 이동 시 반드시 잠금장치를 해야 하며, 이동 장치를 하지 않아 신고가 접수되면 소유주에게 50만 원의 과태료가 부과된다. 또 동물을 직접 안거나 목줄 또는 가슴줄을 잡는 등 안전조치가 요구되는 공간에 기존 다중주택, 다가구주택, 공동주택 건물 등과 더불어 기숙사 및 다중 생활시설, 노인복지 주택, 오피스텔 등 준주택 내부 공용공간이 추가된다.

레드웨이브 (Red Wave)

붉은색이 상징인 미국 공화당이 대선에 승리하고 상·하원 선거에서 모두 의석수 과반을 넘겨 다수당이 됨으로써 백악관과 의회를 장악해, 이른바 트리플크라운(Triple Crown)을 달성한 상황을 뜻한다. 같은 논리로 미국 민주당이 백악관과 상·하 의회를 모두 장악하는 상황은 민주당의 상징색이 파란색인 점을 들어 '블루웨이브(Blue Wave)'라고 한다.

미필적 고의

법률 용어 중 하나로 자기의 어떤 행위로 인해 범죄 결과가 일어날 수 있음을 알면서도 그 행위를 행하는 심리 상태를 말한다. 근대 「형법」에서는 원칙적으로 범죄의 고의가 있었던 사건에 대해서만 범죄로 인정하는데, 범죄자들이 고의로 부인하는 것을 막기 위해 도입되었다.

민식이법

'민식이법'은 2019년 9월 충남 아산의 한 스쿨존에서 횡단보도를 건너던 김민식 군(당시 9세)이 사망한 사고를 계기로 발의됐으며, 2019년 12월 10일 국회를 통과해 2020년 3월

25일부터 시행되었다. 이 법안은 어린이보호구역 내 신호등과 과속단속카메라 설치 의무화 등을 담고 있는 「도로교통법」 개정안과 어린이보호구역 내 안전운전 의무 부주의로 사망이나 상해사고를 일으킨 가해자를 가중처벌하는 내용의 「특정범죄 가중처벌 등에 관한 법률」 개정안으로 이뤄져 있다.

스쿨존에서 안전운전 위반으로 만 12세 미만 어린이를 사망하게 하면 무기 또는 3년 이상의 징역에 처하는 게 골자다. 다치게 하면 1년 이상 15년 이하의 징역이나 500만 원 이상 3000만 원 이하의 벌금을 부과할 수 있다.

박스권

본래 주식에서 사용되던 단어로 주가가 상한선과 하한선 사이의 일정한 구간 사이에서만 이동해 박스 모양을 형성한다는 의미로 사용되었다. 박스권은 정치권에서도 사용되며 콘크리트 지지율을 상징하는 단어로 자리 잡았다. 특히 대통령 지지율, 선호도 조사 등에서 자주 사용되는 것을 볼 수 있다.

북방한계선 (NLL)

남한과 북한 간의 해양 경계선으로 해양의 북방한계선은 서해 백령도, 대청도, 소청도, 연평도, 우도의 5개섬 북단과 북한 측에서 관할하는 옹진반도 사이의 중간선을 말한다. 북한은 1972년까지 이 한계선에 이의를 제기하지 않았으나 1973년부터 북한이 서해 5개 섬 주변 수역을 북한 영해라고 주장하며 NLL을 인정하지 않고 침범하여 남한 함정들과 대치하는 사태가 발생하기도 했다.

비정부기구 (NGO)

UN에 의해 공식적으로 사용된 개념으로, 국가 주권의 범위를 벗어나 사회적 연대와 공공 목적을 실현하기 위한 자발적인 비공식 조직을 말한다. 공동의 이해를 가진 사람들이 특정 목적을 위해 조직한 NGO는 다양한 서비스와 인도주의적 기능을 수행한다. 정부의 정책을 감시하고 정보제공을 통해 시민의 정치 참여를 장려하며, 환경·인권·보건 등의 분야에서 활동한다. 그린피스, 세계자연보호기금, 국제사면위원회가 대표적이다.

사법경찰

경찰작용의 하나로서 범죄의 수사를 목적으로 행정기관에서 직위를 갖고 있는 자가 직무를 행하는 것을 말한다. 사회질서를 유지하고 국민의 생명과 재산을 보호하는 행정경찰과 대비되는 개념이다. 사법경찰은 「형사소송법」이 정하는 절차에 따라 수사하게 되며, 검사의 보조기관으로서 검사의 지휘를 받는다.

세림이법

2013년 3월 충북 청주시 산남동에서 김세림 양(당시 3세)이 자신이 다니는 어린이집 통학 차량에 치여 목숨을 잃은 사건 이후 개정된 「도로교통법」으로, 2015년 1월 29일부터 시행되고 있는 법안이다. 「도로교통법」 제52조와 제53조가 세림이법에 해당한다.

이 법안은 어린이 통학차량은 일정한 요건을 갖추고 반드시 관할 경찰서에 신고해야 하며, 어린이나 유아를 태울 때는 승·하차를 돕는 성인 보호자가 탑승해야 하고 보호자가 어린이의 안전을 확인할 의무가 있다는 내용이 담겨 있다. 즉, 운전자 외에 성인 보호자 한 명이 동승해 어린이의 승·하차 안전을 확인해야 하며, 운전자는 승차한 어린이가 안전띠를 맸는지 확인한 뒤 출발해야 한다. 또 어린이통학버스를 운전하는 사람은 어린이통학버스 운행을 마친 후 어린이나 영유아가 모두 하차하였는지를 확인하여야 한다.

세이프가드 (Safeguard)

긴급수입제한조치라고도 한다. 특정 품목의 수입이 급증해 수입국의 국내 업체에 심각한 피해 발생 우려가 있을 경우 관세 인상이나 수입량 제한 등의 방법으로 해당 품목의 수입을 일시적으로 제한하여 국내 경쟁산업을 보호하는 무역장벽의 하나다. 세계무역기구 (WTO) 세이프가드 협정에서 세이프가드는 심각한 피해를 방지하거나 치유하고, 구조조정을 용이하게 하는 데 필요한 정도로만 취해져야 한다고 규정되어 있다.

송치 (送致)

'서류나 물건 따위를 보내어 정해진 곳에 이르게 하다.'라는 의미로, 주로 형사소송 시 경찰에서 검찰로 사건이 넘어가는 것을 뜻한다. 우리나라는 국가기관만이 형사소송을 제기할 수 있는 기소독점주의가 시행되고 있어 국가기관, 즉 검찰이 기소권을 독점하고 있다. 따라서 경찰은 사건을 직접 처벌하지 않고 해당 사건에 대한 의견서를 첨부하여 검찰로 송치하고, 이후 검찰이 해당 건 조사 후 피의자에 대한 기소·불기소 처분을 결정한다.

실증특례

신기술이나 새로운 서비스를 시험 및 검증하기 위해 제한된 범위(규모, 지역 등)에서 테스트를 허용하는 제도이다. 실증특례를 신청하기 위해서는 첫째 새로운 기술을 활용한 제품·서비스일 것, 둘째 근거 법령에 기준·요건이 없거나 금지되어 사업 추진이 어려울 것, 셋째 실증(시험 및 검증) 기간에 이를 가로막는 규제가 존재하여 해당 규제의 적용을 배제할 특례가 필요할 것 등의 조건이 필요하다.

인격권

생명, 신체, 자유, 명예, 정조, 초상, 신용, 사생활 등 인간 자신의 인격적 이익을 보장받을 수 있는 권리를 말한다. 인격권은 그 성질상 권리자 자신에게서 분리될 수 없는 일신전속권이므로 타인에게 양도·처분할 수 없고, 시효의 대상이 되지도 않는다. 인격권과 관련해 우리나라 「헌법」 제10조에는 '모든 국민은 인간으로서의 존엄한 가치를 지니며 행복을 추구할 권리를 지닌다.'라고 명시하고 있다.

일대일로 (一帶一路)

중국이 주도하는 신경제 구상으로 중국, 중앙아시아, 유럽을 연결하는 육상·해상 실크로드를 말한다. 2013년 시진핑 주석의 제안으로 시작된 이 프로젝트는 2014년부터 2049년까지 35년간 현대판 실크로드를 다시 구축하여 중국과 주변 60여 개 국가의 경제와 무역의 합작을 확대한다는 거대한 계획이다. 이에 대해 중국의 중화주의의 부활이 아니냐는 우려가 높아지고 있다.

쟁의권 (Right to Strike)

근로자가 근로조건을 유지·개선하기 위해 단결하여 사용자에 대해 파업 혹은 기타의 쟁의행위를 할 수 있는 권리를 말한다. 사회적 약자인 근로자의 지위를 사용자와 대등한 입장으로 유지시키기 위해 인정됐으며, 우리나라에서는 「헌법」 제33조 제1항의 '단체행동권'이라는 내용을 통해 이를 보장하고 있다. 따라서 정당한 쟁의행위에 대해서는 형사상, 민사상의 면책이 인정된다.

전략공천

공천이란 공직선거의 후보자를 추천하는 것이며 전략공천이란 당선 확률이 높은 후보를 심사나 별도의 경선 과정 없이 세우는 것을 말한다. 당에서 반드시 차지해야 할 지역구가 있다든가, 꼭 당선시켜야 할 당내 인사가 있는 경우 전략공천을 실행한다.

주한미군지위협정 (SOFA)

1966년 조인된 한미 간의 협정으로 주한미군의 법적 지위에 관한 양국의 협정이다. 한국전쟁 정전협정 체결 이후에도 남한에 미군이 주둔하게 되면서 주한미군의 법적 지위에 대한 합의가 필요해 논의되기 시작했다. 이 협정은 1991년과 2001년 부분 개정됐으나 이후에도 협정에 대한 불평등이 제기돼 비판이 일기도 했다.

「중대재해처벌법」

「중대재해 처벌 등에 관한 법률(약칭: 중대재해처벌법)」은 2021년 제정한 법률로, 안전·보건 조치의무를 위반하여 인명피해를 발생하게 한 사업주, 경영책임자, 공무원 및 법인의 처벌 등을 규정하였다. 이 법안은 「산업안전보건법」보다 처벌 수위를 높여 법인뿐 아니라 사업주에게까지 책임을 물을 수 있다. 이 법에서 중대재해란 '중대산업재해'와 '중대시민재해'로 나뉘는데, 이 중 중대산업재해는 사망자가 1명 이상 발생하였거나 6개월 이상 치료가 필요한 부상자가 2명 이상 발생한 산업재해에 대해 처벌하고, 상시 근로자가 5명 이상인 사업장에 대해 적용한다.

지적재산권 (IP)

인간의 지적 창작물에 대한 재산권을 의미한다. 산업 기술을 발명한 뒤 직접 신고와 등록 절차를 거쳐야 보호받을 수 있는 특허 제도부터 직접 창조한 사실을 증명만 하면 정보에 대한 소유권 등을 보장받을 수 있는 저작권 제도까지 모두 포함하는 개념이다. 국내 관련 법률로는 「특허법」, 「저작권법」, 「실용신안법」, 「디자인보호법」, 「상표법」, 「발명진흥법」 등이 있다.

집회·결사의 자유

집단적인 형태로 나타나는 의사표현 행위를 헌법적으로 보장하는 것을 말한다. 우리나라 「헌법」 제21조 제1항에 '모든 국민은 언론·출판의 자유와 집회·결사의 자유를 가진다.'라고 규정돼 있다. 그러나 개인적인 맥락인 언론·출판의 자유와 마찬가지로 집회·결사의 자유 또한 국가의 안전을 보장하고 공공질서를 확립하기 위해 법률로써 제한할 때도 있다.

「청년기본법」

청년정책 전반에 청년의 참여 보장 및 청년에 대한 체계적이고 종합적인 지원 근거를 마련하기 위해 만들어진 법으로 2020년 8월 5일부터 시행되었다. 이 법안에서는 청년의 범위를 19세 이상, 34세 이하인 사람으로 정의했다. 청년 일자리와 주거·교육 등 실태를 조사하고 체계적인 청년정책을 위해 연구사업을 수행하며 청년정책을 주로 다루는 위원회를 구성할 때 위촉직 위원의 일정 비율 이상으로 청년을 위촉해야 한다는 등의 내용이 담겨 있다.

초과이익환수제

주택의 재건축으로 조합이 얻는 이익을 규제하기 위한 제도이다. 인근 집값 상승분을 고려하고 재건축에 든 비용 등을 제외한 금액이 1인당 평균 3,000만 원을 넘을 경우 초과 금액의 최고 50%를 세금으로 부과한다. 2006년에 도입됐지만 부동산 시장을 위축시킨다는 우려에 따라 2013년부터 2017년 말까지 유예 상태였다가 2018년부터 본격적으로 시행되었다.

캐스팅보트 (Casting Vote)

의회에서 의안의 표결결과가 가부동수(可否同數, 찬성과 반대가 동률)로 나왔을 때, 의장이 의안의 가결·부결 여부에 대해 행사하는 결정권을 말한다. 두 정당의 세력이 비슷할 때 승패를 결정하는 제3당의 투표를 캐스팅보트라고 부르기도 한다. 캐스팅보트를 가지고 있는 주체는 어떤 사안에 대해 상당한 영향력을 행사하게 된다. 우리나라는 「헌법」 제49조에 따라 투표결과가 찬성과 반대의 의결 수가 같을 경우 부결된 것으로 처리한다.

코트라 (KOTRA)

수출·투자 유치 등 무역 진흥 등을 담당하는 정부투자기관이다. 「대한무역투자진흥공사법」에 따라 정부가 전액 출자한 비영리 무역진흥기관으로, 중소기업의 해외시장 진출을 지원하기 위한 다양한 무역거래 알선사업 수행, 해외시장 정보 수집, 해외 전시 사업, 해외 홍보 사업 등 다양한 무역진흥사업을 진행하고 있다.

피의자 신상공개제도

「특정강력범죄의 처벌에 관한 특례법(약칭: 「특정강력범죄법」)」 제8조의2(피의자의 얼굴 등 공개) 등에 따라 피의자의 얼굴, 성명, 나이 등 신상에 관한 정보를 공개할 수 있도록 한 제도이다.

제1항에서 피의자 신상정보 공개의 기준을 정하고 있는데, 범행수단이 잔인하고 중대한 피해가 발생한 특정강력범죄사건으로 피의자가 그 죄를 범하였다고 믿을 만한 충분한 증거가 있어야 한다. 그리고 국민의 알권리 보장, 피의자의 재범방지 및 범죄예방 등 오로지 공공의 이익을 위해 필요할 때에만 신상정보를 공개한다. 또한 피의자가 「청소년보호법」의 청소년에 해당되지 않아야 한다.

제2항에서는 '제1항에 따라 공개를 할 때에는 피의자의 인권을 고려하여 신중하게 결정하고 이를 남용하여서는 아니 된다.'라고 규정하고 있는데, 법무부와 행정안전부가 이 조항을 '피의자 신상공개가 결정되더라도 현재 모습이 담긴 머그샷은 피의자가 거부할 경우 공개할 수 없고, 신분증 증명사진만을 공개할 수 있다.'라고 유권해석해 머그샷은 공개되지 않고 있다.

하나의 중국

중국 대륙과 홍콩, 마카오, 대만이 나뉠 수 없는 하나라는 원칙이다. 하나의 중국을 주장하고 있는 중국과 대만의 입장은 다른데, 모두 '합법적인 중국 정부는 오직 하나'라고 말하지만 중국과 대만은 그 합법적 정부가 모두 자신이라는 상반된 주장을 하고 있다. 이 때문에 두 나라의 갈등은 1946년 2차 국공내전으로 갈라진 이후로 계속 이어지고 있다.

한정승인

상속인이 상속으로 얻은 재산의 한도 안에서만 피상속인의 채무 및 유증(유언으로 자신의 재산을 남에게 주는 것)을 변제하는 책임을 지는 상속의 승인을 말한다. 현재 상속인은 상속 개시원인(피상속인의 사망을 안 날)으로부터 3개월 내에 상속을 포기할 것인지 한정승인을 할 것인지 선택할 수 있으며, 한정승인을 하려면 3개월의 '고려기간' 내에 법원에 한정승인 신고를 해야 한다.

행정법원

행정소송법에 의한 행정소송사건을 제1심으로 심판하기 위하여 설치된 지방법원급의 법원이다. 과거에는 '행정처분 → 행정심판 → 행정소송'의 단계를 거쳐야 했지만, 행정심판을 거친 뒤에야 행정소송을 제기할 수 있도록 한 것이 국민의 권익을 침해할 수 있다는 주장에 따라 다른 법률에 특별한 규정이 없는 한 1998년 3월부터는 행정심판을 거치지 않고도 행정소송을 제기할 수 있다.

행정소송

행정청의 위법한 처분이나 공권력의 행사·불행사 등으로 발생하는 국민의 권리 침해를 구제하기 위해 이런 '공법상의 분쟁'을 법원에서 해결하는 재판 절차이다. 행정 절차는 국가 형벌권의 발동에 대한 소송인 형사소송, 사법상의 법률관계에 대한 민사소송, 행정기관이 하는 행정심판과는 구분되며, 공법상의 분쟁 중 법령의 적용에 의해 해결할 수 있는 분쟁이 대상이 된다.

헌법불합치

해당 법률의 내용이 사실상 위헌이지만, 법률의 효력이 상실되면서 생기는 사회적인 혼란을 피하기 위해 법이 개정될 때까지 한시적으로 그 법을 존속시키는 헌법재판소의 결정이다. 헌법불합치 결정이 내려지면 국회와 행정부는 헌법재판소가 제시한 기간 내에 해당 법률을 개정해야 하며, 그렇지 못하면 해당 법률의 효력이 사라진다.

02 경제·경영·금융

가처분소득

가계의 소득 중 소비나 저축을 자유롭게 할 수 있는 소득이다. 개인소득에서 비소비지출(세금, 의료보험료 등 개인세)을 빼고 여기에 이전소득(사회보장금, 연금 등)을 더한 금액이다. 따라서 가처분소득은 '개인소비+개인저축'이며, 가처분소득이 증가하면 소비도 증가하게 된다. 국민 경제에서 소득분배의 평등한 정도를 측정하는 자료로 많이 쓰인다.

고용승계

기업 인수·합병·양도·분할 등으로 경영주체가 바뀌게 될 경우 기존의 경영주체와 근로자와의 고용 관계가 다음 경영주체로 그대로 이전되는 것을 말한다. 기업합병의 경우 존속·신설되는 기업은 사라지는 기업의 고용 관계를 그대로 승계하도록 의무화되어 있다.

공매도 (Short Stock Selling)

'없는 것을 판다.'라는 한자의 뜻 그대로 특정 종목의 주가가 하락할 것으로 예상할 때 해당 주식을 가지고 있지 않은 상태에서 주식을 빌려 매도(주식을 파는 것) 주문을 내는 것을 말한다. 주식을 판 후 실제로 주가가 하락하면 싼값에 도로 사서 주식 대여자에게 돌려 주는 방법으로 시세차익을 챙긴다. 단, 예상과 달리 주가가 상승하면 공매도한 투자자는 손해를 볼 수 있다.

공유경제 (Sharing Economy)

이미 생산된 제품을 여럿이 함께 공유해 쓰는 협력 소비 경제를 의미하며, 2008년 하버드 대학교의 로렌스 레식(Lawrence Lessig) 교수가 처음 사용하면서 등장하였다. 현대 사회에 맞춘 합리적인 소비를 하자는 인식에서 공유경제라는 개념이 부각되었고, 스마트폰의 발달이 그 활성화에 기여하면서 보편적인 개념으로 발전하였다. 차량이나 택시 서비스인 우버(Uber), 집을 공유하는 에어비앤비(Airbnb), 차량 공유 서비스인 쏘카(Socar) 등이 공유경제의 대표적인 사례이다. 최근 개인 항공기 대여 서비스인 비스타제트(VistaJet)가 등장하여 하늘의 공유경제형 사업 모델이라는 평가를 받고 있다.

과세표준

세금을 부과하는 데 있어 그 기준이 되는 것으로 소득, 재산, 소비 등에 대한 세액을 산정하기 위한 기초이다. 단위는 금액, 가격, 수량 등으로 표시되며, 일반적으로 과세표준에 세율을 곱하여 세액이 결정된다. 세율과 더불어 국민이 부담해야 할 세금을 결정하기 때문에 과세평가에서 중요한 요소로 작용한다.

국고채

국가가 공공목적에 필요한 자금을 마련하기 위해 발행하는 채권이다. 국가가 보증하는 채권으로 국가가 망하지 않는 한 돈을 떼일 위험이 없기 때문에 다른 채권보다 비싸다. 정부를 대신해 한국은행이 발행하고 있으며, 3년 · 5년 · 10년 · 20년 · 30년짜리 5종류 만기 고정금리부 채권과 만기 10년짜리 물가연동 국고채권 등의 형태로 유통된다. 그중 3년 만기 국고채의 유통물량이 가장 많으며, 이 유통수익률은 국내 시중 자금 사정을 나타내는 지표금리로 사용된다.

국내총생산 (GDP)

우리나라 영토 내에서 정부, 기업, 가계 등 모든 경제주체가 일정 기간 생산한 재화 및 서비스의 부가가치를 시장 가격으로 평가해 합산한 것이다. 이때 적용되는 가격에 따라 명목 국내총생산과 실질 국내총생산으로 나뉘는데, 명목 국내총생산은 경제 규모 파악에 이용되는 지표로 국내 최종생산물 수량과 당시 가격을 곱하여 산출하고, 실질 국내총생산은 경제 성장률 산정에 이용되는 지표로 국내 최종생산물 수량과 기준년도의 가격을 곱해 산출한다.

규모의 경제

생산량이 증가함에 따라 평균비용이 감소하는 현상으로 대규모 생산설비를 갖추는 데 초기 비용은 많이 소요되지만, 그 이후로 재화의 생산이 시작되면 총비용을 생산량으로 나눈 평균비용은 감소하는 것을 말한다. 대체로 초기 생산단계에서는 대규모의 투자비용이 들어가지만, 그 이후 생산에는 큰 비용이 들지 않는 철도나 통신, 전력 산업에서 주로 실현된다.

근원물가지수 (Core Inflation)

물가 변동을 초래하는 여러 가지 요인 중 일시적인 경제 상황이 아니라 기초 경제 여건에 의해 결정되는 물가 상승률을 말한다. 전체 소비자물가 상승률에서 계절적으로 영향 받는 농산물, 외부적 영향을 받는 국제 원자재 가격과 같이 일시적인 물가변동요인들을 뺀 나머지 품목을 집계하여 계산한다. 일시적인 교란요인이 제거된 인플레이션 흐름을 보기 위해 만들어진 것이다.

기대인플레이션 (Expected Inflation)

기업 및 가계 등의 경제주체들이 현재 알고 있는 정보를 바탕으로 예상하는 미래의 물가 상승률로써 임금 협상, 가격 설정 및 투자 결정 등에 영향을 미치면서 최종적으로는 실제 인플레이션에 영향을 주는 주요한 경제지표 중의 하나이다. 우리나라는 매월 한국은행이 전국 56개 도시 2,200개 가구를 대상으로 실시하는 소비자동향조사에서 향후 1년간 예상되는 물가 상승률을 일정구간별(1.0% 간격)로 설문조사하여 중앙값을 산출하고, 한국은행 경제 통계 시스템을 통해 공개하고 있다.

기업형 슈퍼마켓 (SSM)

개인 점포를 제외한 대기업 계열 슈퍼마켓을 지칭하며, 보통 대형 마트보다는 작고 일반 동네 슈퍼마켓보다는 큰 유통매장을 말한다. 대형 유통업체들이 새로운 대형 마트 부지 확보 및 출점이 어려워지자 기존에 개인업자가 운영하던 슈퍼마켓 시장으로 진출하면서 늘어나게 되었다. 대도시에 이어 지방의 중소도시로 확대되면서 중소 유통점과의 갈등이 확산되고 있다.

기저효과 (base effect)

기저효과란 특정 시점의 경제 상황을 평가할 때, 기준시점과 비교 시점의 상대적인 수치에 따라 지표가 실제보다 부풀려지거나 위축되어 주어진 경제상황을 달리 해석하게 되는 현상이다. 호황기의 경제 상황을 기준시점으로 현재 경제 상황을 비교하면 경제지표가 실제 상황보다 위축돼 보이나, 불황기의 경제 상황을 기준시점으로 현재와 비교하면 반대로 경제지표가 실제보다 부풀려지는 것이다. 반면 직전 상황에 너무 실적이 좋아서 이번에 좋은 실적을 내어 기존 기간에 비해서는 비슷하거나 오히려 성장했음에도 성장하지 못했다며 평가절하하는 현상은 역기저효과라고 한다.

낙수효과 (Trickle-Down)

정부가 투자 증대를 통해 대기업과 고소득층의 부를 먼저 늘려주면, 경기가 부양되어 중소기업과 저소득층에 혜택이 돌아가고 이것이 결국 국가의 경제발전에 긍정적 영향을 준다는 이론으로 미국 제41대 대통령 조지 부시가 재임 중 채택했던 경제경책으로 알려져 있다. 그러나 낙수효과를 기대한 경제정책은 소득격차, 기업의 사내유보금과 부채가 동시에 증가하는 등의 부정적 결과를 초래하기 때문에 오늘날에는 사실상 허구의 이론이라고 비판받는다.

납품단가 연동제

하도급 계약기간에 원재료의 가격이 변동되는 경우 원청업체의 사업자가 하청업체 사업자에게 해당 변동분을 납품단가에 반영해 주는 제도이다. 러시아 · 우크라이나 전쟁으로 글로벌 공급망이 붕괴되면서 원자재 가격이 상승하고 있으나 대부분의 중소기업들이 가격상승분을 납품단가에 반영하지 못해 어려움을 겪자 중소기업과 대기업의 상생 및 공정한 시장경제 구축을 위해 추진되었다.

내구재와 준내구재, 비내구재

- **내구재**: 1년 이상 반복적으로 사용할 수 있는 상품으로 주로 고가의 상품이 많다. 승용차, 가전제품, 가구 등이 내구재에 해당한다.
- **준내구재**: 1년 이상 반복적으로 사용할 순 있지만 내구재에 비해 사용 가능한 지속성이 떨어진다. 신발, 가방, 오락용품, 운동용품 등이 있다.
- **비내구재**: 이용할 수 있는 기간이 짧으며 반복적으로 이용하기 힘든 상품을 말한다. 서적, 문구, 음식료품, 화장품 등이 대표적이다.

달러 인덱스 (USDX; U.S. Dollar Index)

통화가치가 안정적이거나 경제 규모가 큰 세계 6개국의 통화[유로(EUR), 일본 엔(JPY), 영국 파운드(GBP), 캐나다 달러(CAD), 스웨덴 크로네(SEK), 스위스프랑(CHF)]에 대한 달러화의 가치를 지수화한 것으로 각 통화의 비중은 해당 국가의 경제 규모에 따라 정해져 있다. 1973년 3월을 기준점 100으로 삼아 미국 중앙은행(Fed)이 그 변화 추이를 산출한다. 달러 인덱스가 상승하면 달러화 가치도 올랐다는 의미이고, 하락하면 달러화 가치가 떨어졌다는 의미이다.

대차대조표

특정 시점에 기업의 재정상태(보유하고 있는 자산 및 부채, 자본의 잔액)를 볼 수 있도록 일정한 순서에 의하여 정리한 보고서로 일종의 재산목록표라고 할 수 있다. 총 자산을 차변과 대변으로 나누어 표시하는데, 차변에는 기업소유재산의 운용상태를 나타내는 자산 항목을 표시하고 대변에는 기업의 자본 조달 형태를 알 수 있는 부채 및 자본 항목을 표시한다.

대체불가토큰 (NFT)

블록체인을 기반으로 한 토큰마다 고유값을 가지고 있어 복제가 불가능하며 다른 토큰으로 대체할 수 없는 가상자산이다. NFT는 가상자산에 희소성과 유일성을 줄 수 있고 디지털 콘텐츠뿐 아니라 예술품 · 수집품 · 게임 아이템 · 가상 부동산 등에 이르기까지 다양한 품목에 적용이 가능하여 투자의 대상으로도 주목받으며 영향력을 급격히 키우고 있다.

데드크로스 (Dead Cross)

주식시장에서 주가의 단기이동평균선이 주가의 장기이동평균선 아래로 급속하게 뚫고 하락하는 현상을 말한다. 일반적으로 데드크로스 발생은 주식시장이 장기적으로 약세장으로 변화하는 강력한 전환신호로 볼 수 있다. 반대로 주가의 단기이동평균선이 아래에서 위로 올라가며 중장기이동평균선과 교차하는 현상은 골든크로스(Golden Cross)라고 하며, 이는 주식시장이 강세장으로 변화하고 있다는 전환신호로 볼 수 있다.

레버리지 (Leverage)

'Leverage'란 지렛대를 의미한다. 지렛대를 이용하면 실제 힘보다 몇 배 무거운 물건을 움직일 수 있는 것처럼 금융에서는 실제 가격변동률보다 몇 배 많은 투자수익률이 발생하는 현상을 지렛대에 비유하여 레버리지로 표현한다. 타인의 자본, 즉 빚을 지렛대로 투자수익률을 극대화하는 것으로 경기호황 시에 상대적으로 낮은 금리로 자금을 끌어와 수익성 높은 곳에 투자하여 끌어온 비용 이상으로 수익을 남길 수 있을 때 효과적인 투자법이다.

리쇼어링 (Reshoring)

기업들이 인건비 등 각종 비용 절감을 위해 해외로 생산기지를 옮기는 것을 오프쇼어링(Offshoring)이라고 하는데, 오프쇼어링한 기업들이 진출한 국가의 임금상승 등으로 인한 비용 절감 효과가 줄어들거나 본국의 장기화되는 경기침체와 급증하는 실업난을 해결하기 위해 다시 국내로 돌아오는 현상을 리쇼어링(Reshoring)이라고 한다. 기업이 자발적으로 선택한 오프쇼어링과 달리 리쇼어링의 경우 국가 경쟁력 향상을 위해 국가 정책으로 시행되는 경우가 많다.

마이데이터 (My Data)

데이터 활용체계를 기관 중심에서 정보주체 중심으로 전환하여 개인이 자기 정보를 자기 의사에 맞춰 활용할 수 있게 개인정보 주권을 보장하는 개념이다. 개인이 자신의 정보를 적극적으로 관리 · 통제하며 자산관리나 신용 등에 적극적으로 활용하는 과정이다. 마이데이터 사업은 여러 기관에 분산된 개인정보를 한 곳에 모아 제3의 서비스 사업자에게 제공하는 비즈니스이다.

매파와 비둘기파

매파는 자신의 주장을 관철하기 위해 상대와 타협하지 않고 강경하게 대처하는 입장을, 비둘기파는 타협하여 온건하게 일을 처리하려는 입장을 이르는 말이다. 베트남 전쟁 때 전쟁 지속 강경파를 매파로, 전쟁 대신 외교를 통한 대화로 해결해야 한다는 온건파를 비둘기파로 지칭하며 생겨났다. 통화정책을 예로 들면 매파는 인플레이션을 막고 경기 안정화를 위해 긴축재정과 기준금리 인상을 주장하며, 비둘기파는 경기 활성 및 소비·고용 촉진을 위해 기준금리 인하를 주장한다.

모라토리엄 (Moratorium)

국가나 지방자치단체가 외부에서 빌린 돈에 대해 일방적으로 만기에 상환을 미루는 행위를 의미한다. 전쟁·지진·경제공황·화폐개혁 등 한 국가 전체 또는 어느 특정 지역에서 긴급사태가 생겼을 때 국가 권력을 발동해 일정 기간 동안 금전적인 채무이행을 연장한다. 채무국은 여러 협상을 통해 외채상환을 유예받지만 국제적으로 신용이 하락해 대외거래에 많은 어려움이 뒤따른다.

발생주의 회계

회계방식에는 현금주의와 발생주의 회계 방식이 있다. 현금주의 회계 방식은 현금의 수지(收支)를 회계의 기준으로 삼아 현금 수입이 있을 때 수익이 실현되고 현금 지출 시 손비가 발생한 것으로 처리하는 것이다. 발생주의 회계 방식은 현금을 수수한 시점과 상관없이 거래나 사건이 발생한 시점을 기준으로 수입과 비용을 인식하는 방식으로 원가 개념을 제고하고 미래의 잠재적 위험을 현재에 반영할 수 있는 장점이 있다.

밸류에이션 (Valuation)

'평가가치'라는 의미를 가진 용어로 주식시장에서는 기업가치를 평가하고 이를 바탕으로 적당한 주가를 판단하는 프로세스를 뜻한다. 매출, 이익, 재무상태, 미래수익 전망, 기업 자산의 시장가치 등 다양한 자료들이 기업가치를 산정하는 지표로 이용된다. 밸류에이션 덫은 기업이익이 늘어 기업가치는 오르고 있는데 주가가 이를 반영하지 못하는 상태를 말한다.

생산가능인구

경제활동을 할 수 있는 연령의 인구로 생산가능연령인 15~64세에 해당하는 인구를 말한다. 이는 일할 의사와 능력이 있는 경제활동인구와 일할 의사가 없는 비경제활동인구로 나뉜다. 경제활동인구는 다시 취업자와 실업자로 구분되며, 비경제활동인구에는 주부나 학생, 구직단념자 등이 속한다. 전체 인구가 늘어도 생산가능인구가 감소하면 오히려 생산가능인구가 짊어져야 하는 비용이 늘어나며, 경제 성장 잠재력도 타격을 받게 된다.

소비자동향지수 (Consumer Survey Index)

한국은행이 매월 소비자들의 경제 상황에 대한 인식, 장래 소비지출 계획, 경기 전망, 가계 저축 및 부채, 물가 전망 등 크게 다섯 부문에 대해 설문조사하여 그 결과를 지수로 환산한 것이다. 지수는 100이 기준치로 100보다 높으면 소비자들이 경기 전망에 대해 긍정적으로 보는 것이고, 100보다 낮으면 부정적으로 보는 것이다.

소셜커머스 (Social Commerce)

소셜미디어를 활용하는 전자상거래의 일종으로 미국 포털사이트인 야후(Yahoo)에 의해 2005년에 처음 소개됐다. 일정한 수 이상의 구매자가 모일 경우에 특정 품목을 하루 동안만 파격적으로 낮은 가격에 판매하는 형태이다. 최소 구매물량을 넘기기 위해 소비자들이 자발적으로 소셜네트워크(Social Network)를 통해 판매정보를 확산시키는 것이 특징이다.

스타트업 (Start-Up)

이제 막 사업을 준비하여 시작한 신생 벤처기업을 말하며, 미국 실리콘밸리(Silicon Valley)에서 처음 사용된 용어이다. 미래가치로 평가받을 수 있는 혁신적 기술과 아이디어로 큰 성장 가능성과 고위험 · 고성장 · 고수익의 가능성을 가진 기술 기반 회사를 가리킨다. 이 때문에 비교적 작은 규모인 팀이나 프로젝트는 스타트업이라고 하지 않는다. 스타트업과 벤처의 차이점은 스타트업의 경우 아직 대규모의 자금을 조달받기 전 상태라는 것이다.

슬로우플레이션 (Slowflation)

경기 회복 속도가 더뎌지는(Slow) 저성장상태에서도 물가 상승(Inflation)이 발생하는 현상을 가리키는 말이다. 스태그플레이션(Stagflation)보다는 경기 하강의 강도가 약할 때 사용된다. 스태그플레이션이 경제 성장률이 마이너스로 내려간 상태에서 물가가 급등하는 상태라면 슬로우플레이션은 마이너스 성장까지는 아니지만 저성장상태가 계속되는데 물가가 상승하는 현상이다.

양적긴축

중앙은행이 금리 인상을 시행하면서 보유 중인 자산도 줄이는 것으로 시중의 유동성을 빠르게 흡수하는 통화정책이다. 경기가 과열되었거나 물가 상승이 과도할 때 활용하는데, 보통 금리를 인상하고 보유한 채권만기가 도래해도 재투자하지 않고 내다 팔아 시중의 유동성을 거둬들이는 방식 등을 사용한다. 중앙은행이 국채매입 등을 통해 시중에 통화공급을 늘리는 정책인 양적완화와 반대되는 개념이다.

업무연속성계획

기업 또는 기관이 재난, 재해 등 예기치 못한 위기 상황으로 업무 중단 위험에 놓였을 경우 이를 최대한 빠른 시일 내에 타개하고 업무를 정상적으로 복구하기 위한 경영기법이다. 비상사태가 발생해도 조직이 핵심업무를 계속 수행하고 비즈니스 사이클을 순차적으로 회복하는 것을 목적으로 한다.

역머니무브 (逆 Money Move)

증시나 부동산이 불황이거나 금리가 높을 때 시중자금이 고위험·고수익 자산에서 안전자산인 은행 예적금으로 몰리는 현상을 가리킨다. 이와 반대로 시장이 호황이거나 금리가 낮을 때 시중자금이 안전자산인 은행 예금에서 증시, 부동산 시장 등 고수익·고위험 자산으로 이동하는 현상은 머니무브(Money Move)라고 한다.

재정수지

'재정'은 정부가 나라를 운영하기 위한 재원을 조달하고 관리·사용하는 모든 경제활동을 뜻하며, 재정수지는 정부가 거두어들인 재정의 수입(세입)과 지출(세출)의 차이를 말한다. 수입이 지출보다 많을 때는 재정흑자, 지출이 수입보다 많으면 재정적자가 된다. 재정수지는 계산항목에 따라 통합재정수지(정부 총수입−총지출), 관리재정수지(통합재정수지−사회보장성기금수지), 기초재정수지(순융자−순이자비용) 등으로 구분된다.

적정규모화

사회 · 경제적 변화와 비용절감에 대응하고 제품의 품질과 생산성 향상 및 경쟁우위를 극대화할 수 있도록 인원을 줄이는 방법으로 감량경영(Downsizing)의 한 형태이다. 적정규모화는 업무 및 과제의 우선순위를 정하고, 불필요한 일을 찾아내어 불필요한 인원을 제거함으로써 규모를 최적화하는 전략이다.

전방산업과 후방산업

한 산업의 전체 생산흐름에서 해당 산업의 앞뒤에 위치한 업종을 말한다. 최종 소비자와 가까운 업종을 전방산업이라 하고, 원재료 공급이나 제품 소재 등 생산자 쪽에 가까운 업종을 후방산업이라고 한다. 자동차 산업을 예로 들면 자동차 판매업체는 전방산업이고, 자동차 부품이나 제철 등 소재산업은 후방산업이다.

정책모기지

'정책'과 '모기지(Mortgage: 주택 담보 대출)'의 합성어로 실수요자 지원이나 시장구조 개선과 같은 정부정책의 목적을 달성하기 위해 공적인 재원을 기반으로 시중은행의 금리보다 저금리로 제공하는 주택담보대출을 말한다. 우리나라의 정책모기지 대출은 국민주택기금을 재원으로 하고 있으며, 시중은행 대출과 달리 신용등급에 따른 금리차이 없이 평생 고정금리로 대출받을 수 있다.

지주회사

지주회사는 콘체른(Konzern)형 복합기업의 대표적인 형태이다. 모자회사 간의 지배관계를 형성할 목적으로 자회사의 주식총수에서 과반수 또는 지배에 필요한 비율을 소유 · 취득하여 해당 자회사의 지배권을 갖고 자본적으로나 관리기술적인 차원에서 지배관계를 형성하는 기업을 말한다.

채무불이행 (Default)

채무자가 공사채나 은행융자, 외채 등의 원금 상환 만기일에 원리금 지불 채무를 이행할 수 없는 상태를 말하는 경제 용어이다. 따라서 '디폴트를 선언한다.'라는 말은 '돈이 없어서 돈을 갚을 수 없다.'라고 선언하는 것이다. 대표적인 국가 디폴트로는 1997년 우리나라의

IMF 구제금융 요청, 1998년 러시아 국가 부채 위기, 2001년 아르헨티나 경제 위기, 2010년 유럽 국가 부채 위기, 2015년 그리스 경제 위기 등이 있다.

총부채원리금상환비율 (DSR; Debt Service Ratio)

모든 신용대출 원리금을 포함한 총 대출 상환액이 연간 소득액에서 차지하는 비중으로, 금융위원회가 마련한 대출심사지표이다. 연간 총 부채 원리금 상환액을 연간 소득으로 나누어 산출한다. 주택 담보 대출, 신용 대출, 마이너스 통장, 자동차 할부, 신용카드 미결제 등개인이 받은 모든 대출에 대한 원리금 상환액으로 대출 상환 능력을 심사한다. 총부채원리금상환 비율을 도입하면 연소득은 그대로인 상태에서 금융부채가 더 커져 대출한도가 대폭축소된다.

추가경정예산안

예산 성립 후에 생긴 사유로 변경을 가할 필요가 있을 때 편성·제출되는 예산을 말한다. 정부는 국회의 심의를 동반하여 매년 1년 단위의 나라의 수입과 지출에 대한 계획을 세우는데, 연도 중 계획을 바꿀 필요가 있을 경우 추가경정예산을 편성하게 된다.

칩4 (Chip4)

2022년 3월 미국이 한국, 일본, 대만과 함께 안정적인 반도체 생산과 공급망 형성을 목표로 제안한 반도체 동맹으로 미국에서는 '팹4(Fab4)'라고 표기한다. '칩'은 반도체를, '4'는총 동맹국의 수를 의미한다. 이는 미국이 추진하고 있는 프렌드쇼어링(Friend-Shoring)전략에 따른 것으로, 중국을 배제한 반도체 공급망을 구축하겠다는 의도로 풀이되고 있다.

태스크포스 (TF; Task Force)

특수임무가 부여된 특별 편제의 기동부대라는 군사 용어에서 유래한 단어로, 어떤 과제를성취하기 위해 이와 관련된 전문가들이 모여 만든 임시 조직을 의미한다. 태스크포스는 팀을 넘어 선발된 전문가들이 협동하여 성과를 내며, 일정한 성과가 달성되면 팀은 해체되어본래 부서로 복귀한다. 태스크포스는 시장이나 기술 등의 환경변화에 적응력을 갖는 조직형태이면서 새로운 과제에 대한 도전, 책임감 등을 경험하는 기회를 구성원들에게 제공하고 구성원의 직무만족을 높이는 효과가 있다.

테이퍼링 (Tapering)

'점점 가늘어지다.'라는 뜻의 테이퍼링은 정부가 경기부양을 위해 초저금리를 유지하며 국채나 금융자산 매입 등으로 통화를 푸는 양적완화 정책을 쓰다가, 경기 회복 과정에서 과도한 통화 공급으로 인한 물가 상승을 막기 위해 양적완화를 점차 축소하는 것이다. 테이퍼링이 본격적으로 시행되면 투자자들은 금리 인상을 예상해 자산을 매각하고 신흥국 달러 자금을 회수하게 된다.

통합재정수지

당해연도의 순수한 수입에서 순수한 지출을 차감한 수치를 통합재정수지라고 하며, 총수입에서 총지출을 뺀 것과 같다. 우리나라는 IMF의 권고에 따라 1979년부터 연도별로 통합재정수지를 작성하고 있다. 통합재정수지에서 국민연금기금, 사립학교교직원연금기금, 고용보험기금, 산업재해보상보험및예방기금 등 사회보장성 기금의 수지를 제외한 수지를 관리재정수지라고 한다.

환매조건부채권 (RP)

금융기관이나 채권발행자가 일정 기간이 지나면 다시 구매하는 조건으로 채권을 팔고, 경과기간에 따른 확정이자를 지급하는 채권이다. '환매채'라고도 한다. 주로 금융기관이 보유한 국공채나 특수채, 신용우량채권 등을 담보로 발행하기 때문에 환금성이 보장된다. 대부분의 나라에서 중앙은행과 예금은행 간 유동성 조절수단으로 활용하고 있다.

환치기

통화가 다른 A와 B 두 나라에 각각 계좌를 만든 후 A국가의 계좌에 A국 화폐로 입금하고 B국가의 계좌에서 B국 화폐로 인출하는 수법이다. 외국환은행을 거치지 않고 돈을 주고받으므로 환수수료도 물지 않고 환율 차익도 발생하며, 송금목적도 알릴 필요 없다. 세계 각국은 국부 유출을 이유로 법으로 금지하고 있다.

히트플레이션 (Heatflation)

'열(Heat)'과 '인플레이션(Inflation)'의 합성어로 폭염으로 식량 가격이 급등하는 현상을 말한다. 폭염으로 농산물 수확량이 감소하고 더위 피해를 입는 가축이 증가하며, 무더위에 따른 전력생산 급증으로 에너지 위기가 닥치고 있다. 지구온난화로 인해 이러한 현상이 일상화되면서 지역별 경작물, 수산물 생산현황에 직접적인 영향을 미치는 등 세계 농수산업 지도가 바뀌고 있다.

03 사회·노동·환경

가스라이팅 (Gas-Lighting)

타인의 심리나 상황을 교묘하게 조작해 그 사람이 스스로를 의심하게 만듦으로써 타인에 대한 지배력을 강화하는 행위로 『가스등(Gas Light)』(1938)이란 연극에서 유래한 용어이다. 가스라이팅은 가정, 학교, 연인 등 주로 밀접하거나 친밀한 관계에서 이뤄지는 경우가 많은데, 보통 수평적이기보다 비대칭적 권력으로 누군가를 통제하고 억압하려 할 때 이뤄지게 된다.

개인정보 관련 개념

- **개인정보 처리**: 개인정보의 수집, 생성, 기록, 저장, 보유, 가공, 편집, 검색, 출력, 정정, 복구, 이용, 제공, 공개, 파기 등 개인정보와 관련된 모든 행위를 말한다.
- **개인정보 처리자**: 업무를 목적으로 개인정보 파일을 처리하는 공공기관, 법인, 단체 및 개인 등을 말한다.
- **정보주체**: 처리되는 정보에 의해 알아볼 수 있는 사람으로서 그 정보의 주체가 되는 사람을 말한다.
- **가명정보**: 식별 가능한 개인정보와 개인 비식별 조치가 된 익명 개인정보의 중간 단계로, 성명 · 전화번호 등 개인정보 일부를 삭제 · 대체(가명 처리)하는 등의 방법으로 식별 가능성을 낮춘 개인정보이다. 가명정보의 경우, 정보주체의 동의 없이 통계나 연구 등에 활용할 수 있다.

국가온실가스감축목표

온실가스 배출량을 감축하기 위한 목표를 정하여 이를 실행하는 조치를 말한다. 기후변화로 인한 지구의 위기를 극복하여 인류의 지속 가능성을 확보하기 위해 2015년 체결된 파리기후변화협약을 근간으로 한다. 2030년까지 감축의 이행을 약속하는 구속력 있는 목표이다.

그루밍 성범죄

가해자가 피해자의 호감을 얻거나 친밀한 관계를 형성하는 등 심리적으로 상대를 지배한 후 성폭력을 행하는 것을 말한다. 그루밍(Grooming)은 '가꾸다', '치장하다'라는 뜻의 영어 단어로, 가해자가 피해자에게 접근하여 신뢰를 쌓는 과정을 가꾸는 것에 빗대어 사용한 것이다. 그루밍 성범죄는 성적인 가해행위뿐만이 아니라 이를 은폐하기 위해 회유하고 협박하는 것도 포함된다.

그린워싱 (Greenwashing)

그린워싱은 'green'과 'white washing(세탁)'의 합성어로 기업들이 실질적인 친환경 경영과는 거리가 있지만 녹색경영을 표방하는 것처럼 홍보하는 '위장환경주의'를 말한다. 예컨대 기업이 제품의 생산 전 과정에서 발생하는 환경오염 문제는 축소시키고 재활용 등의 일부 과정만을 부각시켜 마치 친환경 제품인 것처럼 포장하는 것이 이에 해당한다.

그린패스 (Green Pass)

유럽에서 코로나19 백신을 맞았거나 검사에서 음성을 받은 사람, 바이러스에 감염됐다가 회복한 사람에게 발급하는 일종의 접종확인서 및 음성확인서의 통칭이다. 특정 시설 출입 시 반드시 제출해야만 한다는 의미를 갖는다. EU가 역내 국가 간 안전한 인적 교류를 위해 2021년 6월 도입했다. 백신여권, 코비드패스, 백신패스 등으로도 불린다.

기초생활보장 제도

기초생활보장 제도는 생활이 어려운 사람에게 필요한 급여를 지급해 이들의 최저생활을 보장하고 자활을 돕고자 실시하는 제도이다. 기초생활보장 급여는 수급자가 자신의 생활의 유지·향상을 위해 그의 소득, 재산, 근로 능력 등을 활용하여 최대한 노력하는 것을 전제로 이를 보충·발전시키는 것을 기본 원칙으로 한다. 기초생활보장 급여의 종류는 생계급여, 주거급여, 의료급여, 교육급여, 해산급여 및 자활급여가 있다.

노란봉투법

기업의 노조의 파업으로 발생한 손실에 대한 무분별한 손해배상소송 제기와 가압류 집행을 제한하는 등의 내용을 담은 법안이다. 「노동조합 및 노동관계 조정법」 개정안이라고도 한다. '노란봉투법'이라는 명칭은 2014년 법원이 쌍용차 파업에 참여한 노동자들에게 47억

원의 손해를 배상하라는 판결을 내리자 한 시민이 언론사에 4만 7,000원이 담긴 노란봉투를 보내온 데서 유래했다.

다중이용시설

불특정 다수가 출입하고 이용하는 시설로 「실내공기질 관리법」에 따르면 도서관·미술관·공연장·체육시설과 버스·철도·지하철·택시 등 대중교통, 쇼핑센터(대형마트·시장·면세점·백화점 등), 영화관, 대형식당, 대중목욕탕 등이 있다. 「다중이용업소의 안전관리에 관한 특별법」에서는 화재 등의 재난 발생 시 생명, 신체, 재산상의 피해가 발생할 우려가 높은 시설로 정의하였다.

데드존 (Dead Zone)

일반적으로는 인간을 포함한 생물체가 살 수 없는 지역을 말한다. 등반 용어로는 에베레스트 정상 도달 직전의 마지막 관문으로 통하는 8,440m 지점의 폭이 좁은 12m 수직빙벽 '힐러리 스텝(Hillary Step)'을 뜻한다. 1953년 서방인 최초로 에베레스트를 등정한 에드먼드 힐러리 경(Sir Edmund Percival Hillary)의 이름을 따왔다. 사람이 제대로 호흡할 수 없는 해발 8,000m 이상 고지대를 뜻하기도 한다.

돌파감염

백신별 접종횟수를 모두 맞은 뒤 보통 항체가 생기는 기간인 14일 뒤에 감염되는 것을 말한다. 애초 백신의 예방효과가 100%가 아닌 데다 백신이 완전히 예방할 수 없는 변이 바이러스에 감염되는 경우도 있기 때문에 발생한다. 돌파감염을 막기 위해서는 백신을 맞은 뒤에도 마스크를 착용하고 사회적 거리두기를 준수하는 등의 방역수칙을 지켜야 한다.

디깅소비 (Digging Consumption)

'파다'라는 뜻의 '디깅(Digging)'과 '소비(Consumption)'를 합친 신조어로 청년층의 변화된 라이프스타일과 함께 나타난 새로운 소비 패턴을 의미한다. 소비자가 선호하는 특정 품목이나 영역에 깊이 파고드는 행위가 소비로 이어짐에 따라 소비자들의 취향을 잘 반영한 제품들에서 나타나는 특별 수요현상을 설명할 때 사용된다. 대표적인 예로 신발 수집 마니아들이 한정판 운동화 추첨에 당첨되기 위해 새벽부터 줄을 서서 기다리는 등 자신이 원하는 것을 구매하기 위해 시간과 재화를 아끼지 않는 것이 있다.

DRT (Demand Responsive Transport) 버스

신도시나 교통 취약지역 도민에게 편리한 교통 서비스를 제공하기 위해 도입한 새로운 형태의 맞춤형 대중교통수단이다. 보통 승합차로 운행되며 전화 등을 통해 승객이 부르면 예약 시간에 맞춰 도착하는 방식으로 운행한다. 2015년부터 전라북도 일부 지역에서 시범사업을 진행했으며, 현재 전국 각지에서 시행하고 있다.

밀프렙족

'밀프렙(Meap Prep)을 하는 사람들'을 뜻하는 말로, 밀프렙이란 식사를 뜻하는 영단어 'Meal'과 준비를 뜻하는 'Preparation'이 합쳐진 용어이다. 일정 기간 동안 먹을 식사를 한 번에 미리 준비해 두고 끼니마다 먹는 사람을 일컫는 신조어다. 사 먹는 것보다 건강한 식단을 구성할 수 있고 식비와 시간을 절감할 수 있어, 최근 고물가 시대가 지속되면서 1만 원에 육박하는 점심 비용을 아끼려는 직장인 등을 중심으로 밀프렙족이 증가하고 있다.

법정감염병

「감염병의 예방 및 관리에 관한 법률」에 따라 2020년 1월부터 제1~4급으로 분류하고 있다. 제1급은 생물테러감염병 또는 치명률이 높거나 집단 발생의 우려가 커 발생 또는 유행 즉시 신고하여야 하고, 음압격리와 같은 높은 수준의 격리가 필요한 감염병(17종)이다. 제2급은 전파가능성을 고려하여 발생 또는 유행 시 24시간 이내에 신고하여야 하고 격리가 필요한 감염병(20종), 제3급은 발생을 계속 감시할 필요가 있어 발생 또는 유행 시 24시간 이내에 신고하여야 하는 감염병(26종)이다. 제4급은 그 외의 감염병으로 유행 여부를 조사하기 위하여 표본감시활동이 필요한 감염병(23종)이다.

베이비부머 (Baby Boomer)

전쟁 후나 혹독한 불경기를 겪은 후 사회적·경제적 안정기가 온 이후에 태어난 세대를 말한다. 미국의 경우 제2차 세계대전이 끝난 1946년부터 1965년에 태어난 세대로 경제적인 풍요 속에서 높은 교육을 받아 진보적인 사고를 가지며 다양한 사회·문화 운동을 주도했고, 1980년대 이후 소비주체가 되었다. 우리나라는 한국전쟁 이후인 1955년부터 1963년에 출생한 세대를 가리킨다.

4세대 실손보험

불필요한 보장을 줄이고 자기부담금을 높인 보험으로 무사고 가입자에게 보험료를 깎아 주는 자동차보험처럼 병원에 덜 갈수록 보험료를 덜 내는 방식이다. 도수치료나 MRI와 같은 비급여항목을 특약으로 분리하여 비급여 보험금을 얼마나 지급했는지에 따라 가입자를 5등급으로 차등화하여 비급여진료를 받으면 받을수록 보험료를 더 내는 구조이다.

사회적 안전망

사회적 안전망은 사회적 위험(노령, 질병, 실업, 산업재해 등)으로부터 모든 국민을 보호하기 위한 다양한 제도적 장치를 의미한다. 경제 구조 조정으로 불가피하게 발생한 실업자들에게 공공사업을 통하여 일자리를 제공하거나 생계비를 보조해 주는 것을 말한다. 넓은 의미로는 사회보장과 같은 뜻으로 노령·질병·실업·산업재해 같은 사회적 위험으로부터 모든 국민을 보호하기 위한 제도적 장치를 이른다.

수리권 (Right to Repair)

소유자가 제품을 고쳐서 쓸 수 있도록 하는 권리로 자동차, 의료기기, 농기구, 전자기기 등 생활 전반에 걸친 권리로 확대되고 있다. 세부내용으로는 수리보증을 장기간 요청할 수 있는 권리, 수리 방식 및 업체를 선택할 수 있는 권리, 수리에 필요한 부품 및 장비 등에 접근할 수 있는 권리, 수리가 용이한 제품을 선택할 수 있는 권리 등이 있다.

스모킹건 (Smoking Gun)

어떤 범죄나 사건을 해결할 때 나오는 결정적 증거로 '가설을 증명하는 과학적 근거'라는 뜻으로도 쓰인다. 이는 살해 현장에 있는 용의자의 총에서 연기가 피어난다면 이는 흔들릴 수 없는 명백한 증거가 된다는 의미에서 붙여진 이름이다. 영국의 유명 추리소설 작가 아서 코난 도일(Arthur Conan Doyle)의 '셜록 홈즈(Sherlock Holmes)' 시리즈 중 하나인 『글로리아 스콧호(Gloria Scott)』에서 나오는 대사에서 유래됐다.

식테크 (植tech)

'식물'과 '재테크'의 합성어로, 식물을 분양해 수익을 창출하는 것을 말한다. 코로나19 이후 집에 머무는 시간이 많아지면서 집 인테리어나 홈가드닝에 돈과 시간을 투자하는 사람들이 많아짐에 따라 식물 수요가 크게 늘기 시작하면서 대두되고 있다. 잎이 달린 줄기를 잘라

심어 새 식물을 키우는 '삽목(꺾꽂이)'이 가능하다는 점이 식테크의 인기 요소 중 하나로 꼽힌다. 이러한 특징으로 잎이나 줄기 하나씩만 떼어 판매할 수도 있어 식물을 계속 키우면서 수익을 창출할 수 있다.

에너지믹스 (Energy Mix)

인구 증가와 더불어 급증하는 전력 사용량을 감당하기 위해 다양한 종류의 에너지 공급원을 적절하게 혼합하여 에너지 공급 효율성을 극대화하는 기술을 말한다. 온실가스 발생량을 저감하는 대책 중 하나로 최근에는 석유와 석탄 같은 화석연료의 사용량은 감소하고 원자력, 태양열, 바이오에너지 같은 신재생에너지의 사용량은 점차 늘어나는 추세이다.

A세대

경제적으로 구매력 있고 자기 투자에 적극적인 만 45~65세의 중장년층을 일컫는 용어이다. 'Ageless(나이 초월)'와 'Accomplished(성취한)', 'Alive(생동감 있는)' 등의 특징을 가진 세대로 각 단어의 앞자리를 떠서 A세대라고 부른다. 이들은 모바일 환경에도 익숙하고 트렌드에도 민감하며 최근 MZ세대와 함께 국내 유통시장을 주도하는 주요 소비 세력으로 급부상하고 있다.

온실가스배출권 거래제

정부가 온실가스를 배출하는 사업장을 대상으로 연단위 배출권을 할당하여 해당 범위 내에서 배출할 수 있도록 하고, 할당된 사업장의 실질적 온실가스 배출량을 평가하여 여유분·부족분에 대해 사업장 간 거래를 허용한다.

위로포비아

자신의 속마음을 타인에게 털어놓을 경우 나의 미숙한 부분이나 약점을 드러내야 한다는 생각에 위로받는 것을 극도로 회피하고 두려워하는 증상이다. 공포증을 의미하는 '포비아(Phobia)'는 특정 대상이나 상황 등을 지나치게 두려워하고 회피하려는 불안장애 증상으로, 위로포비아 역시 이에 속한다.

인구주택총조사 (인구센서스, 人口Census)

우리나라의 모든 사람과 주택 규모 및 특징을 파악하기 위한 국가기본통계조사이다. 한 국가의 영토 내의 모든 인구 및 주택에 대해 조사하여 주요 정책을 수립하고 개발하기 위한 기초자료로 쓰인다. UN에서는 인구주택총조사를 특정한 시점에 한 국가 또는 일정한 지역의 모든 사람, 가구, 거처와 관련된 인구 · 경제 · 사회학적 자료를 수집, 평가, 분석, 제공하는 전 과정으로 정의한다.

인도주의 회랑 (Humanitarian Corridors)

생존권에 위협을 받는 주민들이 주거지역을 빠져나올 수 있도록 상호조율로 열어 둔 임시 통로를 말한다. 탈냉전 시대의 정치적 자유를 보장하기 위해 국제 사회 주도로 제시됐고, 최근 시리아 내전 동안 난민의 탈출을 위한 통로로 주로 이용됐다. 안전한 이동과 수송을 위해 통로로 지정된 길은 비무장지대로 선포된다.

장래인구추계

통계청이 인구총조사, 인구변동요인(출생, 사망, 국제인구이동) 등의 추이를 반영해 미래 인구변동요인을 가정하여 향후 50년간의 장래인구를 전망한 결과를 말한다.

전력구매계약 (PPA)

기업이나 가정이 에너지 공급사업자와 직접 계약해 전력을 공급받을 수 있도록 한 제도로 우리나라에서는 재생에너지 시장에 도입되었다. 한국전력공사가 중개자로 참여하면 제3자 PPA, 완전히 배제되면 직접 PPA로 부른다. 하지만 현행 「전기사업법」상 한국전력공사가 전력 송배전과 판매를 독점하도록 되어 있어 직접 PPA의 경우에도 한국전력공사는 송배전망 이용료 등 부대비용을 받는다.

전자감독

2008년 9월 시행된 구 「특정 성폭력범죄자에 대한 위치 추적 전자장치 부착에 관한 법률」 (현 「전자장치 부착 등에 관한 법률」, 2020.2.4.자로 명칭이 개정되었다)에 따라 시행된 제도이다. 전자장치 부착 대상자는 성폭력범죄를 2회 이상 저지르거나 19세 미만의 청소년 및 영유아, 신체적 또는 정신적 장애가 있는 사람에 대하여 성폭력범죄를 저지른 사람, 유괴·살인·강도 범죄를 다시 범할 위험성이 있는 사람 등이다. 부착명령을 선고받은 사람은 부착기간 동안 보호관찰을 받게 된다.

제노사이드 (대량학살, Genocide)

특정 인종, 집단을 절멸시키려는 학살을 말한다. 흔히 인종청소라고 부르기도 한다. 인종과 이념의 대립 혹은 종교·정치적인 명목으로 벌어지는 범죄행위이다. 제2차 세계대전 중 벌어진 유대인에 대한 홀로코스트(Holocaust), 캄보디아의 킬링필드(Killing Fields), 코소보의 인종청소가 대량학살의 대표적 사례이다.

젠더 (Gender)

생물학적 의미의 성을 가리키는 섹스(sex)와 달리 젠더(gender)는 사회적인 성을 의미한다. 일반적으로 젠더란 사회적으로 구성되는 남녀의 정체성, 즉 사회적·문화적으로 길들여진 성이며 여성다움과 남성다움을 통칭한다. EU와 미국 등 다수 국가에서 주장하는 젠더는 남녀차별적인 섹스보다 동등한 남녀관계를 함축하므로 평등의 관점에서 모든 사회적 대등함을 실현해야 한다는 의미가 내포되어 있다.

조용한 사직 (Quiet Quitting)

직장을 그만두진 않지만 정해진 업무시간과 업무 범위 내에서만 일하고 초과근무를 거부하는 노동방식을 뜻하는 신조어이다. 'Quiet Quitting'을 직역하면 '직장을 그만두겠다.'라는 의미이지만, 실제로는 '직장에서 최소한의 일만 하겠다.'라는 뜻이다. 『워싱턴포스트(Washington Post)』는 이에 대해 직장인들이 개인의 생활보다 일을 중시하고 일에 열정적인 '허슬 컬쳐(Hustle Culture)'를 포기하고 직장에서 주어진 것 이상을 하려는 생각을 중단하고 있다는 것을 보여 주는 현상이라고 분석했다.

질소비료

질소를 많이 포함하고 있는 비료로 공기에 79%나 포함되어 있는 질소를 분리하여 만든다. 식물의 생장에는 많은 양의 질소가 필요한데, 화학적으로 만든 질소비료를 토양에 섞어 식물의 생장을 돕는다. 그러나 과다 사용 시 비대생장으로 오히려 죽을 수 있어 사용에 주의가 필요하다. 또한 질소비료와 같은 화학비료는 토양을 산성화시키고 수질 오염을 유발한다는 단점이 있다.

증오범죄

소수인종이나 소수민족, 동성애자, 장애인·노인 등 사회적 약자층에게 이유 없는 증오심을 갖고 테러를 가하는 범죄행위를 일컫는 말로 혐오범죄라고도 부른다. 대개 잔혹성과 집단성을 띠는 것이 특징이며 나치주의자 쿠클럭스클랜(KKK) 등 유색인종에 대한 백인우월주의자들의 증오범죄가 대표적이다. 미국에서는 1991년부터 증오범죄를 공식범죄통계의 한 유형으로 분류하고 있다.

쿼터리즘 (Quarterism)

4분의 1을 뜻하는 영어 '쿼터(Quarter)'에서 나온 말로, 어떤 일에 15분 이상 집중하기 힘든 현상을 말한다. 스마트폰이나 인터넷 사용이 일상화되면서 자극적이고 감각적인 것에는 즉각 반응하나 금세 관심이 바뀌는 등 인내심을 잃어버린 청소년들의 사고, 행동양식 등을 가리킨다.

통합 뉴스룸

저널리즘이 산업적으로 융합되면서 한 기업 내에서 여러 매체를 만족시키기 위한 통합된 뉴스룸 조직을 말한다. 특히 인터넷과 같은 디지털 기술의 발달로 뉴스 유통이 다각화되면서 뉴스룸이 온라인을 포함하는 다중 매체를 만족시키는 통합 뉴스룸으로 전환되게 되었다. 적은 비용으로 다수 매체를 만족시켜 경제적 효율성과 업무 효율성을 높일 수 있으나 기사 품질이 저하되는 등의 문제점이 발생하고 있다.

특수형태근로종사자

근로방식은 일반근로자와 같으나, 사업주와 개인 간의 도급으로 근로계약을 맺고 있는 종사자이다. 특수고용노동자, 준근로자 등으로 불리기도 한다. 독자적 사업장이 없고 계약된 사용자에게 종속되어 자율적으로 일한다. 택배·대리운전기사, 보험설계사, 학습지 교사, 골프장 캐디 등의 직종은 정식노동자로 근로계약을 맺을 수도 있으나 대부분이 특수고용직으로 일한다.

파이어족 (Fire族)

'Fire'는 'Financial Independence, Retire Early'의 약자이다. 젊었을 때 극단적으로 절약한 후 노후 자금을 빨리 모아 30대, 늦어도 40대에는 퇴직하고자 하는 사람들을 의미한다.

고분자 (Macromolecule)

분자량이 1만 이상으로 매우 큰 분자를 거대분자라 하며, 이 분자로 구성된 물질을 고분자라고 한다. 송진, 녹말, 셀룰로오스(Cellulose) 등이 자연에서 얻을 수 있는 대표적 천연 고분자화합물이다. 인간이 인위적으로 만든 것은 합성 고분자화합물이라고 하며 나일론, 스티로폼, 폴리염화 비닐 등 각종 합성고무나 합성섬유, 합성수지가 대표적이다. 고분자화합물은 의식주와 밀접한 관계가 있으므로 그 중요성이 점점 높아지고 있다.

90:9:1의 법칙

인터넷 이용자 중 90%는 관망하고, 9%는 재전송이나 댓글로 정보 확산에 기여하며, 극소수인 1%만이 콘텐츠를 창출한다는 법칙으로, SNS와 스마트폰 사용이 일반화되면서 영향력 있는 소수의 의견이 다수인 것처럼 확산되며 여론이 한 방향으로 치우치는 현상 등이 이와 관련 있다.

네카시즘 (Netcarthyism)

'Netizen(네티즌)'과 'Mccarthyism(매카시즘, 1950년대 미국에서 있었던 공산주의자 색출 소동)'의 합성어로 인터넷에 부는 마녀사냥 열풍을 말한다. 다수의 네티즌들이 인터넷, SNS 공간에서 특정 개인을 공격하며 사회 공공의 적으로 삼고 매장해 버리는 현상이다. 네티즌들의 집단행동이 사법제도의 구멍을 보완할 수 있는 요소라는 공감대에서 출발했지만 네티즌들의 응징 대상이 대부분 힘없는 시민이라는 점과 사실 확인이 쉽지 않은 인터넷 상의 정보를 기반으로 하기 때문에 피해를 보는 사람이 생길 수 있다는 문제가 제기된다.

노모포비아 (Nomophobia)

'No, Mobile(휴대 전화)', 'Phobia(공포)'를 합성한 신조어로 휴대폰이 가까이 없으면 불안감을 느끼는 증상을 말한다. 즉, 휴대전화가 없는 상황이 올 경우 굉장한 스트레스를 느끼는 휴대폰 중독 상황을 가리킨다. 2012년 3월 인터넷 보안전문업체 시큐어엔보이는 영국 국민 1,000명을 상대로 설문 조사를 벌인 결과 응답자의 66%가 휴대 전화가 없을 때 노모포비아로 고통받고 있다고 밝혔으며, 이는 4년 전보다 11%가 늘어난 것이다. 이에 대해 CNN은 노모포비아의 '대표적인 증상으로 권태, 외로움, 불안함으로, 하루 세 시간 이상 휴대 전화를 사용하는 사람들은 노모포비아에 걸릴 가능성이 높고, 스마트폰 때문에 인터넷 접속이 늘어나면서 노모포비아가 확산일로에 놓여 있다.'라고 진단했다.

다중접속역할수행게임 (MMORPG)

MMORPG는 대규모 다중 사용자 온라인 롤 플레잉 게임(Massive Multiplayer Online Role Playing Game)의 줄임말로, 온라인으로 연결된 수십 명 이상의 플레이어가 동시에 같은 가상공간에서 즐길 수 있는 롤 플레잉 게임이다. 롤 플레잉 게임(RPG)이란 게임 속 등장인물의 역할을 수행하는 형식의 게임을 말한다.

DRM (Digital Rights Management)

우리말로 '디지털 저작권 관리'라고 부른다. 허가된 사용자만 디지털 콘텐츠에 접근할 수 있도록 제한해 비용을 지불한 사람만 콘텐츠를 사용하도록 하는 서비스 또는 정보 보호 기술을 통틀어 가리킨다. 불법 복제는 콘텐츠 생산자들의 권리와 이익을 위협하고, 출판·음악·영화 등 문화산업 발전의 걸림돌이 될 수 있다는 점에서 DRM의 중요성은 점점 커지고 있다.

디도스 공격 (Distributed Denial of Service Attack)

특정 컴퓨터의 자료를 삭제하거나 훔치는 것이 목적이 아니라 정당한 신호를 받지 못하도록 방해하는 '분산 서비스 거부공격'을 말한다. 여러 대의 컴퓨터가 일제히 공격해 대량 접속이 일어나게 함으로써 해당 컴퓨터의 기능이 마비되게 한다. 자신도 모르는 사이에 악성 코드에 감염돼 특정 사이트를 공격하는 PC로 쓰일 수 있는데, 이러한 컴퓨터를 좀비PC라고 한다.

디지털 부머 (Digital Boomer)

디지털 시대에 디지털 제품의 소비 확산을 주도하는 디지털 신인류로, 이들은 자신과 비슷하거나 공감대가 비슷한 사람들과의 커뮤니케이션을 위해 디지털 매체와 서비스를 소통 채널로 이용한다. 스마트폰 등 디지털 매체를 이용해 패션이나 연예 정보를 공유하고, 대중문화 활동에 적극적으로 참여하며 유행에 열광하는 모습을 보인다.

디지털 폐지 줍기

보상형 모바일 애플리케이션을 통해 포인트를 모아 현금화하거나 기프티콘으로 교환하는 것을 일컫는 신조어이다. 스마트폰을 이용한 재테크라는 뜻에서 '앱테크(Apptech)'라고도 한다. '디지털 폐지 줍기'라는 명칭은 길거리에 버려진 박스나 종이 등을 주워 고물상에 판 뒤 소액의 생활비를 버는 폐지 줍기에서 비롯된 것으로 디지털 환경에서 꾸준히 이벤트에 참여하여 지급된 포인트나 쿠폰을 챙겨 쏠쏠하게 생활비를 번다는 의미가 있다. 관련 앱을 운영하는 기업들은 이렇게 모인 사용자의 정보들을 추후 사업계획 등에 기반 데이터로 활용할 수 있다.

딥러닝 (Deep Learning)

인공지능 컴퓨터가 외부 데이터를 스스로 조합하고 분석하여 학습하도록 하는 방법인 머신 러닝(Machine Learning) 기술 중 하나다. 사람의 뇌 속 신경망 구조를 모방하여 학습시키는 방법으로 많은 데이터를 분류하여 같은 집합들끼리 묶고 상하관계를 파악하는 기술이다. 딥러닝을 통해 인공지능이 획기적으로 발전하게 됐다.

딥페이크 (Deep-Fake)

인공지능이나 얼굴 매핑(Facial Mapping) 기술을 활용해 특정 영상의 일부나 음성을 합성한 편집물을 일컫는다. 특정인의 표정이나 버릇, 목소리, 억양 등을 그대로 흉내 내면서 하지도 않은 말·행동을 한 것처럼 보이게 할 수 있어 논란이 되고 있다.

랜섬웨어 (Ransomware)

'몸값(Ransom)'과 '소프트웨어(Software)'의 합성어다. 사용자의 컴퓨터 시스템을 잠그거나 데이터를 암호화해서 사용할 수 없도록 만든 다음 사용하고 싶다면 돈을 내라며 비트코인이나 금품을 요구한다. 주로 이메일 첨부파일이나 웹페이지 접속을 통해 들어오거나 P2P 서비스 등에서 확인되지 않은 프로그램이나 파일을 '내려받기(Download)' 하는 과정에서 들어온다. 랜섬웨어에 걸렸을 경우 컴퓨터 포맷은 가능하나 파일을 열거나 복구하기가 어렵다.

리걸테크 (Legal-Tech)

법을 뜻하는 'Legal'과 기술을 뜻하는 'Technology'의 합성어로, 법률과 기술의 결합으로 새롭게 탄생한 서비스를 말한다. 초기의 리걸테크는 법률 서비스를 제공하기 위한 기술이나 소프트웨어를 의미했으나 최근에는 IT 기술을 바탕으로 한 새로운 법률 서비스를 제공하는 스타트업 및 산업을 아우르는 용어로 의미가 확장되었다. 인공지능과 빅데이터가 등장한 2010년 전후로 등장하기 시작했다.

망중립성

인터넷망 서비스를 전기·수도와 같은 공공서비스로 분류해 네트워크 사업자가 관리하는 망이 공익을 위한 목적으로 사용돼야 한다는 것으로, 네트워크 사업자는 모든 콘텐츠를 동등하게 취급해야 하며 어떠한 차별도 있어서는 안 된다는 원칙이다. 따라서 인터넷망을 통해 오고가는 인터넷 트래픽에 대해 데이터의 유형, 사업자, 내용 등을 불문하고 이를 생성하거나 소비하는 주체를 차별 없이 동일하게 처리해야 한다.

메타버스 (Metaverse)

현실세계와 같은 사회적 활동이 이뤄지는 3차원 가상세계를 뜻하며, '가공, 추상'을 뜻하는 '메타(Meta)'와 현실세계를 뜻하는 '유니버스(Universe)'가 합쳐진 단어이다. 가상현실(Virtual Reality)보다 진보된 개념으로 증강현실, 라이프로깅(Lifelogging) 등 현실과 기술이 접목된 광범위한 분야를 포괄하는 개념이다. 5G 상용화와 코로나19로 비대면 온라인이 확산되면서 주목받고 있다.

모빌리티 (Mobility)

사전상으로 '유동성, 이동성, 기동성' 등을 뜻하는 말로, 전반적으로 사람들이 목적지까지 빠르고, 편리하며, 안전하게 이동할 수 있게 해주는 각종 이동수단과 서비스 등을 가리킨다. 자율주행차, 전동 휠, 전기차 등의 이동수단뿐 아니라 승차공유, 카 셰어링, 스마트 물류 등 다양한 서비스 등도 포함된다.

바이오에탄올 (Bio-Ethanol)

재생 가능한 바이오매스(Biomass: 태양에너지를 받아 유기물을 합성하는 식물체와 이들을 식량으로 하는 동물, 미생물 등의 생물유기체)로부터 주로 생물학적 방법으로 합성된

에탄올이다. 휘발유에 혼합하여 사용하기에 충분한 성능을 가진 석유 대체 연료이자 바이오에너지다. 기존 가솔린과 혼합해 사용하기 때문에 가솔린엔진, 석유정제, 유통 인프라를 최소한의 설비 변경만으로 그대로 사용할 수 있다는 장점이 있다.

빅테크 (Big Tech)

구글, 아마존, 페이스북과 같은 대형 IT 기업을 가리키는 말이다. 국내에서는 네이버, 카카오와 같이 본래 온라인 플랫폼 제공 기업이었다가 금융시장에 진출한 업체를 지칭한다. 국내 빅테크 기업들은 단순한 은행업무뿐 아니라 자산관리, 보험 판매에 이르기까지 진출영역을 확장하고 있다.

사물인터넷 (IoT, Internet of Things)

사물들이 서로 연결된 것 혹은 사물들로 구성된 인터넷을 말한다. 여기서의 '사물'에는 단순히 유형의 사물에만 그치지 않고 공간은 물론 상점의 결제 프로세스 등의 무형 사물까지도 포함된다고 본다. 이러한 사물들이 연결되어 개별적인 사물들이 제공하지 못했던 새로운 서비스를 제공하는 것을 의미한다.

사이버 불링 (Cyber Bullying)

인터넷과 소셜 네트워크 서비스(SNS), 스마트폰 등을 이용해 온라인 공간에서 특정 인물을 괴롭히는 행위이다. 최근 학교 폭력도 인터넷 메신저나 스마트폰 문자메시지를 통해 상대방을 24시간 괴롭히는 사이버 불링의 형태로 나타나고 있다.

사회공학적 공격

시스템이 아닌 그 시스템을 운영하는 사람의 취약점을 공략하여 원하는 정보를 얻는 해킹 기법으로, 개인정보를 통해 개인의 감정이나 인지 · 심리 상태를 공략한다. 특별한 기술이 아닌, 사람들의 방심이나 실수를 기반으로 암호나 정보를 알아낸다. 지인 · 기관 등을 사칭해 돈 · 정보를 요구하는 피싱, 링크를 통한 스마트폰 해킹 방법인 스미싱 등이 대표적인 사회공학적 공격이다.

생체정보

인간의 특성을 측정하는 항목을 가리키는 용어이며 얼굴, 홍채, 정맥, 지문 등의 신체적 특성과 서명, 목소리 등 행동적 특성이 생체정보로 쓰인다. 개인의 고유한 신호를 사용하므로 분실·도난의 염려가 없어 보안성과 신뢰성으로 크게 주목받는 차세대 보안기술 중 하나이나 본인이 허락하지 않은 상태에서 정보를 수집·저장하는 등 윤리 문제를 일으킬 수 있는 우려가 있다.

스타링크 (Starlink)

스타링크는 세계 최대 위성통신 서비스인 스페이스X(SpaceX)가 자체적으로 시행하는 전 세계 대상 위성인터넷망 구축 프로젝트이자 위성군이다. 광범위한 위성 인터넷 서비스를 위한 용도로 제작됐으며, 궁극적으로는 지구-화성 간 통신망 구축을 목표로 하고 있다. 지난 2019년 5월 60기의 위성발사를 시작으로 2022년 12월 28일 Group 5-1 발사로 총 70회 동안 3,666기를 발사하였고, 3,284기가 정상 작동하고 있다.

스트리밍서비스 (Streaming Service)

네트워크상에서 비디오나 오디오 등의 데이터를 송신하는 동시에 볼 수 있게 하는 기술이다. 스트리밍(Streaming)은 '흐르다', '흘러내리다' 등의 의미를 가지고 있다. 음성, 동영상 등 용량이 큰 파일을 한 번에 다운로드하거나 전송하는 것이 쉽지 않기 때문에 파일의 일부를 조금씩, 실시간으로 전송하는 것이다. 스트리밍서비스는 OTT 서비스의 핵심이다.

시스템 반도체 (System Semiconductor)

정보를 저장하는 용도인 메모리 반도체와 달리 시스템 반도체는 디지털화된 전기적 정보를 연산하거나 처리(제어, 변환, 가공 등)하는 등 전자기기 시스템을 제어·운용하는 반도체이다. 비메모리 반도체(Non-memory Semiconductor)라고도 하며, 대표적인 시스템반도체로는 PC용 CPU(중앙연산장치), 스마트폰 및 태블릿용 AP(응용프로세서)가 있다. 비메모리 반도체는 메모리 반도체에 비해 설계가 매우 어려워 이를 제작하려면 고도의 기술력과 창의성을 지닌 인력이 필요하다.

CES (국제 전자제품 박람회)

'Consumer Electronics Show'의 약자로 미국소비자기술협회(CTA; Consumer Technology Association)의 주관으로 1967년부터 매년 1월 미국 라스베이거스에서 열리는 소비자 가전제품 박람회다. 세계 최대의 전자제품 전시회로 세계적인 전자회사들이 신기술과 신제품을 선보인다. 원래 가전제품 위주 전시행사였으나, 지금은 첨단 IT 제품 소개장으로 성장하여 IT 대표업계들의 최첨단 주력제품이 선보이는 무대가 됐다.

아르테미스 프로젝트 (Artemis Project)

미항공우주국(NASA)에서 추진 중인 달 유인탐사 프로젝트로 2020년 인류 달 착륙 50주년을 맞아 본격화됐다. 인류 마지막 유인탐사는 1972년의 아폴로 17호이며, 아르데미스 프로젝트는 여성 우주인이 처음으로 달을 밟는다는 계획하에 달의 여신인 아르테미스의 이름을 따왔다. 2025년 유인 달 착륙으로 목표가 늦춰졌으나, 바이든(Biden) 행정부에 들어선 뒤에도 아르테미스 계획의 본질과 그 지향점은 바뀌지 않았다. 2020년 10월 13일에는 아르테미스 계획을 성사시키기 위한 국제 조약인 아르테미스 약정이 발효되었으며, 2022년 6월 28일에는 달 궤도 시험비행 위성인 '캡스톤(CAPSTONE)'이 아르테미스 계획의 일환으로서 발사 성공하며 새 유인 달 탐사 계획의 시작을 알렸다. 우리나라는 아아르테미스 약정에 2021년에 서명하여 10번째 약정 참여국이 됐다.

IPTV (Internet Protocol Television)

전파가 아닌 초고속 인터넷망을 통해 다양한 멀티미디어 콘텐츠를 텔레비전 수상기로 제공하는 양방향 텔레비전 서비스이다. 통신과 방송의 융합 서비스로, 비디오를 비롯한 각종 방송 콘텐츠 제공의 측면에서는 일반 케이블 방송과 비슷하나, 시청자가 자신이 보고 싶은 프로그램을 보고 싶은 시간에 볼 수 있다는 점에서 방송 주도권이 시청자에게로 넘어간다고 볼 수 있다.

에너지원 (Energy resources)

일상생활에서 사용하는 다양한 에너지를 만들어 내는 원천으로 크게 화석연료, 핵연료, 재생 가능 자원으로 나뉜다. 화석연료는 동식물의 유해가 오랫동안 땅속에 파묻혀 분해된 것으로 석탄, 석유, 천연가스, 오일샌드 등이 대표적이다. 핵연료는 핵분열을 연쇄적으로 일으켜 이용할 수 있는 에너지를 얻을 수 있는 물질로 우라늄, 플루토늄, 토륨 등이 있다. 재생 가능 자원은 시간이 지나면 저절로 재생되는 자원으로 태양, 풍력, 조력, 파도, 지열, 수열 등이 있다.

에듀테크 (Edu-Tech)

'교육(Education)'과 '기술(Technology)'을 합친 용어로 교육을 정보통신기술(ICT)에 결합한 산업을 말한다. 즉, 소프트웨어(SW)·미디어·3D·가상현실(VR)·증강현실(AR) 등을 교육에 활용하는 것으로, 이러닝(e-Learning) 단계를 뛰어넘어 개개인에 맞는 교육을 가능하게 하기 때문에 학습자가 새로운 학습 경험을 할 수 있다. '에드 테크(Ed-Tech)'라고도 부른다.

열화상 카메라

적외선을 이용하여 표면 온도를 측정하는 카메라이다. 인체 등에서 내뿜는 열을 감지하고 온도에 따라 다양한 색으로 표현하여 우리 눈으로 그 온도를 볼 수 있게 해준다. 일반 카메라와 달리 오직 열을 이용하여 촬영하므로 연기와 같은 장애물의 유무나 빛의 유무와 상관없이 촬영할 수 있다. 산불의 감시, 체온 측정, 가축의 질병 여부 판단 등 여러 분야에서 유용하게 쓰이고 있다.

온라인 동영상 서비스 (OTT)

'Top(셋톱박스)를 통해 제공됨'이라는 의미로, 범용 인터넷을 통해 미디어 콘텐츠를 이용할 수 있는 서비스를 말한다. 시청자의 다양한 요구, 온라인 동영상 이용의 증가는 OTT 서비스가 등장하는 계기가 되었으며 초고속 인터넷의 발달과 스마트 기기의 보급은 OTT 서비스의 발전을 가속화시켰다.

유전자재조합

유용한 유전자가 포함된 DNA를 다른 DNA에 결합시켜서 원래는 존재하지 않았던 새로운 유전자를 만들어 이를 숙주세포에 주입한 후 유용한 물질을 대량 생산하는 것으로 바이오 테크놀로지의 핵심기술이다. 종의 경계를 허물어뜨린 방식이지만 유전자재조합을 통해 재구성된 생물의 경우 외형적인 부분과 관련된 유전자가 아닌 이상 외형적 변화가 일어나지 않으며, 유전자 전체가 아닌 일부만 재조합하는 것이라서 종이 완전히 달라도 재조합이 가능하다.

유전자증폭 (PCR) 검사

PCR(Polymerase Chain Reaction)은 의심 환자의 침이나 가래 등 가검물에서 RNA를 채취한 후 진짜 환자의 RNA와 비교해 일정비율 이상 일치하면 양성으로 판정하는 검사방법으로 우리말로 '중합효소연쇄반응'이라고도 한다. 인간의 DNA를 증폭하여 여러 종류의 유전질환을 진단하는 데 사용된다. 또한 세균이나 바이러스, 진균의 DNA에 적용하여 감염성 질환의 진단 등에 사용할 수 있다.

인앱 결제 (In-app Purchase)

애플리케이션 유료콘텐츠 결제 시 앱마켓 운영업체가 자체 개발한 시스템을 활용해 결제하는 방식을 일컫는다. 구글, 애플 등 앱스토어를 통해 결제하는 방식으로 이루어진다. 구글이나 애플은 자사 앱 안에서 각국의 앱·콘텐츠를 판매하고 결제 금액의 약 30%까지 수수료로 부과한다.

자율주행 레벨

자율주행은 교통수단이 운전자의 조작 없이 내부에 탑재된 인공지능에 따라 스스로 판단하여 주행하거나 외부 서버와 통신하며 서버의 명령에 따라 스스로 운행하는 무인운전 시스템을 말하며, 자율주행 레벨은 자율주행의 제어 단계를 말한다. 미국자동차기술자협회(SAE)가 분류한 6단계 구분(레벨 0~5)이 글로벌 기준으로 통하며, 시스템의 관여 정도 및 운전사의 제어방법에 따라 점진적인 단계로 구분된다. 레벨0은 비자동화, 레벨1은 운전자 보조, 레벨2는 부분자율주행, 레벨3은 조건부 자동주행, 레벨4는 고도자율주행, 레벨5는 완전자율주행 단계이다.

질소산화물 저감장치 (SCR)

선택적 촉매 감소기술(Selective Catalyst Reduction)의 약자로, 차량에서 배출되는 대기오염물질인 질소산화물(NOx) 등을 줄이기 위해 부착하는 장치이다. 요소수라고 부르는 암모니아(NH3) 수용액 등을 배출가스에 분사시키면 일어나는 촉매 반응을 통해 질소산화물을 물(H_2O)과 질소(N2)로 변환시킨다. 가장 친환경적인 디젤 엔진 장치로 인정받고 있다.

차량 전동화

차량을 움직이기 위한 구동과 관련된 기능을 모터와 배터리로 보조하거나 대체하여 전기에너지를 생산하고, 이를 활용한 주행을 통해 오염물질을 거의 배출하지 않는 형태로 변화하는 개념이다. 기존의 내연기관을 장착한 차량이 화석연료에 의존하여 발생했던 이산화탄소 배출을 낮추거나 없애기 위한 목적으로 보급된다. 자율주행, 커넥티드 카, 차량공유 등 미래 자동차의 핵심 트렌드와 융합되어 점점 발전하고 있다.

초신성 (Supernova) 폭발

질량이 태양보다 10배 이상 무거운 별들을 항성이라 하는데, 항성은 중심부에 있는 수소가 모두 연소하면 마지막에 대폭발을 일으킨다. 이때 태양이 평생 방출하는 에너지를 순간적으로 한꺼번에 방출하며 평소의 수억배 이상 밝게 빛나는데, 이 모습이 마치 새로운 별이 생기는 것처럼 보인다고 해서 초신성이라 부른다. 초신성이 폭발하면 별의 잔해가 흩어지는데, 그 중심핵은 수축하여 아주 작은 중성자별이 되거나 블랙홀이 된다.

캐시 서버 (Cache Server)

인터넷 사용자가 자주 찾는 정보를 따로 모아 두어, 이용자가 인터넷 검색을 할 때마다 웹 서버를 가동시킬 경우 신속하게 데이터를 제공하여 시간을 절약해 주는 서버이다. 캐싱(Caching) 서버라고도 한다. 정보를 빠르게 찾을 수 있으며, 인터넷 과부하 현상을 획기적으로 줄여 주는 역할도 한다.

클릭화학 (Click Chemistry)

자연에서 분자를 연결하여 또 다른 분자를 만드는 것을 모방하여 마치 블록을 조립하듯이 특정한 두 분자를 부산물을 발생시키지 않고 연결하는 '깔끔한' 합성 방식을 가리킨다. 캐롤린 버토지(Carolyn R. Bertozzi), 모르텐 멜달(Morten Meldal) 그리고 배리 샤플리스(K. Barry Sharpless)가 이 분야를 개척한 공로를 인정받아 2022년에 노벨화학상을 수상했다.

토큰 (Token)

블록체인 플랫폼은 채굴 인센티브나 거래 수수료를 지불하기 위한 자체 지불 수단을 가지는데 이를 코인이라 한다. 이런 블록체인 시스템에서 작동하는 응용 서비스는 계속 성장하고, 또 그 성장을 안정적으로 유지할 수 있게 네트워크 참여자들을 새롭게 확보해야 하는데 이 응용 서비스를 위한 지불 수단이 토큰이다.

파밍 (Pharming)

해커가 특정 사이트의 도메인 자체를 중간에서 탈취해 개인정보를 훔치는 인터넷 사기 수법이다. 진짜 사이트 주소를 입력해도 가짜 사이트로 연결되도록 하기 때문에, 사용자들은 가짜 사이트를 진짜 사이트로 착각하고 자신의 개인정보를 입력한다. 그렇게 되면 개인 아이디와 암호, 각종 중요한 정보들이 해커들에게 그대로 노출돼 피싱보다 더 큰 피해가 발생할 수 있다.

파운드리 (Foundry)

반도체산업에서 반도체 설계를 전담하는 기업으로부터 제조를 위탁받아 반도체 제조를 전담하는 생산전문 외주기업으로 설계기술 없이 가공기술만 확보하면 제품 생산이 가능하다. 반도체산업 기업은 크게 설계부터 완제품까지 담당하는 IDM(Integrated Device Manufacturer), 반도체 설계만 전담하는 팹리스, 타 기업의 반도체를 생산하는 파운드리, 파운드리가 생산한 반도체의 패키징과 검사를 진행하는 OSAT(Outsourced Semiconductor Assembly and Test)로 구분된다.

PLA (Poly Lactic Acd)

PLA는 옥수수 전분을 채취한 후 전분 포도당을 발효시켜 얻은 젖산을 이용해 만든 친환경 수지를 가리킨다. 자연 상태에 버려졌을 때 미생물에 의해 물과 이산화탄소 등으로 완전분해되고, 중금속이나 환경호르몬 같은 유해물질이 검출되지 않는 안전한 소재이다. 플라스틱 대용으로 사용되며, 일회용으로 사용하는 빨대, 컵, 수저가 대표적인 PLA 제품이다. 열에 약하며, 모양이 변형되거나 이상이 생길 수 있다는 단점이 있다.

핀테크 (FinTech)

'Finance(금융)'와 'Technology(기술)'의 합성어로, 금융과 IT의 융합을 통한 금융 서비스 및 산업의 변화를 통칭한다. 금융 서비스에서 모바일, SNS, 빅데이터 등 새로운 IT 기술 등을 활용하여 기존 금융 기법과 차별화한 기술 기반 금융 서비스 혁신이 대표적이며 최근 사례로는 모바일뱅킹과 앱카드 등이 있다. 산업적으로 애플페이, 삼성페이, 알리페이 등이 그 예에 해당한다.

확장현실 (XR)

가상현실, 혼합현실, 증강현실 등 관련 기술 전체를 통틀어 일컫는 용어로 기술 활용을 통해 확장된 현실을 창조하여 현실과 가상의 경계를 부수는 것이다. XR은 가상·증강·혼합현실 등 가상기술 전체를 지원할 수 있는 새로운 형태의 웨어러블(착용 가능한) 기기가 나오면서 만들어진 용어이며, 기기를 통해 현실을 실감하고 상호작용이 가능하도록 한다.

핵티비즘 (Hacktivism)

'해커(Hacker)'와 '행동주의(Activism)'의 합성어로, 정치·사회적인 목적을 위해 특정 정부·기관·기업·단체 등의 웹 사이트를 해킹해 서버를 무력화시키거나 과부하가 걸리게 만들어 접속을 어렵게 하는 방식으로 공격을 시도하는 것을 가리킨다. 자신의 정치적·사회적 목적을 이루기 위해 적극적이면서도 다양한 활동을 벌인다. 이라크전 때 이슬람 해커들이 미군의 폭격에 의해 불구가 된 이라크 아이들의 사진을 웹사이트에 올리면서 시작됐다.

05 문화·스포츠·미디어

게이미피케이션 (Gamification)

2002년 영국의 프로그래머 닉 펠링(Nick Pelling)에 의해 처음 사용됐고, 이후 2011년 미국에서 열린 '게이미피케이션 서밋(Gamification Summit)'을 통해 공식적으로 사용되기 시작했다. 게임 외적인 분야에서 문제 해결, 지식 전달, 행동 및 관심 유도 혹은 마케팅을 위해 게임의 매커니즘과 사고방식을 접목하는 것을 뜻한다. 현재는 마케팅·경영·교육 등 다양한 분야에서 활용되고 있으며, 특히 마케팅에서 고객 몰입도 향상을 통해 매출 증대를 목적으로 많이 사용된다.

골든글로브상 (Golden Globes Awards)

할리우드 외신기자협회(Hollywood Foreign Press Association)에서 수여하는 영화상이다. 1944년 20세기폭스(20th Century Fox Film Corporation)의 스튜디오에서 소규모로 최초의 시상식이 개최된 이래로 현재는 세계 영화 시장을 움직일 정도의 큰 영향력을 갖게 되었다. 뮤지컬, 코미디 부문과 드라마 부문으로 나뉘어 작품상, 감독상, 남녀 주연상 등을 시상한다.

기린 대화법

미국의 심리학자 마셜 로젠버그(Marshall B. Rosenburg)가 개발한 비폭력 대화법이다. 상대방을 설득할 때는 '관찰 – 느낌 – 욕구 – 요청'의 네 단계의 말하기 절차에 따르고, 평가하고 강요하기보다는 감성에 호소하며 부탁을 하여 상대방의 거부감을 줄이는 것이다. 기린은 목이 길고 키가 큰 동물이기 때문에 포유류 중 심장이 가장 크고 온화한 성품의 초식동물로, 높은 곳에서 주변을 살필 줄 아는 동물이기도 하다. 이런 기린의 성품처럼 상대를 자극하지 않고 배려할 수 있는 대화법이 기린 대화법이다.

노튜버존

'노(No)'와 '유튜버존(Youtuber+Zone)'의 합성어로 유튜버의 촬영을 금지하는 공간을 뜻한다. 일부 유튜버가 영상을 촬영한다며 허락을 구하지 않고 주방에 들어가거나, 손님과 점원에게 인터뷰를 요청해 피해를 끼치자 식당 측이 이를 금지하면서 생긴 말이다. 아울러 후기 영상을 올려주는 대가로 무료 식사 서비스를 요구하고, 시청자 수 확보를 위해 자극적인 연출을 주문하는 유튜버가 늘어나면서 노튜버존을 선언하는 식당이 늘고 있다.

능·원·묘

조선 왕실의 묘소는 왕족의 지위(품격)에 따라 능 · 원 · 묘로 구분된다. 왕과 왕비 그리고 추존된 왕과 왕비, 황제와 황후의 무덤은 능이며, 왕의 사친(왕을 낳은 후궁이나 왕족), 왕세자 및 그 빈의 묘소는 원이다. 그리고 나머지 왕족(대군, 군, 공주, 옹주, 후궁), 폐위왕의 묘소는 묘이다. 현재 능이 40기, 원이 13기, 묘가 63기 있으며, 조선왕릉 40기는 2021년에 유네스코 세계문화유산으로 지정되었다.

뉴베리 메달 (Newbery Medal)

아동용 도서를 처음 쓴 영국 출판인 존 뉴베리(John Newbery)의 이름을 따서 지은 상으로, 미국도서관협회(ALA)가 1922년부터 미국 아동 문학(소설, 시집, 논픽션)에 공헌한 작가에게 시상한다. 수상 대상은 미국 시민이나 미국에 거주하는 사람의 작품이다. '미국 아동 · 청소년 도서계의 노벨상'으로 불리는 최고의 상으로, 수상작은 미국 초등학교와 공립 도서관의 권장도서 목록에 오른다.

더비매치 (Derby Match)

더비(Derby)는 본래 영국의 경마대회 명칭에서 유래했으며, 스포츠에서 연고지가 같은 두 팀의 라이벌전을 뜻한다. 여기에 의미가 확장되어 오늘날에는 프로 스포츠에서 강팀들끼리 치르는 라이벌전을 의미한다. 유럽 축구 리그에는 유명한 더비가 많은데, 대표적으로 영국 프리미어리그의 맨체스터 유나이티드와 리버풀 간의 '노스웨스트 더비', 스페인 라리가의 레알 마드리드와 FC바르셀로나의 클래식 더비(엘 클라시코) 등이 있다.

도상 (圖像, Icon)

그림으로 그린 사람이나 사물의 형상으로, 특히 종교나 신화적인 주제를 표현한 미술품에 나타난 인물이나 사물의 형상을 말한다. 도상은 보통 그것이 표시하는 것과 비슷한 특징을 지니고 있으며, 그 물체와 동일시되는 기호적인 측면이 있다. 불교, 그리스도교 등 많은 종교에는 각각 특유한 유형의 도상이 있으며 그 대표적인 예가 그리스도교의 십자가이다.

링크드인 (Linkedin)

유럽과 북미 등지에서 이용 계층이 늘어나고 있는 SNS 형식의 웹 구인·구직 서비스이다. '1촌 맺기'와 같이 다양한 연결망을 통한 일자리 매칭 서비스를 갖추고 있다. 링크드인에서 개인정보가 공개된 사람이라면 검색을 통해 특정인의 경력을 살펴볼 수 있다. 하지만 SNS의 특성상 매우 공개적인 구직이 진행되기 때문에 한국과 일본 같은 이직 사실을 회사에 알리기 어려운 직장 문화에서는 각광받지 못하고 있다.

문화재지킴이

문화재를 가꾸고 지키기 위해 국민들의 자발적인 참여로 2005년부터 시작된 활동으로, 문화재뿐만 아니라 '문화재를 가꾸는 문화'를 물려 주기 위한 목적이 있다. 문화재청은 문화재지킴이 활동을 위해 위촉장 수여, 기본교육 기회 제공, 활동 확인서 제공, 우수지킴이에 대한 표창 및 포상 등을 지원한다. 주요 활동으로는 문화재 주변 정화, 모니터링, 소개 및 홍보, 협약 및 후원 등이 있다.

미국배우조합상 (SAG)

'미국배우조합(SAG)'이 주최하는 시상식으로 1995년 시작되어 현재에 이르고 있다. 미국배우조합은 미국 4대 조합 중 아카데미상의 향방을 가르는 미국 영화예술과학 아카데미에서 가장 많은 회원 수를 보유한 영화단체이다. 앞서 영화『기생충(Parasite)』은 SAG 시상식에서 배우 전체에게 주는 앙상블상을, 『미나리』의 윤여정은 여우조연상을 받은 바 있으며, 2022년에는 넷플릭스 드라마 시리즈『오징어 게임(Squize Game)』으로 이정재가 남우주연상, 정호연이 여우주연상을 받았다. 『오징어 게임』은 최고 액션 연기가 담긴 작품과 배우에게 수여하는 스턴트 앙상블상까지 수상했다.

미국 3대 음악시상식

그래미 어워드(Grammy Awards), 아메리칸 뮤직 어워드(AMAs), 빌보드 뮤직 어워드(BBMAs)를 말한다. 이 중 가장 권위 있는 상은 그래미 어워드로 전 미국 레코드 예술과학아카데미가 1년간의 우수한 레코드와 앨범을 선정해 우수 레코드상을 수여한다. 아메리칸뮤직 어워드는 대중 투표를 통해 수상자가 결정되며, 빌보드 뮤직 어워드는 빌보드 차트에기반하여 시상한다.

미국프로골프 (PGA) 투어

PGA(Professional Golf Association)는 현재 2만 3천여 명의 남녀 프로골퍼가 속한 세계최대 프로골프협회이다. 1916년 미국프로골프협회(PGA of America)로 처음 조직되었으나 1968년 토너먼트 골프선수를 위한 별개 조직으로 분리되었다. PGA는 1부 리그, 시니어 투어, 2부 리그 등 다양한 국제 골프대회를 주관하고 있으며, 이를 총칭하여 'PGA 투어(TOUR)'라고 한다. 2000년에 최경주(53, SK텔레콤)가 한국인 최초로 PGA 투어에 데뷔한 이후 수많은 선수들이 도전하고 있으며 2023년 1월 현재까지 PGA투어 무대를 밟은 한국 국적 선수는 총 13명이다. 이들 '코리안 브라더스'가 합작한 우승 수는 2002년 최경주의컴팩 클래식부터 2023년 김시우(28, CJ대한통운)의 소니오픈까지 총 24승이다.

발롱도르 (Ballon d'Or)

'황금빛 공'이라는 뜻의 '발롱도르'는 1956년 프랑스 축구 전문지『프랑스 풋볼(France Football)』이 제정한 상으로 축구 선수에게 가장 명예로운 개인 상이다. 원래 유럽 축구클럽에서 활약한 유럽 선수들만을 대상으로 하였으나 2007년 전 세계로 범위가 확대됐다. 2018년부터는 여자선수부문과 21세 이하 남자선수 부문 '코파 트로피'가, 2019년에는 골키퍼 부분의 '야신 트로피'가 추가됐다.

볼로냐 라가치상 (Bologna Ragazzi Award)

매년 이탈리아 볼로냐에서 개최되는 세계 최대 규모의 아동도서전 '볼로냐 국제아동도서전(Bologna Children's Book Fair)'에서 한 해 동안 출간된 아동도서 중 분야별 최고 도서를 선정해 수여하는 상이다. 1966년 제정됐으며, 아동도서 분야 상 중 최고 권위를 인정받는다. 2011년 작가 김희경이 그림책 『마음의 집』으로 논픽션 부분 대상을 수상하며 한국 작가 중 처음으로 대상을 수상했다.

비엔날레 (Biennale)

2년마다 열리는 국제미술전이다. 세계 각지에서 여러 종류의 비엔날레가 열리고 있지만, 그중에서도 가장 역사가 길며 그 권위를 인정받고 있는 것은 베니스 비엔날레이다. 우리나라는 1995년 제45회 전시부터 독립된 국가관을 개관하여 참가하고 있다. 3년마다 열리는 국제미술전은 트리엔날레(Triennale)라고 한다.

서원 (書院)

지방 성리학자들이 향촌 사회에서 자체적으로 설립한 학교이다. 향교(鄕校)가 공립학교라면 서원은 사립학교라 할 수 있다. 서원은 후학 양성의 기능과 함께 선배 유학자를 기리는 사원의 기능도 있었다. 서원의 구조를 살펴보면 대부분 앞쪽에 공부하는 강당과 기숙사를 두고 뒤쪽에는 선현을 위한 사당을 짓는 '전학후묘(前學後廟)' 배치를 하고 있다. 조선 시대에는 중앙에서 서원에 과도한 특권을 허락하여 각종 폐단이 일어나기도했지만 현대에는 문화재로서의 가치가 크다. 우리나라 중부와 남부 여러 지역에 걸쳐 위치한 9개의 서원(소수서원, 남계서원, 옥산서원, 도산서원, 필암서원, 도동서원, 병산서원, 무성서원, 돈암서원 등)은 '한국의 서원'이라는 이름으로 2021년에 세계문화유산에 등재되었다.

선댄스 영화제 (The Sundance Film Festival)

세계 최고의 권위를 지닌 독립영화제로 미국의 감독 겸 배우 로버트 레드포드(Robert Redford)가 할리우드의 상업주의에 반발하고 독립영화 제작에 활기를 불어넣기 위해 창설하였다. 로버트 레드포드는 영화 『내일을 향해 쏴라(Butch Cassidy and The Sundance Kid)』에서 자신이 맡았던 배역 이름을 따서 선댄스협회(Sundance Institute)를 설립하고, 1985년 미국 영화제(The United States Film Festival)를 흡수하여 선댄스영화제를 만들었다. 매년 1월 20일 미국 유타주 파크시티(Park City)에서 열린다.

스포츠중재재판소 (CAS)

각종 국제 스포츠대회에서 일어날 수 있는 분쟁을 신속, 공정하게 심판하기 위해 국제올림픽위원회(IOC)가 1984년 창설한 국제기구이다. 1994년 별도의 기구로 독립한 이후 법인 지위를 갖고 어떤 단체로부터 감독이나 지시도 받지 않는 독립기구로 본부는 스위스 로잔(Swiss Lausanne)에 위치해 있다. 판정 시비와 약물 도핑, 선수 자격 시비 등을 둘러싼 심판을 담당한다. 우리나라는 대한체육회가 2022 베이징겨울올림픽 쇼트트랙 남자 1000m 실격 판정에 대한 국제스포츠중재재판소(CAS) 제소 계획을 철회했다. 한국은 이 경기에서 7일 쇼트트랙 남자 1000m 준결승에서 황대헌(23 · 강원도청)과 이준서(22 · 한국체대)가 각각 조 1위와 2위로 결승선을 통과했지만, 반칙 판정을 받아 실격했던 경기에 대해 편파 판정 의혹이 있었다.

아이즈너상 (Eisner Award)

미국 만화계의 거장 윌 아이즈너(Will Eisner)를 기리기 위해 제정됐으며, '만화계의 아카데미상'으로 불릴 만큼 권위 있는 상이다. 1988년 제1회 시상식을 시작으로 매년 미국 샌디에이고 코믹콘에서 열린다. 2022년 7월 네이버웹툰 연재작인 '로어 올림푸스(Lore Olympus)'가 우리나라 웹툰 플랫폼 사상 최초로 베스트 웹코믹 부분 수상작으로 선정되었다.

에미상 (Emmy Awards)

'TV계의 아카데미상'이라고 평가되는 에미상은 1949년 창설된 이후 매년 뉴욕과 할리우드 등지에서 개최되고 있다. 프라임타임 에미상, 주간 에미상, 로스앤젤레스지역 에미상, 국제 에미상 등이 있고, 이 중 본상 격인 프라임타임 에미상은 매년 9월 LA에서 발표, 저녁 시간에 진행하는 프로그램에 대해 수여하는 것으로 26개 분야에 걸쳐 시상한다. 심사는 예선과 본선에 걸쳐 이루어지며 예선은 4개 지역(아시아권, 남미권, 유럽권, 기타 영어사용권)에서 분산하여 개최된다.

유네스코 세계유산

유네스코(국제연합교육과학문화기구)는 인류 보편적 가치와 중요성을 지녔다고 인정하는 유 · 무형의 유산을 유네스코 유산으로 지정하여 보호하고 있다. 유네스코 유산은 세계유산 · 인류무형문화유산 · 세계기록유산으로 나뉘는데, 그중 세계유산은 인류의 소중한 문화 및 자연 유산을 보호하기 위해 지정한 유산으로 '문화유산', '자연유산', '복합유산'으로 나누어 관리한다. 우리나라는 석굴암·불국사(1995), 해인사 장경판전(1995), 종묘(1995), 창덕궁(1997), 화성(1997), 경주역사유적지구(2000), 고창·화순·강화 고인돌 유적(2000), 조선왕릉(2009), 한국의 역사마을:하회와 양동(2010), 남한산성(2014), 백제역사유적지구(2015), 산사, 한국의 산지승원(2018), 한국의 서원(2019) 총 13건의 문화유산과, 제주 화산섬과 용암동굴(2007), 한국의 갯벌(2021) 총 2건의 자연유산을 보유하고 있다.

창작씨앗

신진예술인들이 예술계에 안착하고 창작활동을 펼칠 수 있도록 생애 1회, 1인당 200만 원을 지원하는 사업이다. 공식 명칭은 '신진예술인 창작준비지원금사업 – 창작씨앗'으로 2021년부터 시작되었으며, 「예술인복지법」상 신진예술인 예술활동증명을 완료한 예술인을 대상으로 한다. 정부는 이러한 창작준비금 지원을 통해 신진예술인의 자생력 확보 및 전문 문화예술 생태계 진입 촉진 등을 목표로 추진 중이다.

UEFA 챔피언스리그

유럽축구연맹(UEFA) 주관 아래 유럽 각국의 프로축구 리그 우승팀과 상위팀들끼리 벌이는 축구대회이다. 1955~1956 시즌 '유럽 클럽 선수권 대회(European Champion Clubs Cup)'로 시작돼 '챔피언스컵'으로 이름을 바꾼 뒤 다시 '챔피언스리그'로 명칭을 변경했다. '유럽컵 위너스컵'이 폐지되면서 UEFA컵과 함께 유럽 2대 축구대회로 꼽힌다.

칸영화제 (Festival de Cannes)

프랑스 칸에서 1946년 시작되어 매년 개최되는 영화제로 베니스영화제, 베를린영화제와 더불어 세계 3대 영화제 중 하나이다. 대상에는 '황금종려상'이 수여되며 시상은 경쟁 부문과 비경쟁 부문, 주목할 만한 시선 부문 등으로 나뉜다. 우리나라는 『춘향뎐』(1999)으로 경쟁 부문에 최초 진출했다. 2019년 봉준호 감독의 『기생충』이 한국 영화 최초로 황금종려상을 수상했으며, 2022년에는 박찬욱 감독이 『헤어질 결심』으로 감독상을, 송강호 배우가 『브로커』로 남우주연상을 수상했다.

케이콘 (K-Con)

CJ E&M이 매년 전 세계를 무대로 개최하는 한류문화 축제이다. 한류문화 축제 중 최대 규모로, 2012년 미국 어바인(Irvine)에서 최초 개최된 이후 전 세계 각지에서 개최되어 케이

팝(K-POP)뿐만 아니라 영화, 드라마, 음식, 패션, 관광 등 다양한 한류문화를 전파하는 역할을 하고 있다. 현재 여러 정부기관과 연계하여 중소기업의 해외 진출 통로가 되고 있다.

크리처 (Creature) 장르

'크리처'란 '신에 의해 창조된 것'이라는 의미로 보통 기묘한 생물이나 괴물을 뜻하며, '크리처 장르'는 그런 실존하지 않는 괴생명체나 괴수가 나오는 장르를 통칭한다. 호러 장르의 하위 범주로, 외계인이나 좀비, 정체불명의 악마, 귀신, 괴동물 등이 등장하는 장르를 크리처 장르라고 한다.

타이브레이크 시스템 (Tie Break System)

원래 테니스 경기 한 세트 내에서 두 선수 게임 포인트가 6:6일 때 시간 단축을 위해 마지막 한 게임으로 승패를 결정짓는 방법을 말한다. 야구에서는 원래 두 팀이 같은 승률로 공동선두가 될 경우 상대 전적에서 우위인 팀이 정규시즌 우승을 했으나 2020년부터는 두 팀이 공동선두가 될 경우, 상대 전적이 아닌 단판 승부로 1위를 결정짓는 타이브레이크가 도입되었다.

퍼네이션 (Funation)

'Fun(재미)'과 'Donation(기부)'의 합성어로, 쉽고 재밌는 방법으로 기부하는 새로운 형태의 기부 문화를 말한다. '얼마를 기부하느냐(금액)'보다 '어떻게 기부하는지(기부 방법)'에 대한 관심이 커지면서 나타났다. 즉, 액수 중심의 틀에 박힌 기부보다는 참여자가 흥미와 즐거움을 중요시하는 기부 문화인 것이다. 스마트폰 앱 등을 활용한 퍼네이션은 기존의 번거롭고 부담스러운 기부 방식에서 벗어나 간편하고 재밌게 기부할 수 있다는 장점이 있다.

퍼펙트게임 (Perfect Game)

야구에서 한 명의 투수가 선발로 출전하여 상대팀에게 단 한 명의 주자도 출루하는 것을 허용하지 않고 승리로 이끈 게임을 말한다. 퍼펙트게임은 투수의 완투승으로 경기가 종료되는 시점에 성립된다. 국내 프로야구에서는 아직 달성한 선수가 없으며, 120년 역사의 메이저리그에서도 단 21명만이 퍼펙트게임을 기록했다. 상대팀에게 단 한 개의 안타도 허용하지 않고 승리로 이끈 게임은 '노히트노런(No Hi No Run)'이라고 한다.

포스팅 시스템 (Posting System)

본래 국내 프로야구 선수가 메이저리그에 진출할 경우 최고 이적료를 써 낸 구단에 우선협상권을 주는 공개입찰 제도로 선수의 구단선택권을 배제한 채 독점협상권을 가진 구단과 계약을 진행해야 하는 불리한 규정이었으나, 2018년 선수가 자신과 계약 의사가 있는 모든 메이저리그 구단과 30일 동안 협상을 진행할 수 있게 하는 등 선수 선택권을 강화하는 방향으로 개정되었다.

프리미어리그 (EPL)

프리미어리그(English Premier League)는 잉글랜드 프로축구 1부 리그를 말한다. 잉글랜드 프로축구 리그는 4부로 구성되어 있으며 이 중 최상위 리그인 프리미어리그에서는 20개 소속 클럽이 경기를 치러 우승팀을 결정한다. 프리미어리그는 스페인의 라리가, 이탈리아의 세리에A, 독일의 분데스리가와 함께 세계 4대 프로축구 리그 중 하나이다.

프리즈서울 (Frieze Seoul)

세계 최대 아트페어 주관사인 '프리즈'가 영국 런던, 미국 뉴욕·로스앤젤레스를 거쳐 2022년 9월 아시아 최초로 한국 서울에서 개최한 아트페어이다. 런던에서 처음 시작한 이후 다섯 번째로 출범된 아트페어로 아시아 첫 개최지로 서울이 선택되면서 국제 미술계의 주목을 받은 바 있다. 프리즈는 스위스 '아트 바젤(Art Basel)', 프랑스 '피악(FIAC)'과 함께 세계 3대 아트페어로 손꼽힌다.

필즈상 (Fields Medla)

1936년 제정되었으며, 4년마다 수학계에서 뛰어난 업적을 이루고 앞으로도 학문적 성취가 기대되는 40세 미만 수학자에게 주어지는 수학 분야 최고의 상으로, 아벨상과 함께 '수학계의 노벨상'으로 불린다. 국제수학연맹(IMU)에서 선정하며, 수상자에게는 금메달과 1만 5,000캐나다달러(약 1,500만 원)의 상금이 주어진다. 4년에 한 번 열리는 국제수학자대회(ICM)에 맞춰 수여되는데, ICM은 기초과학분야 최대 학술대회로 전 세계 수학자가 참여한다. 2022년에는 허준이 미국 프린스턴대학교(Prinston University) 교수 겸 한국 고등과학원(KIAS) 수학부 석학교수가 한국계 최초로 필즈상을 수상하였다.

허슬 플레이 (Hustle play)

'허슬 플레이'란 보통 체육 운동 경기에서 선수가 몸을 아끼지 않고 과감하게 경기하는 것 또는 과감하게 경기한 플레이 자체를 가리킨다. 야구를 예로 들면 포수가 몸을 사리지 않고 홈으로 들어오는 주자를 막을 때나 수비수가 다이빙 캐치를 하는 등 몸을 사리지 않는 민첩하고 투지 넘치는 플레이를 말한다.

꿈꿀 수 있다면 실현도 가능하다.

– 월트 디즈니 –

좋은 책을 만드는 길, 독자님과 함께하겠습니다.

2024 SD에듀 면접관이 공개하는 국가직 공무원1 면접 합격의 공식

개정1판1쇄 발행	2024년 06월 20일 (인쇄 2024년 04월 01일)
초 판 발 행	2023년 05월 10일 (인쇄 2023년 03월 21일)
발 행 인	박영일
책 임 편 집	이해욱
편 저	SD 적성검사연구소
편 집 진 행	박종옥 · 이병윤
표지디자인	조혜령
편집디자인	김예슬 · 곽은슬
발 행 처	(주)시대고시기획
출 판 등 록	제10-1521호
주 소	서울시 마포구 큰우물로 75 [도화동 538 성지 B/D] 9F
전 화	1600-3600
팩 스	02-701-8823
홈 페 이 지	www.sdedu.co.kr

I S B N	979-11-383-7019-6 (13350)
정 가	21,000원

나는 이렇게
합격했다

당신의 합격 스토리를 들려주세요
추첨을 통해 선물을 드립니다

베스트 리뷰
갤럭시탭 / 버즈 2

상/하반기 추천 리뷰
상품권 / 스벅커피

인터뷰 참여
백화점 상품권

이벤트 참여방법

합격수기

SD에듀와 함께한
도서 or 강의 **선택** 〉 나만의 합격 노하우
정성껏 작성 〉 상반기/하반기
추첨을 통해 **선물 증정**

인터뷰

SD에듀와 함께한
강의 **선택** 〉 합격증명서 or
자격증 사본 **첨부,**
간단한 **소개 작성** 〉 인터뷰 완료 후
백화점 상품권 증정

이벤트 참여방법
다음합격의 주인공은 바로 여러분입니다!

QR코드 스캔하고 ▷ ▷ ▶
이벤트 참여하여 푸짐한 경품받자!

합격의 공식
SD에듀